全国林业职业教育教学指导委员会"十二五"规划教材

家具生产技术

曾东东　主编

中国林业出版社

内容简介

本书介绍了实木家具、板式家具、软体家具等三种产品类型生产方法的基本知识和基本技能，内容排列顺序遵循生产工作过程，并采用"实例引导、任务驱动"的编写方式，努力使教材内容"贴近生产、贴近技术、贴近工艺"，建构以能力为本位的教材内容新体系，达到理论知识与实践技能融为一体的要求。本书内容来源于生产一线，体现生产技术的先进性，符合职业教育对教材提出的要求，适合于木材加工技术、家具设计与制造、家具设计等相关专业的高职教育教学使用，还可以作为木制品生产企业、家具生产制造企业职工的岗位培训教材，也可以供家具企业和设计公司、木制品企业的工程技术与管理人员参考。

图书在版编目（CIP）数据

家具生产技术／曾东东主编. —北京：中国林业出版社，2014.8（2024.8 重印）
全国林业职业教育教学指导委员会"十二五"规划教材
ISBN 978-7-5038-7624-0

Ⅰ.①家… Ⅱ.①曾… Ⅲ.①家具–生产工艺–高等职业教育–教材
Ⅳ.①TS664.05

中国版本图书馆 CIP 数据核字（2014）第 193980 号

中国林业出版社·教育出版分社
策划、责任编辑：杜 娟
电　　话：(010)83143557　83143529　　　传　　真：(010)83143516
E-mail:jiaocaipublic@163.com

出版发行	中国林业出版社（100009　北京市西城区德内大街刘海胡同7号）
	电话：(010)83224477
	网　址：http://lycb.forestry.gov.cn
印　刷	北京中科印刷有限公司
版　次	2014年9月第1版
印　次	2024年8月第6次
开　本	787mm×1092mm　1/16
印　张	14
字　数	358千字
定　价	45.00元

未经许可，不得以任何方式复制或抄袭本书之部分或全部内容。
版权所有　侵权必究

《家具生产技术》（第2版）编写人员

主　编

杨巍巍　曾东东

副主编

刘保滨　董明光

编写人员名单（按姓氏拼音排序）

陈　年（江西环境工程职业学院）
董明光（云南林业职业技术学院）
刘保滨（黑龙江林业职业技术学院）
刘定荣（江西环境工程职业学院）
刘　谊（湖北生态工程职业技术学院）
龙大军（广西生态工程职业技术学院）
杨　静（江苏农林职业技术学院）
杨巍巍（江西环境工程职业学院）
曾东东（江西环境工程职业学院）
张英杰（陕西杨凌职业技术学院）

前　言

家具是一种客观物质存在，是人类生活的缩影，它记录了人类对物质的驾驭能力，沉淀着社会的政治文化，凝结着设计师的艺术智慧。家具以其丰富多彩的形式反映一个国家、地区、民族的政治、经济、技术、艺术、生活等社会要素的发展水平。

家具是我们日常生活中必不可少的一类用品、器具。人们的坐、卧、起居的每时每刻都缺少不了它，作为日常生活必需品的家具是衡量人们生活水平高低的评价因子之一。家具与人们的健康有着密切的关系，科学研究表明：人的睡眠质量与睡眠环境和床具质量直接相关。作为社会生产活动的器具是人们社会生产实践中职业岗位的象征，如站在教室的讲台前，往往你履行着教师的职责；坐在办公室的"大班桌"前，往往你履行着经理的责任。这些也说明，家具是建筑室内空间的功能完善与补充的物品，是空间环境的陈设主体，影响室内住宅品质的高低。前面所述的必需品和器具，表现的是家具的物质性，随着新材料、新技术、新工艺在家具生产中的应用，加上人们对家具精神性的不懈追求，家具也会直接改变人们的生活方式。

家具是一种凝固的艺术。对于每一件好的家具产品，只要从家具造型、家具尺度、比例、材料搭配、色彩应用、装饰设计等方面去分析它，处处都洋溢美的特征。如具有"简、厚、精、雅"特点的中国明式家具；具有现代气息的美国诺尔公司伯托埃设计的钢丝椅系列家具；具有"人情味、生态型、科学性、工业化"特点的北欧现代家具……同时，家具又是工业产品。家具生产经过30多年"摸着石头过河"的实践与理论，经历了家具行业从卖方市场向买方市场的转变，见证了家具产品同质化的残酷竞争，看到了家具行业在竞争中发展、优化和壮大的盛景，目前中国家具已经成为世界的生产制造大国，家具产品已经走向世界的各个角落。家具设计的大批量、规模化、标准化概念的具体化，使大多数家具生产已经摆脱了手工业生产方式，家具生产具有了现代工业生产的特征，成为一种典型的工业生产过程，家具产品就是工业产品。

站在生产管理的角度看，家具产品是工业产品概念的引出，家具的生产制造者必须关注家具生产的整个工业化过程，熟悉家具材料、生产设备、生产工艺、生产管理、生产组织、产品质量检验等知识，直至掌握将它们集成起来的家具生产技术的理论知识、操作经验及技巧。家具生产技术根据家具产品的基本形式，可以分为扶手椅、靠背椅、方凳、办公桌、床、沙发、衣柜等家具产品的生产技术；根据家具的材料与结构类型，可以分为实木家具生产技术、板式家具生产技术、软体家具生产技术、竹藤家具生产技术、金属家具生产技术等。

本教材的编写提纲经全国林业职业教育教学指导委员会审定通过，符合"十二五"职业教育国家规划教材的要求；符合家具设计与制造专业的培养目标对该课程的教学要求；符合高等职业教育中"教、学、做"一体化的教学模式对教材的要求。编写的教材充分反映当前家具生产企业的生产实际，体现先进性，突出职业教育的特点，强化专业技能的培养和职业岗位素养的培养。教材紧紧抓住典型家具产品生产过程这一主线，重构了家具生产各项技术的相关知识，做到理论与实践、教室与车间、课程内容与职业标准相融合。

本教材的教学内容分为3个模块、13个项目。选择的实木、板式、软体等三种类型的家具规模数量占总家具规模数量的90%以上，它们既包含传统的实木家具，又有现代的板式家具，具有广泛的代表性和针对性。实木家具是指以实木锯材、实木板材为基材制作的，采用梁柱结构，通过榫、五金连接件接合，产品可拆或不可拆，表面经涂饰装饰的家具。板式家具是指以木质人造板为基材，采用五金连接件接合，为板件结构的家具。软体家具是指以钢丝、弹簧、泡沫塑料、海绵、麻布、布料、皮革等物质为材料，经过沙发框架部件制作、软质材料固定、沙发面料包蒙等生产过程而制成的家具。

本教材由江西环境工程职业学院杨巍巍、曾东东任主编，提出教材编写框架与统筹教材编写过程。黑龙江林业职业技术学院刘保滨、云南林业职业技术学院董明光任副主编。具体编写分工如下：模块1实木家具生产技术部分，项目1配料（锯材）、项目2毛料机械加工，由江西环境工程职业学院陈年、曾东东编写；项目3净料机械加工、项目4方材胶合、项目5方材弯曲，由江西环境工程职业学院刘定荣、曾东东编写；项目6装配，由江西环境工程职业学院杨巍巍编写。模块2板式家具生产技术部分，项目7配料（人造板）、项目8板式部件加工、项目9钻孔、项目10预装配，由云南林业职业技术学院董明光、江西环境工程职业学院曾东东编写。模块3软体家具生产技术部分，项目11沙发框架部件及其制作、项目12软质材料粘附与填充、项目13座包外套部件及其制作，由黑龙江林业职业技术学院刘保滨、江西环境工程职业学院杨巍巍编写。全书统稿由杨巍巍完成。陕西杨凌职业技术学院张英杰、江苏农林职业技术学院杨静、湖北生态工程职业技术学院刘谊、广西生态工程职业技术学院龙大军等老师参加教材的编写。

  本教材的编写与出版，承蒙全国林业职业教育教学指导委员会、中国林业出版社、江西环境工程职业学院的关心与指导；本教材还引用了相关参考文献的部分文字图表资料和部分家具企业的技术数据。在此，表示衷心地感谢。

  由于家具种类很多，生产方法技术内容广泛，加之编者的水平和视野所限，书中肯定存在许多不足，在此，恳请读者提出宝贵意见，谢谢！

杨巍巍　曾东东

2019年10月

目 录

前言

模块1　实木家具生产技术 001

项目1　配料（锯材） 002
任务1.1　锯材配料加工 002
1.1.1　常见的配料加工设备 003
1.1.2　木材的选择 004
1.1.3　锯材配料加工的方法与工艺 008
1.1.4　锯材配料加工举例 009

项目2　毛料机械加工 013
任务2.1　基准面加工 013
2.1.1　常见的基准面加工设备与工艺 014
2.1.2　基准面的加工 016
任务2.2　相对面加工 018
2.2.1　相对面加工设备 018
2.2.2　相对面的加工方法 019
2.2.3　基准面、相邻面、相对面加工举例 020

项目3　净料加工 024
任务3.1　榫头加工 024
3.1.1　常见的榫头加工设备 025
3.1.2　榫头加工的方法与工艺 025
3.1.3　榫头加工举例 029
任务3.2　榫槽加工 031
3.2.1　常见的榫槽加工设备 032
3.2.2　榫槽加工的方法与工艺 032
3.2.3　榫槽加工举例 034
任务3.3　榫眼和圆孔加工 036
3.3.1　常见的榫眼和圆榫加工设备 036
3.3.2　榫眼和圆榫加工的方法与工艺 036
3.3.3　榫眼加工举例 038

任务3.4　型面和曲面加工 ·· 040
　　　　3.4.1　常见的型面和曲面加工设备 ································· 041
　　　　3.4.2　型面和曲面加工的方法与工艺 ······························ 041
　　　　3.4.3　加工举例 ·· 044
　　任务3.5　表面修整 ·· 045
　　　　3.5.1　常见的表面修整加工设备 ···································· 045
　　　　3.5.2　表面修整的加工工艺 ··· 046
　　　　3.5.3　表面修整加工举例 ·· 048

项目4　方材胶合 ·· 050
　　任务4.1　方材胶合 ·· 050
　　　　4.1.1　常见的方材胶合加工设备 ···································· 051
　　　　4.1.2　方材胶合的方法与工艺 ······································· 053
　　　　4.1.3　方材胶合加工举例 ·· 054

项目5　方材弯曲 ·· 057
　　任务5.1　方材弯曲 ·· 057
　　　　5.1.1　常见的方材弯曲加工设备 ···································· 058
　　　　5.1.2　方材弯曲的方法与工艺 ······································· 059
　　　　5.1.3　方材弯曲加工举例 ·· 062
　　任务5.2　薄板弯曲 ·· 063
　　　　5.2.1　常见的薄木弯曲加工设备 ···································· 063
　　　　5.2.2　薄板弯曲的方法与工艺 ······································· 064
　　　　5.2.3　薄板弯曲加工举例 ·· 068

项目6　装配 ·· 071
　　任务6.1　装配 ·· 071
　　　　6.1.1　常见的装配加工设备 ··· 072
　　　　6.1.2　锯材配料加工的工艺与要求 ································· 073
　　　　6.1.3　装配加工举例 ·· 075

模块2　板式家具生产技术 ... 083

项目7　板式家具的配料 ... 084
任务7.1　板式家具的配料加工 ... 084
- 7.1.1　常见的配料加工设备 ... 085
- 7.1.2　板材的选择 ... 086
- 7.1.3　配料的方法与工艺 ... 086
- 7.1.4　板式家具配料加工举例 ... 087

项目8　板式部件加工 ... 090
任务8.1　薄木贴面和印刷装饰纸贴面加工 ... 090
- 8.1.1　常见的薄木贴面和印刷装饰纸贴面加工设备 ... 091
- 8.1.2　薄木贴面和印刷装饰纸贴面加工的方法与工艺 ... 092

任务8.2　边部处理 ... 095
- 8.2.1　常见的边部处理加工设备 ... 095
- 8.2.2　边部处理的方法与工艺 ... 100
- 8.2.3　边部处理加工举例 ... 104

项目9　板式家具的钻孔 ... 107
任务9.1　钻孔 ... 107
- 9.1.1　常见的钻孔加工设备 ... 107
- 9.1.2　钻孔的方法与工艺 ... 109
- 9.1.3　"32mm 系统"的标准与规范 ... 110

项目10　板式家具的预装 ... 113
任务10.1　板式家具的接合方式 ... 113
- 10.1.1　连接件接合 ... 114
- 10.1.2　安装结构 ... 115

任务10.2　板式家具安装方法的运用及问题处理 ... 120
- 10.2.1　安装方法的运用 ... 120
- 10.2.2　安装过程中常见问题及处理 ... 121
- 10.2.3　板式家具安装规范程序 ... 121

模块3　软体家具生产技术 ······ 125

项目11　沙发座框部件及其制作 ······ 126
任务11.1　沙发座框部件加工 ······ 126
11.1.1　常见沙发框架部件加工设备 ······ 127
11.1.2　沙发框架部件材料的选择 ······ 129
11.1.3　沙发框架部件的制作方法与工艺 ······ 137
11.1.4　沙发框架部件加工举例 ······ 141

项目12　软质材料黏附与填充 ······ 162
任务12.1　软质材料黏附与填充加工 ······ 162
12.1.1　常见软质材料黏附与填充加工设备 ······ 163
12.1.2　软质材料的选择 ······ 164
12.1.3　软质材料黏附与填充的方法与工艺 ······ 166
12.1.4　软质材料黏附与填充加工举例 ······ 168

项目13　沙发外套部件及其制作 ······ 177
任务13.1　沙发外套部件的方法和工艺过程 ······ 177
13.1.1　常见沙发外套部件加工设备 ······ 178
13.1.2　沙发外套部件材料的选择 ······ 179
13.1.3　沙发外套部件的制作方法与工艺 ······ 187
13.1.4　沙发外套部件加工及总装举例 ······ 190

附录 ······ 208

参考文献 ······ 209

模块 1
实木家具生产技术

项目 1 配料（锯材）
项目 2 毛料机械加工
项目 3 净料加工
项目 4 方材胶合
项目 5 方材弯曲
项目 6 装配

项目 1
配料（锯材）

项目导入

实木家具的生产过程复杂，零部件尺寸种类多，不同部位零部件的质量要求不同，在生产过程中需要按照产品的设计尺寸、质量要求、生产工艺、零部件位置特点等相关因素进行配料（备料）。

将干燥锯材经过选料、定厚、横截、纵剖等工序加工制成各种规格毛料的加工过程称为配料。配料工段是实木家具生产工艺过程中的重要工段。配料时应根据制品的质量要求，按构件在制品上所处部位的不同，合理地确定各构件所用成材的纹理、规格、质量等级等技术指标，配料质量的好坏直接影响终产品质量。

学习目标

【知识目标】

1. 熟悉配料的工艺要求；
2. 熟悉加工设备的调试与操作；
3. 掌握提高毛料出材率的措施与毛料加工的内容。

【技能目标】

1. 能依据产品文件来选料；
2. 能依据选定的材料确定配料方案；
3. 能进行加工余量的确定；
4. 会操作配料机械设备。

任务 1.1　锯材配料加工

任务目标

选取任意实木家具的局部零件进行配料，依据给定的材料，合理地确定一种配料方案，并控制好木材的含水率与加工余量。将选定的零件通过配料设备，加工成毛料。

任务描述

工作地点：家具实训工厂。

工作情境：采用学生现场操作，教师引导的教学方法，教师任意选取实木家具的零件，把配料过程逐步演示，学生根据教师演示操作和教材设计步骤逐步进行操作。完成实木家具零件的配料，教师对学生工作过程和成果进行评价和总结。

1.1.1 常见的配料加工设备

1.1.1.1 细木工带锯机

细木工带锯机是一种轻型的带锯机，主要用于锯材的曲线或直线纵剖下料。锯制曲线形零部件时，常常使用细木工带锯机加工粗线形的毛料，在后续加工中采用各种类型的铣床进行精加工（图1-1）。利用适当的模具，细木工带锯机可以加工一定的斜面。细木工带锯机由于加工灵活、操作方便，被广泛应用在各类实木家具生产企业。

1.1.1.2 横截锯（横截圆锯机）

横截锯用于实木锯材的横向截断，以获得长度规格要求的毛料。横截锯的类型较多，常用在配料生产中的横截锯有：锯架做圆弧运动进给的横截锯（图1-2）；锯架做直线运动的横截锯（图1-3）。

1.1.1.3 纵剖锯（纵剖圆锯机）

纵剖锯用于实木锯材的纵向剖分，以获得宽度或厚度规格要求的方材毛料。纵剖锯常用于各种规格的锯材、方材倍数毛料的纵向剖分。在配料生产中，常用的纵剖锯有单锯片式纵剖锯和多锯片式纵剖锯。

单锯片式纵剖锯适合不同规格的锯材纵剖下料，其进料方式由手工或机械进料（图1-4）。现代生产中多以机械进料为主，为单锯片式纵剖锯的锯轮和传送系统，锯轮转向与锯材的进料方向相反，进料采用锯台台面的履带式进给系统输送锯材，同时锯机上部的传送辊既是压紧机构又起到辅助输送锯材的作用（图1-5）。

多锯片式纵剖锯适合于批量较大的同一规格窄料，进给方式为自动机械进料，一般采用工作台台面的履带式进给系统，窄料的规格通过锯片之间的定位挡环来调节（图1-6）。

图1-1　细木工带锯

图1-2　吊截锯

图1-3　气动横截锯

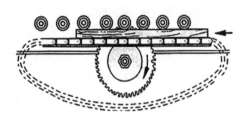

图1-4　单锯片式纵剖锯的锯轮和传送系统

图1-5　单锯片式纵剖锯

图1-6　多锯片式纵剖锯

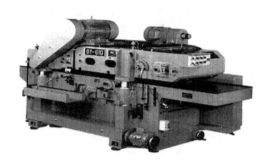

图1-7　双面刨床

1.1.1.4　双面刨床

在锯材的配料工艺中，为了获取高质量的方材毛料，往往采用先将锯材表面粗刨后，将锯材的各种缺陷曝露在外，而后再实施锯材的配料工艺。锯材的粗刨依设备的形式不同，而有多种多样。目前一些企业采用双面刨床来进行刨光（图1-7）。目前生产的双面刨主要是先平后压式形式，即第一步先通过下工作台的刨刀刨出基准面，而后通过上工作台的刨刀进行定厚加工。厚度的调整是通过下工作台的移动及下刨刀随工作台的移动调整。双面刨床的工作原理实质就是一个平刨床和一个压刨床的联合机。在配料时，由于锯材的厚度尺寸要求不高，双面刨床的进料速度可以大一些，因此使用双面刨床可以大大提高劳动生产率。

1.1.2　木材的选择

1.1.2.1　按产品的质量要求合理选料

合理选料是指选择符合产品质量要求的树种、材质、等级、规格、纹理及色泽的原料。目的是为了合理搭配原材料，做到材尽其用，以提高出材率，降低生产成本。

（1）按产品的质量要求合理选料的原则

高档产品零部件以及整个产品往往需要用同一种的木材来配料。中低档的产品零部件以及整个产品要将针叶材、阔叶材分开，将材质、颜色和纹理大致相同相似的树种混合搭配，以节约木材。

（2）按零部件在产品中所在的部位来选料

家具的外表用料，如家具中的面板、顶板、旁板、抽屉面板、腿等零部件用料，必须选择材质好，纹理和颜色一致的木材。内部用料，如家具中的搁板、隔板、底板、抽屉旁板和抽屉背板等零部件的用料，对于木材的一些缺陷如节子、纹理、虫眼等可修补使用，纹理和颜色可稍微放宽一些要求。

（3）要根据零部件在家具中的受力状况和强度来选料

适当考虑零部件在家具制品中的受力状况和强度要求以及某些产品的特殊要求，如：书柜搁板尺寸和材料影响搁板的受力状况和强度；椅子腿不能有贯通的节子和死节等；带有榫头的毛料，其结合部位不允许有节子、腐朽、裂纹等缺陷。

（4）根据零部件采用的涂饰工艺来选料

框式家具考虑零部件若采用透明涂饰工艺，在选料和加工上要严格一些；若采用深色透明涂饰工艺，在选料上和加工上可以放宽一些；若采用不透明涂饰工艺，则可更加宽松。

（5）根据胶合和胶拼的零部件来选料

对于胶合和胶拼的零部件，胶拼处不允许有节子，纹理要适当搭配，弦径向要搭配使用，以防止发生翘曲；同一胶拼件上，材质要一致或近似，针叶材、阔叶材不得混合使用。

（6）部分国外家具企业或贸易公司对中国地区采购的家具制品的配料要求

对于生产出口产品的家具企业，一般情况下是按照采购方提供的技术文件来合理选料的。如：在拼板的材料中弦径切材必须混拼，而且弦切材不能多于 1/3，对于松木家具要求必须有活节（注：出口日本与韩国的产品除外，这两个国家采购的产品经常出现的要求），家具制品分为 A、B、C 三个面，对于不同的面的选料要求不一样，并且在这些面上的修补要求也是不同的，指接材料指接齿距端面必须大于 50mm，并且对于指接材的长度与指接点的数量都有明确的要求。

1.1.2.2 控制含水率

木材含水率是否符合产品的技术要求，直接关系到产品的质量，产品零部件的加工工艺和劳动生产效率的提高。因此，在选料前木材必须先进行干燥。家具生产使用的木材必须采用人工干燥，干燥后还必须进行终了处理，以消除应力。干燥后木材含水率的高低，还必须要适应使用地的相对湿度所对应的木材平衡含水率。一般情况下，东北地区及出口北欧的产品要求的木材含水率为 8%~12%，出口日本的和地中海地区的产品要求的木材含水率相对要高一些。

1.1.2.3 合理确定加工余量

（1）加工余量的概念

将方材毛料加工成符合设计要求的形状、尺寸和表面质量等方面的零件时，所切去的一部分材料称为加工余量。所以加工余量就是方材毛料尺寸与零部件尺寸之差。如果采用湿材配料，则加工余量中还应包括湿材毛料的干缩量。

根据实验，加工余量的大小与加工精度及木材损耗有关，图 1-8 所示为加工余量对木材损失的影响，加工余量大，生产中出现废品的可能性小。但是由于加工余量大，使原材料的损失加大，即原材料的总损失加大。加工余量小，生产中出现废品的机会多。虽然加工余量损失小，但是原材料的总损失加大。

同样，加工余量大，加工时走刀次数多，劳动生产率低，若一次走刀，切削力加大，使工艺

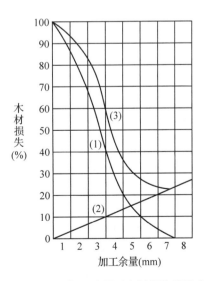

图 1-8 加工余量对木材损失的影响

系统的弹性变形大，加工精度低，刀具的磨损比较大，使刀具的正常使用寿命降低；加工余量大，电机的载荷比较大，相对而言动力的消耗就比较大，生产成本提高。加工余量小，机床的调整时间及工序准备时间长，吃刀量低，加工精度低，劳动生产率低。

因此，正确确定加工余量可以做到合理利用和节约木材，节约加工时间，提高工作效率，降低动力消耗；可以充分利用设备的生产能力，保证零部件的加工质量（加工精度，表面光洁度）；有利于实现家具生产的连续化和自动化。因此，正确加工余量有着十分重要的意义。

加工余量按照零件加工的工艺过程可分为工序余量和总余量。

工序余量是为了消除上道工序所造成的形状和尺寸误差，或者上道工序无法完成的零件加工需要本道工序加工完成，而从工件表面切去的一部分材料，即工序余量为相邻两工序的工件尺寸之差。

总余量，也称总加工余量，是为了获得形状、尺寸和表面质量都符合技术要求标准要求的零件时，而从毛料表面切去的木材总量，是各个工序余量的总和。

$$Z=\sum_{i=1}^{n}Z_i$$

式中：Z——总余量；
　　　Z_i——工序余量；
　　　n——工序数。

总余量又分为零件加工余量和部件加工余量两部分。当零件装配成部件后不需要加工时，总余量就等于在各道工序上的加工余量。如果当零件装配成部件后，必须进行加工时，总余量等于零件在各道工序上的加工余量之和加上部件的加工余量。

(2) 影响加工余量的因素

尺寸偏差：主要是指锯材配料时方材毛料的尺寸偏差，部件装配时的装配精度、装配条件等造成的间隙加大的偏差。这些尺寸偏差产生的主要原因是受设备的精度、夹具、模具和刃具精度以及木材的物理力学性质的影响。在北方的夏季加工樟子松产品的企业，如加工好的半成品在一周之内没有进行及时的油漆封闭处理就会造成材料的吸胀，一般尺寸偏差为 2~8mm。

形状误差：主要表现为相对面不平行、相邻面不垂直和表面不成平面（凹面、凸面、扭曲面）。木材形状的最大误差主要是在锯材干燥和配料中产生。在实际的企业加工中，在空气湿度比较大的季节，一垛半成品未进行油漆处理在车间内存放一定时间后就会发现在最上面和最下面的两块板料发生凹凸面变形。

形状误差可用毛料翘曲度 f 表示，毛料翘曲度的大小主要受木材的树种、方材毛料的尺寸及木材的弦、径向等影响。毛料翘曲度 f 可用下列经验公式确定。

针叶材：

$$f_1=0.6+0.9L \text{（mm）}$$
$$f_2=0.9+0.5L \text{（mm）}$$

阔叶材：

$$f_1=1.2+1.2L \text{（mm）}$$
$$f_2=1.5+0.7L \text{（mm）}$$

式中：f_1——毛料大面上的翘曲度，mm；
　　　f_2——毛料小面（边）上的翘曲度，mm；
　　　L——毛料长度，m。

由上式可以看出，当配好的方材毛料在进行加工时，除考虑各道工序的加工余量外，还应考虑到毛料翘曲度 f。

当毛料长度 $L=1m$ 时，针叶材大面上加 1.5mm，小边上加 1.4mm；阔叶材大面上加 2.2mm，小边上加 2.4mm。

表面粗糙度误差：视加工方式不同而不同，它涉及工艺系统的刚度、刃具磨损等因素的影响。如锯材时微观不平度平均为 0.8mm，刨铣时微观不平度平均为 0.3mm。在实际加工时，留多少用以消除毛料表面粗糙度的误差，应视生产设备、刃具、夹具和模具的精度而定。立铣加工后的产品在表面经常形成波浪纹,这就是表面粗糙度过大而造成的,形成的主要因素有刀具在刃磨过程中刀齿顶端没有在同一个高度,导致在加工过程中只有1~2个刀齿在工作,而其他的不工作;设备的主轴跳动过大;进料的速度过快等。

安装误差:是工件在加工和定位时,工件相对于刃具位置发生偏移而产生的,同时定位基准和测量基准不相符时也会产生人为的安装误差。

在工件的加工过程中,由于加工条件的限制和生产设备不同,必须多切去一层材料,这一层材料称为最小材料层。如锯片厚度、拨料量、锯片偏移等,也就是锯路不能刚好等于方材毛料的加工余量,而且必须稍大一点。一般加工时除了锯路的宽度外还应加上1.5mm的余量,铣削加工的厚度还应加上0.6mm的余量,刨光加工时除了刨削厚度外还应加上0.1mm的余量。

综上所述:上述因素在有些情况下是可以相互抵消的,如我们考虑了尺寸偏差可能就不需要考虑表面粗糙度误差等因素。

(3) 确定加工余量应注意的几个问题

① 容易翘曲的木材,加工余量要放大一点。

② 干燥质量不太好的木材,加工余量要放大一点。

③ 对加工精度和表面光洁度要求较高的零部件,加工余量要大一点。

(4) 加工余量的确定方法

确定加工余量的方法有计算分析法和试验统计法两种。

用计算分析法来制定加工余量,应该充分考虑到各影响因素的相互作用,对组成加工余量的这些诸多要素进行分析研究。由此可见,用计算分析来制定加工余量的方法是比较复杂的,因此,在实际生产中一般很少采用计算分析法而多采用试验统计法来确定加工余量。

试验统计法是根据不同的加工工艺过程,在合理加工条件下,对各种树种、不同规格的毛料及部件进行多次加工试验,在保证产品质量前提下,将切下的材料层的厚度进行统计来确定出各工序加工余量值的一种方法。试验统计法也称经验法,它是确定加工余量常用的有效方法。

(5) 实际生产中加工余量经验值

宽、厚度的加工余量:

单面刨床1~2mm、方材长度$L>1m$时,取3mm;

双面刨床2~3mm/单面、$L>2m$时,取4~6mm/单面;

四面刨床1~2mm/单面、$L>2m$时,取2~3mm/单面。

长度上加工余量(取5~16mm):

端头有单榫时,取5~10mm;

端头有双榫时,取8~16mm;

端头无榫时,取5~8mm;

指接的毛料,取10~16mm(不包括榫)。

(6) 毛料干缩余量的确定

若采用含水率较高的锯材配料,然后再进行毛料干燥,则加工余量还应包括毛料的干缩余量。毛料的干缩余量Y可按下式计算:

$$Y=N(W_C-W_Z)\Phi_S$$

式中:N——毛料厚度或宽度上的公称尺寸,mm;

W_C——毛料最初含水率,%;

W_Z——毛料最终含水率,%;

Φ_S——木材收缩系数。

木材收缩系数,又分为径向收缩系数、弦向收缩系数和体积收缩系数。它的含义是指木材含水率在0%~30%的范围内,其含水率每变化1%时以百分比表示的相对收缩数值。各种木材收缩系数可从木材工业或木材干燥等手册中查得。

(7) 合理留出加工余量

在配料时合理留出加工余量可以提高出材率,因此选用的锯材规格尺寸或定制材的规范尺寸要尽量和加工时的零部件规格尺寸相衔接。由于零部件的种类繁多,配料后的方材毛料规格尺寸不应过多。根据实际情况可以得出下列类型的方材毛料:

① 由锯材直接下出方材毛料。

②由锯材配出宽度上相等、厚度是倍数的方材毛料。

③由锯材配出厚度上相等、宽度是倍数的方材毛料。

④由锯材配出宽度、厚度上相等，长度是倍数的方材毛料，长短搭配使用。

1.1.3 锯材配料加工的方法与工艺

1.1.3.1 锯材配料方法

第一类是单一配料法，即在同一锯材上，配制出一种规格的方材毛料；第二类是综合配料法，即在同一锯材上，配制出两种及两种以上规格的方材毛料。两类配料方法的出材率不同，前者出材率低。现在锯材的规格越来越小，多数企业只好采用第一类的配料方法。

1.1.3.2 配料工艺

（1）先横截后纵剖的配料工艺

这种工艺适合于原材料较长和尖削度较大的锯材配料并且要求锯材质量比较高，采用此方法可以做到长材不短用、长短搭配（图1-9）。

先横截后纵剖的配料工艺可减少车间的运输，同时在横截时，可以去掉锯材的一些缺陷，相比之下单位生产效率比较高。但是有一些有用的锯材也被锯掉，因此锯材的出材率较低。

（2）先纵剖后横截的配料工艺

这种工艺适合于大批量生产以及原料宽度较大的锯材配料，采用此方法可有效地去掉锯材的一些缺陷，但是，由于锯材长，车间的面积占用较大，运输锯材时也不方便，且单位生产效率比较低。图1-10所示为先纵剖后横截的配料工艺。

（3）先划线再锯截的配料工艺

采用这种工艺主要是为了便于套裁下料，可以大大地提高木材利用率，在实际生产中主要是针对曲线零部件的加工，特别是使用锯制曲线件加工的各类零部件。图1-11所示为先划线再锯截的配料工艺。

（4）先粗刨后锯截的配料工艺

采用先粗刨后锯截的配料工艺，主要目的是为了暴露木材的缺陷，在配制要求较高的方材毛料时，这种配料工艺被广泛地采用。粗刨后的配料应根据锯材的形式采用不同的锯解方案。

（5）拼板的配料工艺

拼板配料是指将可利用的板条拼成一定规格的集成材，再锯解或划线后再锯解成需要的毛料的配料方法。

弯曲零件的配料采用拼板配料更能提高出材率。图1-12（a）中所示为拼板后再配料工艺，可配出6根毛料，出材率较高。图1-12（b）中所示为一块板配一根毛料，在同样的尺寸内，只能配料5根毛料，出材率较低。

常见的拼板配料方法有：

①购买集成材—套材（划线）—锯解。

②锯材余料—基准—指接榫—涂胶—接长—基准—拼宽—划线—锯解。

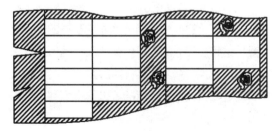

图1-9 先横截后纵剖的配料工艺

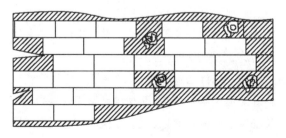

图1-10 先纵剖后横截的配料工艺

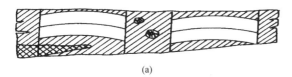

(a)

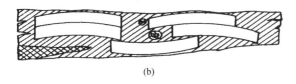

(b)

图1-11 先划线再锯截的配料工艺

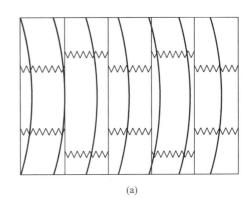

(a)

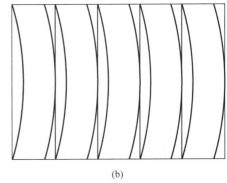

(b)

图1-12 弯曲零件配料图

1.1.3.3 毛料出材率

（1）毛料出材率的计算方法

毛料出材率是毛料材积与锯成毛料所耗用的锯材之比的百分率。锯材毛料出材率可按下列公式计算：

$$P = \frac{V_{毛}}{V_{锯}} \times 100\%$$

式中：P——毛料出材率；

$V_{毛}$——毛料材积；

$V_{锯}$——锯材材积。

（2）提高毛料出材率的措施

①配料时，应尽量采用划线套裁及粗刨加工。

②配料时，在不影响美观的条件下，尽量采用修补缺陷的方法。

③配料时，在允许的情况下，不要过分地剔除缺陷。

④在配制小件毛料，应先配出倍数毛料后再加工，边角料要充分利用。

⑤尽量采用短接长、长拼宽的生产工艺，以适合大规格毛料的需要。

1.1.4 锯材配料加工举例

由于各家具制品的定位、造型设计、质量要求等不同，导致其在配料工序的配料方法不同。因此，在此仅以国际某一贸易公司在国内采购的一款产品为例进行说明。图1-13为一款实木餐桌，其具体零部件规格尺寸见表1-1。

表1-1 实木餐桌零部件尺寸规格

序号	名称	规格（mm）	数量
1	桌面	750×750×18	1
2	桌腿	732×39×39	4
3	围板	632×70×18	4

图1-13 实木餐桌

1.1.4.1 该产品的质量要求

桌面允许进行指接，指接条长度必须大于200mm，指接点距端头大于50mm，相邻指接条的指接点错位大于50mm。边条不允许进行指接。围板不允许进行指接，可进行拼板。桌腿可为实木独体，或进行等宽等长等厚的双拼。产品材质为樟子松，含水率8%~10%，质量等级：三级材，节子的直径允许为15mm活节。公司库房现有的樟子松干燥锯材特征如下：

规格：长度4m，宽度270mm、410mm，厚度45mm。

含水率：8%~10%。

质量等级：二级材。（注：一般原材料的等级与成品的等级标准不同，不能进行比较。）

1.1.4.2 操作

原材料桌面允许使用指接，围板、桌腿允许拼板，在进行备料时应采用综合配料法进行配料，采用先粗刨，然后进行先纵剖后横截的配料工艺。具体操作如下：

（1）定基准、定厚加工

调整双面压刨，使其达到使用要求，下刀切削量为2mm，上刀切削量为3mm，调整好后空机运转，检验设备是否可进行加工，如没有问题，进行板材的双面加工，将樟子松干燥锯材厚度加工成40mm±0.5mm。

（2）纵剖加工

调整多片圆锯机，使其达到使用要求，更换锯片，右侧第一锯片（齐边锯片）采用厚度为4.0mm的纵剖圆锯片，以后依次安装的锯片厚度均为2.0mm的纵剖圆锯片，锯片间的锯套（定位挡环）长度为20.7mm，保证剖分好的木材宽度为20~20.5mm，调整好后空机运转，检验设备是否可进行加工，如没有问题，将经过定基准、定厚加工的干燥锯材送入设备进行纵向剖分。剖分后所得到的条料规格为4000mm×40mm×20.5mm。

（3）横截加工

依据产品要求调整横截圆锯机，使其达到使用要求，调整好后空机运转，检验设备是否可进行加工，如没有问题，可进行条料的横截加工。横截获得的板料规格见表1-2。

表1-2 板料规格

序号	名称	规格(mm)
1	桌面指接料	（250~644）×40×20.5
2	桌面独条料	765×40×20.5
3	桌腿料	745×40×20.5
4	围板料	645×40×20.5

横截加工过程中主要目的为去除条料缺陷（需要剔除的缺陷类型有死节、直径大于15mm的活节，贯通节，蓝变，腐朽，开裂，虫眼，油料，髓线等），定尺截长。

横截加工过程中应先截长料，后截短料，依据该产品各类材料尺寸规格的要求，应先截得765mm料，不能获得此尺寸的应截得745mm料，如还不够长度的话，需要看能否截得645mm料，如还不可以，只能截得250~644mm指接料，小于250mm的料可以用来做指接料的端头料，但是长度必须大于100mm，否则在进行梳齿加工过程中梳齿无法夹紧。

（4）指接加工

调整梳齿机及接长机，选用刀具为外径160mm，内径60mm，边刀厚度10mm，片刀厚度4mm，两齿指接刀。将刀具安装到梳齿机上，调整设备直到嵌合度达到指接要求，将指接料放入设备进行梳齿加工。调制双组分水性异氰酸酯胶黏剂，主剂:固化剂=100:10，用胶刷将调制好的胶黏剂均匀地涂刷在指接齿处，将涂好胶黏剂的指接料依次放入接长机进行接长，需保证指接点距端头大于80mm，相邻指接点距离大于200mm，指接点无针眼、裂缝等缺陷，定长截断为长度765mm指接条。养生加工：将指接好的指接条平放于托盘上，相邻两层用垫条隔开，静止放置进行养生，养生时间不少于12h。胶合面加工：调整四面刨，使下水平刀吃刀量为0.5mm，左、右立轴刀吃刀量为1mm，上水平刀吃刀量为1mm，调整好后将各刀轴锁紧，空机运转，检验设备是否可进行加工，如没有问题，将养生好的指接条料送入设备进行胶合面加工，加工后所得到的拼板条规格为765mm×38mm×19mm。

（5）拼板加工

①桌面拼板：配板，将指接好的拼板条料依据质量标准进行配板，765mm宽桌面共需要18根指接料（38mm宽）和2根独条料（40mm宽），采用两边独条料、中间指接料的配板组合方式，调整指接条，使其好面均在一个面上，相邻指接点错位大于50mm，活节均匀分布，配好板后将胶合面涂胶（双组分水性异氰酸酯胶黏剂），涂胶量保持在280~350g/m^2，依据配板顺序进行组坯。

②围板拼板：配板，围板的配板采用套裁备份下料，每10块围板沿宽度方向进行拼接，依据计算可知19块宽度为40mm的围板横向拼接在一起获得760mm宽的毛料，使其好面均在一个面上，活节均匀分布，配好板后将胶合面涂胶（双组分水性异氰酸酯胶黏剂），涂胶量保持在280~350g/m^2，依据配板顺序进行组坯。

③桌腿拼板：配板，将横截好的桌腿料两两配板，将两个不好面作为胶合面涂胶（双组分水性异氰酸酯胶黏剂），涂胶量保持在280~350g/m^2，扣合在一起完成组坯。

④调整液压"A"型拼板机拼板压力，将组坯好的原料送入拼板机进行拼板，保压时间不少于45min，要求拼板车间温度高于12℃。

⑤拼板养生加工：将拼好的板材、方材平放于托盘上，相邻两层用垫条隔开，静止放置进行养生，养生时间不少于12h。

总结评价

按照要求完成实训考核标准总表。（参见附录）

思考与练习

一、名词解释

1. 配料
2. 加工余量
3. 毛料出材率

二、简答题

1. 配料工艺有哪几种？并说明各种工艺的缺点。
2. 影响加工余量的因素有哪些？
3. 如何提高木材出材率？
4. 圆锯机的操作技术要求是什么？

拓展提高

一、生产过程

1. 生产过程

将原材料制成家具产品相关过程的总和，即从生产准备开始，直到把产品生产出来为止的全部过程，称为生产过程。

2. 生产过程的组成

主要包括生产准备、基本生产、辅助生产与生产服务四个部分。

生产准备，包括生产家具所需原材料的采购、运输、质量检验及保管；家具新产品的开发设计，新产品的试制，机床设备的调整、维修、保养；刀具、夹具及其他工具的设计使用；生产规划和工艺过程的编制。

基本生产，包括采用各种生产设备将原材料制成零部件；零、部件的胶合、装配和装饰；零部件和产品的质量检验。

辅助生产，包括生产设备的调整、维修；刃具、工具及水、电、汽等供应；原材料的供应及配料等。

生产服务，包括生产车间、班组的生产管理；成品、半成品、废料的运输和储存；成品和半成品入库管理；工业卫生和环境保护。

二、工艺过程

1. 工艺过程

工艺过程是指通过各种生产设备，直接改变原材料的形状、尺寸、物理性质或化学性质，使之加工成符合技术要求的产品的一系列过程的总和。

2. 工艺过程的构成

整个工艺过程大体上可以划分为几个工段（车间），即配料工段，零、部件机械加工工段，装配工段和装饰工段。例如，实木家具生产工艺过程为：

锯材干燥—配料—毛料加工—胶合—歪曲—净料加工—部件装配—部件加工—总装配—涂饰

项目 2
毛料机械加工

项目导入

锯材经配料工艺制成了规格方材毛料,这只是一个粗加工阶段,此时方材毛料还存在着尺寸误差、形状误差、表面粗糙不平和没有基准面。为了获得准确的尺寸、形状和光洁的表面,必须进行再加工,即首先加工出准确的基准面作为后续工序加工的基准,并逐步加工其他面使之获得准确的尺寸、形状和表面光洁度,这就是方材毛料加工的目的。本项目主要讲述如何正确地选择基准面、加工基准面、加工相邻面、加工相对面。

学习目标

【知识目标】
1. 掌握毛料加工所用设备的安全操作规程;
2. 掌握基准面的选择与加工方法;
3. 掌握相邻面与相对面的加工方法与要求。

【技能目标】
1. 会对加工设备进行调试;
2. 能正确地选择出木材的基准面;
3. 能加工出基准面;
4. 能加工出相邻面;
5. 能加工出相对面。

任务 2.1　基准面加工

任务目标

对 4 根餐桌脚(净料尺寸 70mm×70mm×760mm)进行基准面加工,依据已配好的木材毛料,确定出一个基准面、相邻面及一个基准端面,利用平刨、圆锯机等设备,加工出基准面。

任务描述

工作地点:家具实训工厂。

工作内容:采用学生现场操作,教师引导的教学方法,教师选取一根餐桌脚进行加工演示,学生根据教师演示操作和教材设计步骤逐步进行操作。完成基准面加工,教师对学生工作过程和成果进行评价和总结。

2.1.1 常见的基准面加工设备与工艺

2.1.1.1 平直面和曲面加工基准面

平直面的大面和小面以及小曲面的侧平直面加工基准面时,主要使用的设备是平刨床。曲面的大面(凹面)加工基准面时主要使用的设备是铣床。

(1) 平刨

平刨床是用来将粗糙不平的方材毛料表面,加工成光滑平直的平面,使该平面作为后续加工的基准面,还利用平刨床的靠尺,将基准面的相邻面加工成与基准面成一定角度的平面,一般为90°,通常该面称为辅助基准。

平刨床的主要结构是由床身、前工作台、后工作台、刀轴、靠尺和工作台调整部分等组成。平刨床前后工作台的高度差即为切削层的厚度(刀具的切削量),图2-1所示为平刨床加工基准面的示意图。

用平刨床加工基准面和边时,首先使用的是粗基准,切削厚度一般为1~2mm,最后达到精基准。在加工时一般要经过1~2次刨削,当刨削厚度大于2mm时,为确保加工精度必须多次刨削。利用平刨床上的靠尺可以加工基准面的相邻面,靠尺与工作台垂直时,基准面与相邻面成直角,如果调整靠尺与基准面成一定的角度α,相邻面与基准面也成同样的角度,图2-2所示为平刨床加工基准面和相邻面。

平刨床的进料方式较多,在生产实际中,使用最多的是手工进料,手工进料可以获得较高的加工基准,但是劳动强度大,生产效率低,而且操作中存在不安全的因素。图2-3所示为自动进料平刨床。机械进料虽然可以获得较高的生产率,大大减轻生产工人的劳动强度,同时又可以避免生产过程中的不安全因素,但是机械进料中,由于导向轮、滚筒或履带等既要压紧方材毛料,又要带动方材毛料进给,因此施加在方材毛料上的压力大,导致方材毛料发生弹性变形。当加工完撤除外力时,方材毛料的弹性恢复,而造成加工的基准面不精确,影响加工质量。

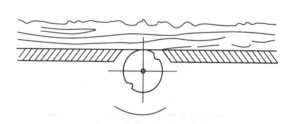

图2-1 平刨床加工基准面的示意图

图2-3 自动送料平刨床

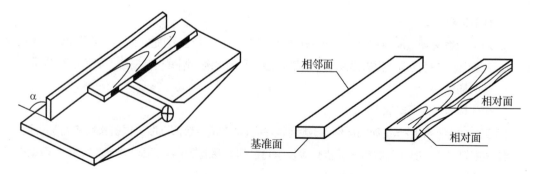

图2-2 平刨床加工基准面和相邻面

(2) 铣床

铣床是一种多功能木材切削加工设备，在铣床上可以完成各种不同类型的加工，如直线形的平面、直线形的型面、曲线形的平面、曲线形的型面等铣削加工；此外，还可以进行开榫、裁口等加工。铣床的这些加工功能有些是属于方材毛料的加工，有些是属于方材净料的加工。下面介绍常用的单轴立铣床、双轴立铣床（上轴铣床）。

单轴立铣主要加工直线形的平面、直线形的型面、曲线形的平面、曲线形的型面等，此外，还可以进行开榫、裁品等加工。直线形的平面加工是利用立铣上的靠尺或直线形的模具靠在立铣上的挡环来完成的，图2-4所示为直线形的平面加工；直线形的型面加工是利用直线形的模具靠在立铣上的挡环和成型铣刀来完成的；曲线形的平面是利用曲线形的模具靠在立铣上的挡环来完成的；曲线形的型面是利用曲线形的模具靠在立铣上的挡环和成型铣刀完成的，图2-5所示为曲线形的型面加工。单轴立铣的进料有机械进料和手工进料两种，图2-6所示是手工进料的单轴立铣，采用机械进料时，一般只须在单轴立铣的工作台上配备机械进料系统即可。

图2-6　手工进料的单轴立铣床

双轴立铣加工的工件表面可以是平面，也可以是型面。曲线形的平面加工是利用曲线形的模具靠在双轴立铣上的挡环来完成的，曲线形型面的加工是利用曲线形的模具靠在双轴立铣上的挡环和成型铣刀来完成的。图2-7所示为双轴立铣床和加工工艺图等。

2.1.1.2　端面加工基准面设备

端面加工基准面时，常用的设备主要是推台锯和万能圆锯机等。万能圆锯机是一种多功能

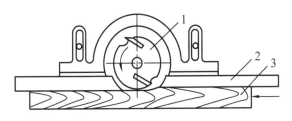

图2-4　直线形的平面加工

1.刀头　2.挡环　3.工件

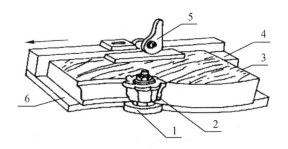

图2-5　曲线形的型面加工

1.挡环　2.刀头　3.工件　4、5.夹具　6.曲模

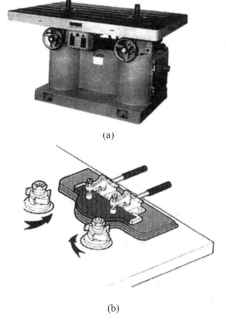

图2-7　双轴立铣床和加工工艺图

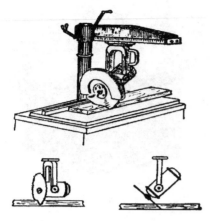

图2-8 摇臂式万能圆锯机加工工艺图

图2-9 摇臂式万能圆锯机

图2-10 台式万能圆锯机

的锯机，对工件既可以进行纵向锯解、横向锯解，还可以对工件进行一定角度的锯解和开槽等加工，图2-8所示为摇臂式万能圆锯机的加工工艺图。在现代家具生产中，常用的万能圆锯机主要有摇臂式万能圆锯机（图2-9）和台式万能圆锯机（图2-10）。

2.1.2 基准面的加工

（1）基准面的类型

实木工件的基准面通常包括大面（平面）、小面（侧面）和端面三个面。不同的工件按加工质量和加工方式的不同，不一定需要三个基准面，有时一个或两个即可。

（2）如何选取基准面

①对于直线形的方材毛料要尽可能选择大面作为基准面，其次是选择小面和端面作为基准面，这主要是为了增加方材毛料的稳定性。

②对于曲线形的毛料要尽可能选择平面（一般选侧面）作为基准面，其次选择凹面（加模具）作为基准面。

③基准面的选择要便于安装和夹紧方材毛料，同时也便于加工。

总结评价

按照要求完成实训考核标准总表。（参见附录）

思考与练习

一、填空题

1. 基准面包括的三个面为：＿＿＿＿、＿＿＿＿、＿＿＿＿＿。
2. 平刨床的主要结构包括床身、＿＿＿＿、＿＿＿＿、＿＿＿＿、＿＿＿＿。
3. 单轴立铣主要加工直线形的平面、＿＿＿＿、＿＿＿＿、＿＿＿＿等。
4. 端面加工基准面时，常用的设备主要是＿＿＿＿和＿＿＿＿等。

二、简答题

1. 如何正确选择基准面？
2. 单立轴铣床的加工原理是什么？
3. 平刨机的组成及工作原理是什么？

拓展提高

基准面的分类

根据基准所起的作用的不同，可以将基准分为设计基准和工艺基准两大类。

1. 设计基准

在家具产品结构设计时，用来确定产品中零部件与零部件之间相互位置的点、线、面称为设计基准。

在家具设计时，我们使用的一些尺寸界限、中心线等都是设计基准。

2. 工艺基准

在加工、测量或装配过程中，用来确定与该工件上其余表面或在产品中该零件与其他零部件相对位置的点、线、面称为工艺基准。加工时，用来作为定位基准的工件表面有以下几种情况：用一个面作为定位基准，加工其相对面；用一个面作为定位基准，又对它进行加工；用一个面作基准，加工其相邻面；用两相邻面作基准，加工其余两相邻面；用三个面作基准。

工艺基准按使用场合（功能）的不同，又可以划分为定位基准、装配基准和测量基准三种类型。

（1）定位基准

工件在机床或夹具上定位时，用来确定加工表面与机床、刀具相对位置的表面称为定位基准。零件在加工过程中，由于加工程度的不同，定位基准又可以分为粗基准、辅助基准和精基准。

①粗基准　凡用未经过加工的表面作为基准的称为粗基准。如在横截圆锯机或纵截圆锯机上配制毛料时，以板材的一端面或板材的一侧面作为基准来决定锯截的位置，这个面和边属于粗基准。

②精基准　使用已经达到加工要求的表面作为基准的称为精基准。

③辅助基准　在加工过程中，只是暂时用来确定零件某个加工位置的面称为辅助基准。如方材零件在单面开榫机上加工零件两端榫头时，先加工一端，以工件另一端面作基准，初步确定零件的长度，这一端面称为辅助基准，这个基准在加工另一端时就不起作用了。

（2）装配基准

在进行部件装配或产品总装配时，用来确定零件或部件与其他零件部件的相对位置的表面称为装配基准。如板式家具中的定位圆榫孔眼与该板件的边及与端面的距离的确定，该板件的边与端面就是装配基准。

(3) 测量基准

用来检验已加工的零件、部件、产品的尺寸形状以及相对位置的表面称为测量基准。如方材零件的加工中，经过平刨床等设备对基准面、基准边、基准端面加工，再经过压刨床等设备对相对面、相对边、相对端面加工后，对方材零件尺寸、形状的检验所用的面就是测量基准。

任务 2.2 相对面加工

任务目标

在已进行了基准面加工的 4 根餐桌腿（净料尺寸 70mm×70mm×760mm）基础上，利用压刨、双面刨、四面刨等设备，进行相对面的加工，使之成为符合设计要求的净料零件。

任务描述

工作地点：家具实训工厂。

工作内容：采用学生现场操作，教师引导的教学方法，教师选取一根餐桌腿进行加工演示，学生根据教师演示操作和教材设计步骤逐步进行操作。完成相对面加工，教师对学生工作过程和成果进行评价和总结。

2.2.1 相对面加工设备

压刨床有多种类型，这里只介绍单面压刨床和四面压刨床两种。单面压刨床用于刨削已加工表面的相对面，将工件刨成一定厚度和光洁度的平行表面。单面压刨床的刀轴安装在工作台的上面，工件沿着工作台面向前进给时，通过刀轴上的刀片，将工件刨成一定的厚度。工作台可以根据工件的厚度要求，沿床身垂直导轨进行升降调整。图 2-11 所示为单面压刨床。

四面刨床是用来将锯材、方材毛料的四个表面进行平面刨光或型面铣型。图 2-12 所示为四面刨床加工的各种型面的断面形状。四面刨床常用的刀轴数为 4~8 个，特殊需要时刀轴数可达 10 个或更多，这些刀轴分别布置在被加工工件的四面，即上面、左面、右面和下面。目前基本的四面刨床的刀轴排列形式见表 2-1。

新型四面刨床的一些特点如下：

一是，增加了前工作台的长度，第一个底刨刀起到了平刨加工的作用。为了降低木材在刨削

表 2-1 四面刨床刀轴排列形式

刀轴数	刀轴的位置								
	底刨刀	右刨刀	右刨刀	左刨刀	左刨刀	上刨刀	上刨刀	底刨刀	万能刨刀
4	☐	☐		☐		☐			
5	☐	☐		☐		☐		(☐)	(☐)
6	☐	☐		☐		☐		☐	☐
7	☐	☐		☐		☐	☐	☐	☐
8	☐	☐	☐	☐	☐	☐	☐	☐	☐

图2-11 单面压刨床

图2-12 四面刨床加工的各种型面的断面形状

时由于压料辊的压力大而产生的变形，现代四面刨床的压料辊采用了气动或液压的压紧器，它会随着木材的高低自动调节压料辊的压力，使压料辊对木材各点的压力始终处在一个同等的压力下。图2-13所示为气动压料辊。为了加试短小的订制材或方材毛料，采用气动控制的组合压料辊（图2-14）。

二是，为了提高电机的有效功率，采用万向连轴节带动刀轴，以替代皮带传动提高了机械效率，确保了加工精度，同时还可以降低机械的噪音。图2-15所示为万向联轴节传动系统。

三是，新型四面刨床的调刀时间都大大缩短，人机配合已达到了较优的境地，与传统意义上的四面刨床有了很大的区别。图2-16所示为PROFIMAT23系列五轴四面刨床。目前，人们开始将计算机控制系统应用在四面刨床（图2-17）上，通过计算机的控制，完成四面刨床的调刀、换刀等功能。

2.2.2 相对面的加工方法

毛料的基准面加工完毕后，还须对其余表面（相对面）进行加工，使之平整光洁及与基准面之间具有正确的相对位置，使毛料能达到零件技术要求规定的断面尺寸和形状。相对面的加工可以在压刨、三面刨、四面刨或铣床上完成。在刨床上进行毛料平面加工有以下几种方法：①平刨加工基准面和边，压刨加工相对面和边。此法可以获得精确的形状、尺寸和较高的表面质量，但劳动强度较大，生产效率低，适合于毛料不规格以

图2-13 气动压料辊

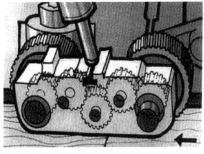

图2-14 气动组合压料辊

图2-15 万向联轴节传动系统

图2-16　PROFIMAT23系列五轴四面刨床

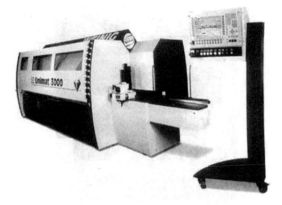

图2-17　UNIMAT3000型CNC控制的四面刨床

及一些规模较小的生产企业。②平刨加工一个或两个基准面（边），四面刨加工其他几个面。此法加工精度稍低，表面较粗糙，但生产率比较高，适合于毛料不规格以及一些中小型规模的生产企业。③双面刨或四面刨一次加工两个相对面，多片锯加工其他面（纵解剖分）。此法加工精度稍低，但劳动生产率和木材出材率较高，适合于毛料规格以及规模较大的生产企业。④四面刨一次加工四个面。此法要求毛料比较直，且不易变形，因没有预先加工出基准面，所以加工精度较差，但劳动生产率和木材出材率高，适合于毛料规格以及规模较大的连续化生产企业。⑤压刨或双面刨分几次调整加工毛料的四个面。此法加工精度较差，生产效率较低，比较浪费材料，但操作较简单，一般只适合于加工精度要求不高、批量不大的内部用料的生产企业。⑥平刨加工基准面和边，铣床（下轴立锈）加工相对面和边。此法生产率较低，劳动强度大，一般只适合于折面、曲平面以及宽毛料的侧面加工。压刨或铣床（下轴立铣）采用模具或夹具配合，可加工与基准面不平行的平面。四面刨或压刨、铣床（下轴立铣）、木线机等配有相应形状的刀具，可在相对面上加工线型。除了四面刨之外，其余设备一般需完成基准面（边）的加工。在实际生产中，企业应该根据零件的质量要求及生产量，来合理选择加工设备和加工方法。毛料经以上基准面、相对面和精截加工以后，一般按所得到净料的尺寸、形状精度和表面粗糙度来评定其加工质量，确定其能否满足互换性的要求。净料的尺寸和形状精度由所采用的设备和选用的加工方法来保证，而表面加工质量则取决于刨削加工的工艺规程。

2.2.3　基准面、相邻面、相对面加工举例

依据产品尺寸要求进行基准面、相邻面、相对面加工。

以桌腿加工为例进行说明如下：

经过配料加工所获得的桌腿毛料规格尺寸为745mm×41mm×40mm。但此时的材料为经过拼板后所得到的加工用毛料，还需要进行进一步的加工以获得净料。零部件尺寸规格见表2-2。

表2-2　实木餐桌零部件尺寸规格

序号	名称	规格（mm）	数量
1	桌面	750×750×18	1
2	桌腿	732×38×38	4
3	围板	632×70×18	4

基准面加工：调整平刨，使其刀具切削量为0.5mm，调整好后空机运转，检验设备是否可进行加工，如没有问题，选取桌腿毛料，将有弯的

一面扣在加工平台上，匀速推料进给，将该面进行全面加工，加工好的表面需进行检验，达到平直即可。

相邻面加工：在加工基准面的基础上进一步调整平刨，使其侧向靠尺与工作台面成直角90°，将刚加工好的基准面靠在侧向靠尺上，将基准面相邻的一个表面扣在工作台面上，双手按紧进给工件，匀速推进加工，达到平直即可。

相对面加工：调整单面压刨，使其刀具切削量为1mm，调整好后空机运转，检验设备是否可进行加工，如没有问题，将经过基准面、相邻面加工的桌腿料送入设备进行加工。加工时，先将基准面向下扣在工作台面上，送入设备，完成基准面的相对面加工，加工好后，在将以基准面为基础加工好的相邻面扣在工作台上送入设备，将基准面的另一个相邻面加工好，依次进行反复加工，直到加工各表面平直，各相邻面互成直角，尺寸规格为745mm×38.5mm×38.5mm为止。此时厚度、宽度方向留有的0.5mm加工余量为后道工序的砂光量。部分企业也使用四面刨对毛料进行基准面、相邻面、相对面的加工，此类加工可做到一次成型，加工速度快，质量好，是目前大多数企业使用的方法，在此不再介绍。

端面基准面、相对面加工：调整推台锯，使定位挡块到锯片的距离为732mm，将上道工序加工好的毛料放在推台锯上，使基准面与工作台面靠平，相邻面与前靠尺靠平，先锯切一个端头，使其平直，作为端面加工的基准面。加工好后，方向定位挡块，使刚加工好的端面基准面与其靠紧，推动工作台面加工出端面基准面的相对面，此时获得的桌腿料即为桌腿净料，尺寸规格为（732±0.5）mm×38.5mm×38.5mm（此处宽度、厚度方向多出的余量为后道净料加工的加工余量）。

总结评价

按照要求完成实训考核标准总表。（参见附录）

思考与练习

一、填空题

1. 相对加工设备主要有 _____、_____。
2. 平刨加工基准面和边，压刨加工相对面和边。此法可以获得 _____、_____ 和较高的 _____，但劳动强度较大，_____，适合于毛料不规格以及一些规模较小的生产企业。
3. 平刨加工一个或两个基准面（边），四面刨加工其他几个面。此法加工 _____，_____，但 _____，适合于毛料不规格以及一些中小型规模的生产企业。
4. 单面压刨床用于刨削平刨床已加工表面的 _____，并将工件刨成一定的 _____ 和 _____ 的平行表面。
5. 四面刨床是用来将锯材、方材毛料的 _____ 进行 _____ 或型面铣型。

二、简答题

1. 压刨的工作原理是什么？
2. 用四面刨加工毛料有哪些缺点？

拓展提高

一、加工工序

实木家具的生产工艺过程是由各工段所组成的，每一个工段都有其特定的加工内容，这些加工内容的完成则应依靠工段内的各个有序排列的工作位置完成相应的工作内容来实现，从而使原材料逐渐成为产品。为了便于生产管理，生产中一般将各工段进一步划分为一个一个工序，也就是说，生产工艺过程由各个工段所组成，而工段则由各工序所组成。

(1) 工序

由一个（或一组）工人在一个工作位置上对一个或多个工件连续完成工艺过程中的某一部分，称为工序。工序按其作用的不同，一般可以分为下列几类：

a. 工艺工序：是直接改变材料形状、尺寸，或改变原材料（半成品）物理、化学性质的工序。如在实木家具生产中方材毛料的基准面、基准边的加工工序，方材净料加工中的打眼工序等，这些都属工艺工序的范畴。

b. 检验工序：该工序包括原材料质量检验、中间产品质量检验、成品的质量检验。如实木家具生产中的锯材检验（标准尺寸、等级）工序、家具的表面质量的检验工序等。

c. 运输工序：在工艺工序之间和工艺工序与检验工序之间，运送原材料、中间产品、成品的工序。运输工序是联系工艺过程的纽带。

(2) 工艺过程流程图

在生产过程中，按工序的先后顺序所编制的生产工艺走向图。

例：实木椅拉档的加工，其生产工艺流程如下：

定制材 → $\dfrac{纵剖}{纵剖锯}$ → $\dfrac{横截}{横截锯}$ → $\dfrac{刨基准面或边}{平刨}$ → $\dfrac{刨相对面或边}{压刨}$ → $\dfrac{截面}{横截圆锯}$ → $\dfrac{铣倒角}{立铣}$ → $\dfrac{榫头加工}{开榫机}$ → $\dfrac{砂光}{砂光机}$ → $\dfrac{检验}{检验台}$ → 零件（不涂饰）

(3) 工艺过程路线图

家具制品中所有零件工艺过程图的汇总。表 2-3 为家具生产过工艺程路线。

表 2-3 家具生产工艺过程路线

编号	零部件名称	零部件尺寸	工 作 位 置					
			裁板锯	封边机	排钻	装件	检验	包装
1	A 部件		○	○			○	○
2	B 部件		○	○	○	○	○	○

注：表中圆圈标注工时定额。

(4) 工序的分化与集中

工序的分化是使每个工序中所包含的工作量尽量减少，把较大的、复杂的工序分成一系列小的、简单的工序。特点：设备调整与操作简单，对工人技术水平要求不高；但工序增加，管理复杂，成本提高。

工序的集中是使工件在尽可能一次安装后，同时进行多项加工，把小的、简单的工序集中为一个较大的和复杂的工序。特点：可有效提高设备的利用率及零件的旧法加工质量，简化生产管理，缩短生产周期，减少成本；但对工人技术水平要求较高，设备调整与操作复杂。

二、生产工艺规程

(1) 工艺规程及内容

a. 工艺规程：是规定生产中合理的加工工艺方法的技术文件。实际生产中的工艺卡片、检验卡片都属于工艺规程。

b. 工艺卡片的内容：零部件或产品的设计文件；零部件的生产工艺流程或产品路线；设备、工具、夹具、模具和刃具的种类；零部件或产品的技术要求和检验方法；零部件或产品的工时定额；家具生产中使用的原材料规格和消耗定额。

(2) 工艺规程的作用

a. 是指导生产的主要技术文件，是管理生产、稳定生产秩序的依据，是工人工作和计算工人工作量的依据。

b. 是生产组织和生产管理工作的基本依据，是原材料供应、生产设备利用率、生产计划制定的依据，是生产工人配置以及产品检验和经济核算的依据。

c. 是新建或扩建工厂及车间设计的依据，是设备选型、设备配置、工艺布置、车间面积确定的依据，是原材料计算和工艺计算的依据。

(3) 确定工艺规程的原则

a. 在制定工艺规程时，要根据生产设备情况尽量选择先进的生产工艺。由于家具生产的特殊性，任何一个工艺规程都不是一成不变的，这要根据产品品种与结构的变化进行调整，使工艺更具合理与先进。

b. 在一定的生产条件下，工艺过程有多种类型，同样工艺规程也要随着工艺过程而变化。但是多种类型的工艺过程中必然有最经济可行的工艺方案,因此工艺规程的制定必须与工艺过程相适应。

c. 工艺规程通常由设计人员根据产品的生产需要进行制定,所以要求设计人员必须经常和生产一线的工人紧密联系,深入了解生产的实际情况,使工艺规程简明易懂并具有可操作性。

在制定工艺规程时,要确保生产工人具有良好的工作条件,尽可能地减轻工人的劳动强度,以达到安全生产、文明生产的目的。

项目 3
净料加工

项目导入

方材毛料经过基准面和相对面的加工以后，表面平整光洁，形状尺寸规整。但按照零件图纸设计要求，一般还需要做一些工序的进一步加工。净料加工的精度直接影响后续的部件装配与总装配的配合程度，从而影响整件实木家具的质量。本项目主要讲解如何加工榫头、榫眼，铣出各种型面槽簧与表面修整。

学习目标

【知识目标】

1. 掌握常见净料加工机械的操作方法；
2. 掌握净料加工的工艺过程与要求；
3. 掌握机械设备与保养与调整。

【技能目标】

1. 能按设计要求，加工出各种榫头；
2. 能按设计要求，加工出各种榫槽；
3. 能按设计要求，对型面和曲线进行加工；
4. 能按设计要求，对零件进行表面修整；
5. 会调试加工机械，会操作净料加工设备。

 任务3.1　榫头加工

任务目标

以一件实木家具的几个零件作为样本，榫头的类型可以多样。采用榫头机等设备，检查好加工设备并调试，再依据榫头加工工艺，加工出不同形式的榫头。

任务描述

工作地点：家具实训工厂。

工作情境：采用学生现场操作，教师引导的教学方法，教师以任意选取实木家具的零件，把榫头的加工过程逐步演示，学生根据教师演示操作和教材设计步骤逐步进行操作。完成实木家具零件的榫头加工。

3.1.1 常见的榫头加工设备

在实木家具生产中,零部件结合方式以榫结合较为普遍。榫的结合形式分为木框榫、直角箱榫、燕尾榫、指接榫等。各种形式的榫一般都可以利用木工铣床来加工,在大批量生产中,可采用专用的开榫机来进行加工。

3.1.1.1 开榫机

直角榫开榫机,通常有4~6根主轴,分别由单独的电动机驱动。6轴开榫机有4个工位,各轴的配置为:1个圆锯轴、2个水平铣刀轴、2个垂直铣刀轴和1个中槽铣刀轴,分别用来截齐端头和铣削榫颊、榫肩、中槽。刀轴距离可以调节,工件夹紧在活动工作台上,用手推送至各刀轴处加工(图3-1)。

3.1.1.2 梳齿榫开榫机

梳齿榫开榫机(又称指形机)用于将小规格板材按纵向平面接长,以做到短材长用,小材大用,提高木材的利用率(图3-2)。梳齿榫机主要分为铣榫式开榫机、锯榫式开榫机两种类型,铣榫机因其加工质量好、精度高等特点而被广泛使用。

3.1.1.3 数控开榫机

数控开榫机使用方便,调整简单,操作容易、安全、高效、劳动强度低,被许多大中型家具生产企业使用(图3-3)。

3.1.2 榫头加工的方法与工艺

实木家具采用榫接合时,相应的零件上需加工出榫头和榫眼。在零件端部加工榫头的工序通常也称为开榫。常见各种榫头形式及加工工艺示意图,如图3-4所示。

图3-1 开榫机

图3-2 梳齿榫开榫机

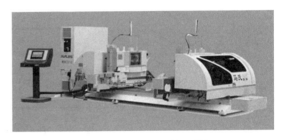

图3-3 双端数控四轴开榫机

3.1.2.1 榫头加工基准理论

在实木家具榫接合时,要考虑到零部件的配合形式。用来控制零件配合形式的理论就是基准制理论。按照零件配合基准制有两种形式,即基孔制和基轴制,这是沿用金属零件加工的配合理论。按照零件榫眼配合的特征,通常就把榫头称为广义的轴,而把榫眼称为广义的孔。

对于直角榫接合,在加工榫头时,其榫头的厚度和宽度应采用不同的配合形式。通常榫头的厚度应采用基孔制,而榫头的宽度(主要表现在

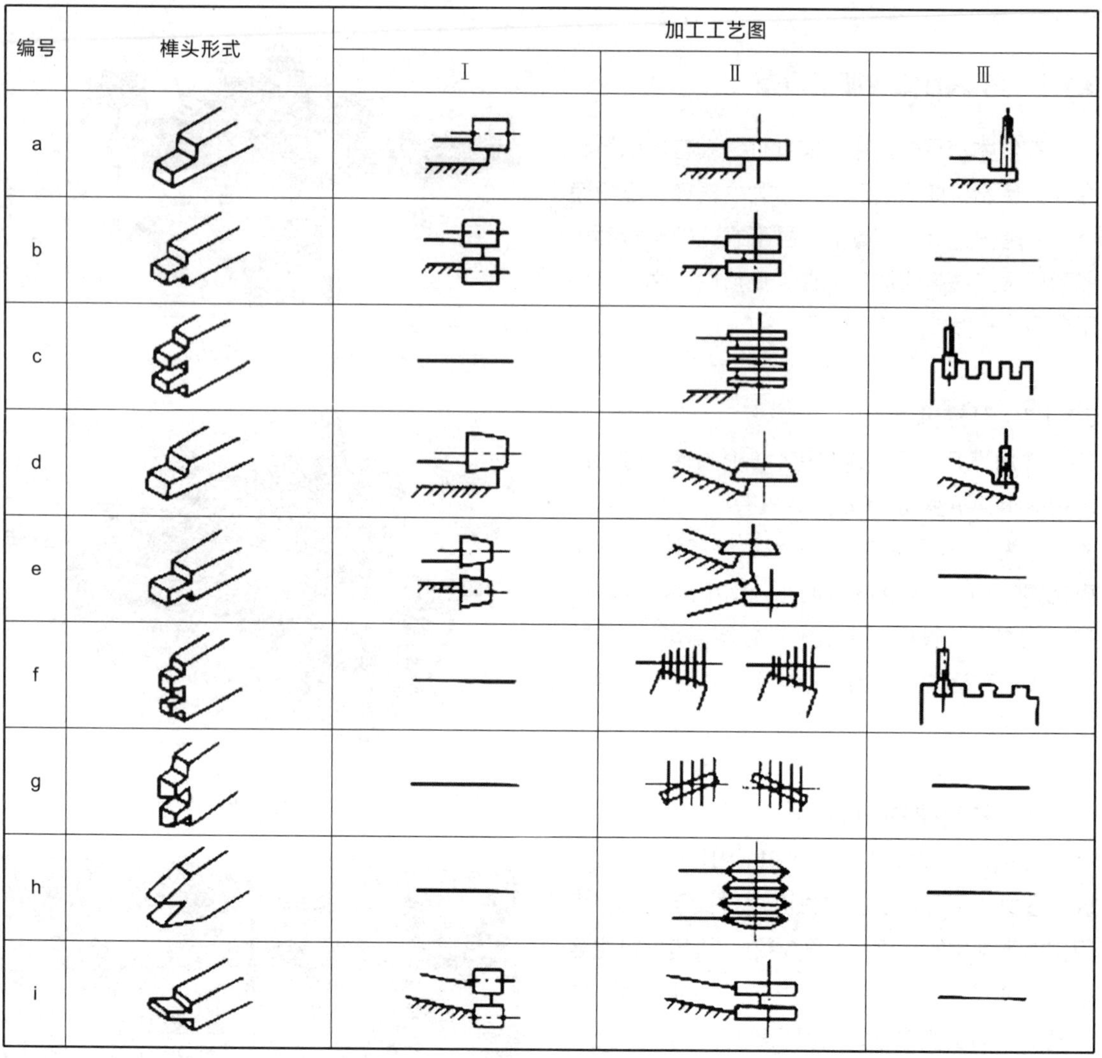

编号	榫头形式	加工工艺图		
		Ⅰ	Ⅱ	Ⅲ
a				
b				
c				
d				
e				
f				
g				
h				
i				

图 3-4　各种榫头形式及加工工艺示意图

榫眼长度的加工上）多采用基轴制。这是因为：榫接合的榫眼是用固定规格尺寸的钻套加工的，同一规格的新刀具和旧刀具之间常有尺寸误差，因此在开榫时其榫头的厚度应采用基孔制，即以形成榫眼的宽度尺寸为依据调整加工榫头的刀具的位置来加工榫头。而榫头的宽度在多数情况下是以其方材的宽度为准。在加工榫眼时，以榫头宽度为基准，同时考虑适当的配合过盈度，加工榫眼的长度，因此，在榫头的宽度上（即榫眼的长度上的加工）多数情况下采用基轴制。当然有特殊情况，如采用闭口榫等，其榫头的宽度可采用基轴制，也可采用基孔制。

应该强调指出，采用基孔制并不是非要先加工榫眼后加工榫头，而是要以形成榫眼的宽度尺寸为依据来确定榫头的厚度尺寸；同样采用基轴制也并不一定非要先加工榫头后加工榫眼，而是要以形成榫头的宽度尺寸为依据来确定榫眼的长度尺寸。

开榫工序是零件加工的主要工序，加工精度及加工质量的好坏将直接影响到制品的接合强度和使用质量。一般榫头制成后，在零件上就形成了新的定位基准和装配基准。因此，开榫工序对

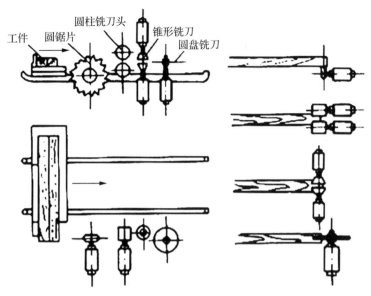

图3-5 开榫机加工

于后续加工和装配的精度有直接的影响。

影响加工精度的因素很多，如加工机床本身的状态及调整精度、开榫工件在机床或托架上定基准的情况等。在生产实际中，要提高精度，就得合理控制各因素的状态。如工件两端需开榫头时，就应该用相同表面作基准面；在机床上安装工件时，工件之间及工件与基准面之间不能有刨花、锯末杂物，加工操作也应平稳，进给速度需均匀。总之，榫头应严格按照零件技术要求进行加工，以保证零件的加工精度及加工质量。

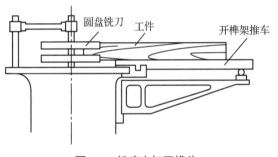

图3-6 铣床上加工榫头

3.1.2.2 榫头加工工艺方法

榫头加工工艺与刀具应根据各种不同榫头的形状、数量、榫头的长度及榫头在零件上的位置来选择。切削榫头一般选用具有割刀的铣刀头、切槽铣刀和圆盘铣刀等。

（1）直角单榫和燕尾单榫的加工

图3-4中的a、b、c、d所示的几种直角单榫和燕尾单榫可以在单头或双头开榫机上加工，加工工艺方法，如图3-5所示。直角单榫也可以在铣床上加工，如图3-6所示。

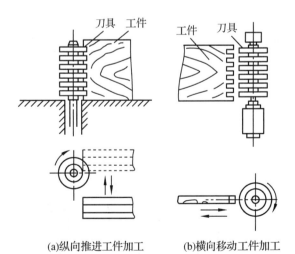

图3-7 直角多榫加工

项目3 净料加工 ■ 027

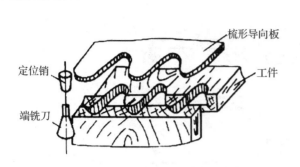

图3-8 铣床上加工燕尾形多榫

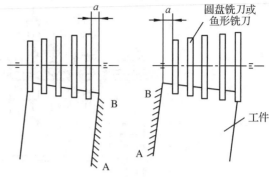

图3-9 半隐燕尾多榫加工

(2) 直角多榫和齿形榫的加工

图3-4中c所示的直角多榫可以在直角箱榫开榫机上采用切槽铣刀进行加工,加工工艺方法如图3-7所示。其中图3-7(b)是工件向刀具推进进行加工,这种加工方式每次只能加工一块工件,榫肩成弧形,生产率较低;图3-7(a)是依靠工件或刀轴沿着箭头方向相对进给来完成直角多榫的加工,一次可以加工一叠工件,加工出的榫肩平整,生产率较高。图3-4中h所示的指形榫也可以在直角箱榫开榫机上采用指接刀具组成的组合刀具进行加工。

(3) 燕尾形多榫的加工

图3-4中f所示的燕尾形多榫可以在铣床上采用不同直径的组合鱼形铣刀进行加工。加工工艺的要求和方法是:工件的一端榫头的加工均需要两次定位两次铣削加工,如图3-8所示,第一次定位时,先以工件的基准边为基准,定位后进行第一次铣削加工;第二次定位时,要将工件翻转180°,然后仍以原来基准边为基准,定位后再次进行铣削加工,即可形成燕尾形多榫。燕尾形多榫也可在单轴或多轴燕尾开榫机上采用端铣刀沿导板移动进行加工。

(4) 半隐燕尾多榫的加工

图3-9所示的半隐燕尾多榫,是在单轴或多轴燕尾榫开榫机上采用端铣刀沿梳形导板移动进行加工的。其加工工艺方法是:首先将相互榫接的两块工件互成直角,并且使两基准边相互错开半个榫距,当两工件的角度和位置准确确定之后,把两工件固定在机床的托架上,然后将配对的两个榫接工件一次加工完成。

(5) 梯形多榫的加工

图3-4中g所示的梯形多榫,可以在铣床上或直角箱榫开榫机上采用组合刀具进行加工。这种梯形多榫的加工工艺,一次可以加工一个工件,

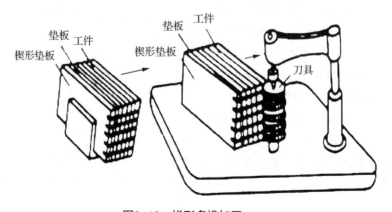

图3-10 梯形多榫加工

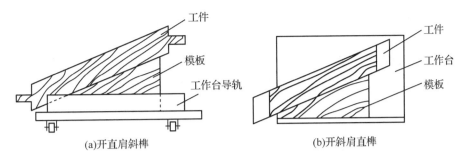

图3-11 斜肩直榫加工

也可以加工一叠工件,如图3-10所示。在多数情况下,为了提高生产效率都是一次加工一叠工件,但要求所加工的一叠工件中的每一个加工工件的厚度必须一致。其加工工艺的要求和方法是:工件的每一端榫头的加工均需要两次铣削的加工过程,第一次定位时,其一叠工件的两面需要使用适当角度的楔形断面的垫板以形成所需的梯形榫角,然后用夹具夹住进行第一次铣削加工;当第二次定位时,需要将楔形垫板掉转180°使用(注意并不是翻转,而是掉转,这样可使垫板的直角大面始终处在外侧位置,并与工作台面始终保持自然的垂直状态),可使工件以同样的角度向相反方向倾斜,同时在工件的下面要再增加一块垫板,以使加工工件相对第一次定位增加适当的高度,然后再用夹具夹住进行第二次铣削加工,即可形成梯形多榫。

(6) 直肩斜榫的加工

图3-4中i所示的直肩斜榫可以在开榫机上加工。这种直肩斜榫的加工工艺如图3-11(a)所示,其加工工艺方法是:在工件下面垫一块具有一定斜度的斜榫模板,以形成所要求的斜榫角度,然后进行开榫加工,即可加工出直肩斜榫。

(7) 斜肩直榫的加工

斜肩直榫与直肩斜榫类似,也可以在开榫机上加工,如图3-11(b)所示。其加工工艺过程是:在开榫的工作台上放置一块具有一定斜度的斜肩模板,以形成所要求的斜肩角度,然后进行开榫加工,加工出斜肩直榫。

(8) 长圆形榫和圆形榫的加工

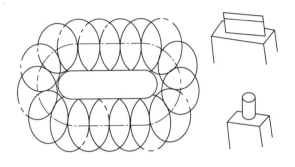

图3-12 长圆形榫和圆形榫加工

图3-12所示的长圆形榫和圆形榫,可以在自动开榫机上进行。该机床上使用圆锯片和铣刀组成的组合刀具进行加工,其圆锯片用于截榫端,铣刀用于铣削榫头。其加工工艺方法是:首先将工件在工作台上安装压紧,然后操作铣刀轴按其预定的轨迹与工作台做相对移动一周,即可加工出相应的断面形状的长圆形榫和圆形榫。此加工方法也可以加工直角榫。如果将工作台调整到规定的角度,还可以在方材端部加工出各种斜榫。

3.1.3 榫头加工举例

依据产品尺寸要求(表3-1)进行榫头加工。以围板加工榫头为例进行说明如下:

表3-1 实木餐桌零部件尺寸规格

序号	名称	规格(mm)	数量
1	桌面	750×750×18	1
2	桌腿	732×38×38	4
3	围板	632×70×18	4

经过毛料加工所获得的围板规格尺寸为632 mm×70 mm×18 mm。依据榫头与榫眼接合技术要求,围板采用双面切肩不贯通单榫,榫头厚度为9mm、榫头宽度为50 mm、榫头长度为25 mm。如图3-13所示。

双面切肩不贯通单榫不能一次性从开榫机中加工出来,因此要采取几次加工才能完成。

单面直角榫加工:调整开榫机,使其符合需要的加工尺寸,调整好后先空机运转,检验设备是否可进行加工,如没有问题,则可先选一块废料进行试加工,测量尺寸无误后,再选取围板进行加工,加工时匀速推料进给,加工完成后须进行检验,待进入再次加工(图3-14)。

切肩加工:可使用圆锯机,加工时尽量将锯片升至工作台面的最高处,做好定位挡块,先进行纵截(图3-15),再进行横截(图3-16),即可完成切肩加工。切肩加工也可在细木工带锯机上完成,加工方法与在圆锯机上一致,加工完成后须进行检验。

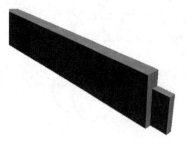

图3-13 双面切肩不贯通单榫

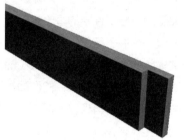

图3-14 加工直角榫头

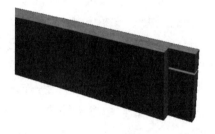

图3-15 榫头纵截

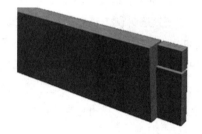

图3-16 榫头横截

总结评价

按照要求完成实训考核标准总表。(参见附录)

思考与练习

一、填空题

1. 在实木家具生产中,零部结合方式以榫结合较为普遍。榫的结合形式分为____、____、____、指接榫等。
2. 梳齿榫机主要分____、____两种类型。
3. 影响加工精度的因素很多,如加工机床本身的_____及_____、开榫工件在机床或托架上_____的情况等。
4. 榫头加工工艺与刀具应根据各种不同榫头的_____、_____、_____及榫头在零件上的位置来选择。
5. 在机床上安装工件时,工件之间及工件与基准面之间不能有____、____,加工操作也应_____,进给速度____。

二、简答题

1. 直角多榫和齿形榫的加工与加工工艺设备是什么?

2. 半隐燕尾多榫的加工工艺与设备是什么?
3. 做到加工出高质量的榫头要注意哪些方面?
4. 长圆形榫和圆形榫的加工工艺与设备是什么?

拓展提高

直角榫接合技术要求

(1) 榫头的厚度

榫头的厚度视零件的断面尺寸的接合的要求而定,单榫的厚度接近于方材厚度或宽度的0.4~0.5倍,双榫的总厚度也接近此数值。为使榫头易于插入榫眼,常将榫端倒棱,两边或四边削成30°的斜棱。当零件的断面超过40mm×40mm时,应采用双榫。

榫接合采用基孔制,因此在确定榫头的厚度时应将其计算值调整到与方形套钻相符合的尺寸,常用的厚度有:6mm、8mm、9.5mm、12mm、13mm、15mm等几种规格。

当榫头的厚度等于榫眼的宽度或小于0.1~0.2mm时,榫接合的抗拉强度最大。当榫头的厚度大于榫眼的宽度,接合时胶液被挤出,接合处不能形成胶缝,则强度反而会下降,且在装配时容易产生劈裂。

(2) 榫头的宽度

榫头的宽度视工件的大小和接合部位而定。一般来说,榫头的宽度比榫眼长度大0.5~1.0mm时接合强度最大,硬材取0.5mm,软材取1.0mm。当榫头的宽度大于25mm以上时,宽度的增大对抗拉强度的提高并不明显,所以当榫头的宽度超过60mm时,应从中间锯切一部分,分成两个榫头,以提高接合强度。

(3) 榫头的长度

榫头的长度根据榫接合的形式而定。采用明榫接合时,榫头的长度等于榫眼零件的宽度(或厚度);当采用暗榫接合时,榫头的长度不小于榫眼零件宽度(或厚度)的1/2,一般控制在15~30mm时可获得理想的接合强度。

暗榫接合时,榫眼的深度应大于榫头长度2mm,这样可避免由于榫头端部加工不精确或涂胶过多而顶住榫眼底部,形成榫肩与方材间的缝隙,同时又可以贮存少量胶液,增加胶合强度。

(4) 榫头、榫眼(孔)的加工角度

榫头与榫肩应垂直,可略小,但不可大于90°,否则会导致接缝不严。暗榫孔底可略小于孔上部尺寸1~2mm,不可大于上部尺寸;明榫的榫眼中部可略小于加工尺寸1~2mm,不可大于加工尺寸。

任务3.2 榫槽加工

任务目标

选取一件箱框类实木家具或相框为样本,榫槽的类型可以多样。依据加工榫槽类型的不同可采用单轴立式铣床或圆锯机等设备,做好加工设备并调试,再依据不同榫槽的加工工艺,加工出不同形式的榫槽。加工人员要熟悉各种木材的特性、木材的干燥程度。

任务描述

工作地点:家具实训工厂。

工作情境:采用学生现场操作,教师引导的教学方法,教师任意选取实木家具的零件,把榫槽的加工过程逐步演示,学生根据教师演示操作和教材设计步骤逐步进行操作。完成实木家具零件的榫槽加工。

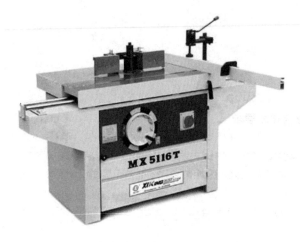

图3-17　单轴立式铣床

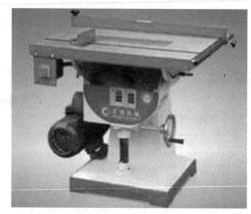

图3-18　圆锯机

3.2.1　常见的榫槽加工设备

榫槽机用于对方材、木框等零件或组件进行方形或矩形榫槽加工。加工榫槽的设备主要采用刨床类、铣床类、锯机类。

(1) 刨床类

可采用平刨、压刨及四面刨进行榫槽加工。目前在实际生产中，一般常用四面刨来加工。

(2) 铣床类

立铣、镂铣、数控镂铣和双端铣等都可以加工榫槽。根据榫槽的宽度、深度等不同，可选用不同类型的铣床（图3-17）。榫槽宽度较大时可采用带水平刀具的设备，如立铣等；榫槽宽度较小时可使用带立式刀具的设备，如镂铣。

(3) 锯机类

圆锯机也可以加工榫槽，这种加工主要是采用铣刀头、多锯片或中央有钩形铣刀的两锯片等多种刀具进行加工（图3-18）。

3.2.2　榫槽加工的方法与工艺

实木家具的零部件除采用端部榫接合外，有些还需沿宽度方向实行横向接合或开出一些榫槽，这时就需要进行榫槽加工。常见的各种榫槽形式及加工工艺如图3-19所示。

3.2.2.1　榫槽加工的相关术语

(1) 榫槽加工的含义

榫簧与榫槽的加工可简称为榫槽加工。在这里，榫槽加工中的"榫"指的就是零件中的榫簧；而榫槽加工中的"槽"指的就是零件中的槽口。

按照零件的设计要求，有些方材零件需要顺纤维方向加工出一些口、榫、槽。方材零件上的这些口、榫、槽是由裁口或扒槽等切削加工完成的。因此，这些裁口和扒槽等切削加工的工艺过程可统称为榫槽加工。

(2) 口与裁口

图3-19中的1和4的零件为方材净料经过切削加工所形成的，这种在方材的一条棱角处所形成的缺口称为零件的口；而在方材中形成口的加工过程称为裁口。

(3) 榫簧及其形成

方材净料经过裁口加工，无论是一面裁口（图3-19中的1、3）还是两面裁口（图3-19中的2、5），都会在零件中自然形成凸起的部位，这种零件中的凸起部件称为榫簧，也称为榫舌。因此零件中的榫簧（或榫舌）是由裁口加工形成的。

(4) 槽与扒槽

图3-19中的3、6的零件为方材净料经过切削加工所形成的，这种顺方材的纤维方向，在方材零件的一面中间部位形成凹陷缺口，这些凹陷

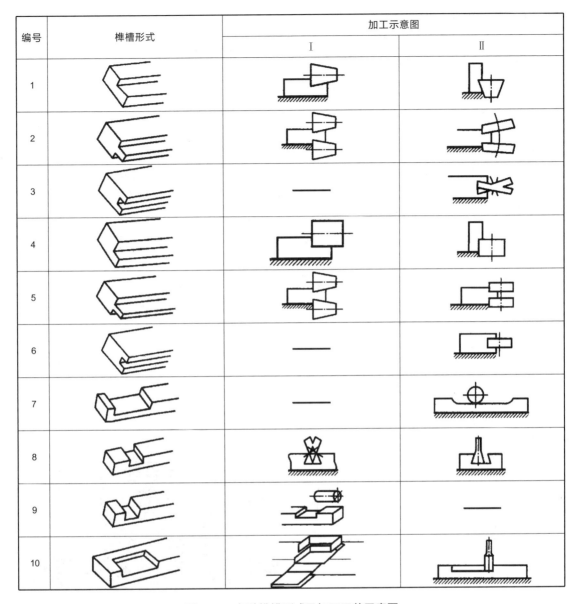

图3-19 各种榫槽形式及加工工艺示意图

缺口同样也称为槽或槽口。但正是由于这些槽口都是在方材零件的横纤维方向形成的凹陷缺口，所以也多称为横向槽或横向槽口。这种在方材的横纤维方向形成槽的加工过程一般称为开槽，也称为切槽，而不称为扒槽。

综上所述，关于"榫槽"，有两种含义：一种是指榫簧与槽口，是两者的统称，这是广义的榫槽的含义；另一种就是单纯指槽，即槽口，意思是"榫之槽"，这是具体的榫槽的含义。正是由于在实际使用中"榫槽"具有这样两种含义，它常常引起人们理解上的混乱。因此，一说到"榫槽"，就要特别注意区分它所指的含义是什么。

3.2.2.2 榫槽加工工艺

（1）榫簧的加工

图3-19中的4、5为两种直角榫簧，可在裁口平刨上加工，这两种榫簧的加工工艺方法是方材零件通过平刨进行一面裁口或两面裁口而形成

的。直角榫簧也可以在铣床上进行加工。图3-19中的1、2为两种梯形榫簧,一般要在铣床上采用锥形铣刀进行一面裁口或两面裁口加工而成。这四种榫簧也可以分别采用型面铣床进行一次性铣削(裁口)加工。

(2) 槽口的加工

a. 纵向槽口的加工。图3-19中的6为直角纵向槽口,一般可在铣床上采用圆盘铣刀进行加工。图3-19中的3为燕尾形纵向槽口,可在铣床上将主轴或工作面倾斜一定角度再分次加工。

b. 横向槽口的加工。图3-19中的7为横向长槽口,可在铣床上加工。槽的深度由刀对导尺表面的突出量来控制,而切削长度是用限位挡块来控制。这种加工方法的缺点是加工后槽的两端会形成圆角必须补充工序来加工修正。

c. 横向直角短槽口,如图3-19中的9,可以在悬臂式万能圆锯上加工,可采用不同直径的圆锯片叠在一起或采用锥形铣刀头分次加工,加工时须将主轴倾斜一定角度。此外,也可以立式上轴在铣床上利用燕尾形端铣刀进行加工。

d. 合页槽的加工。图3-19中的10为合页槽,可在专用起槽机上加工。较深的槽可在立式上轴铣床用柱形端铣刀加工,但必须再补充工序消除圆角。

3.2.3 榫槽加工举例

以相框制作为例,该产品的尺寸为:300mm×200 mm×15 mm。采用白橡木加工制作(图3-20)。

经过配料、毛料加工后,得到4根边框净料。相框的制作要在每根方材的背面加工出直角榫簧,以便夹紧相框中的玻璃与相片,加工直角榫簧可以在单轴立铣上进行。本例主要介绍直角榫簧的加工过程,其他制作相框的加工过程,这里就不作介绍。

直角榫簧加工过程:选择圆形铣刀,调整好机械,然后空机运转,检验设备是否可进行加工,如没有问题,先选取废料进行试加工,测量尺寸符合要求后,再选取边框进行加工(图3-21)。加工较小的方材时,考虑到安全因素,可以使用辅助夹具的方法来进料。图3-22所示为加工好的直角榫簧边框。

图3-21 铣床加工直角榫簧

图3-20 相 框

图3-22 直角榫簧边框

总结评价

按照要求完成实训考核标准总表。（参见附录）

思考与练习

一、填空题

1. 加工榫槽的设备主要采用_____、_____、锯机类。
2. 榫槽加工中的"_____"指的就是零件中的榫簧；而榫槽加工中的"_____"指的就是零件中的槽口。
3. 圆锯机加工榫槽，这种加工主要是采用_____、_____或中央有钩形铣刀的两锯片等多种刀具进行加工。
4. 关于"榫槽"，它有两种含义：一种是_____，另一种是_____。

二、简答题

1. 榫簧的加工工艺与设备是什么？
2. 槽口的加工工艺与设备是什么？

拓展提高

1. 劳动生产率

劳动生产率是指单位时间内生产的合格产品的数量。可以有两种表示方法。

(1) 单位时间的产量 = $\dfrac{产品产量}{生产产品所消耗的劳动时间}$

(2) 单位产品所消耗的劳动时间 = $\dfrac{生产产品所消耗的劳动时间}{产品产量}$

2. 提高劳动生产率的工艺措施

(1) 改革产品的结构。产品结构的改革直接关系到产品生产工艺过程的复杂程度，同时也影响到设备、刀具的选择和配置、劳动的组织等方面。例如，近年来拆装板式家具的生产，与传统的框架式镶嵌结构的家具生产相比较，前者显然生产效率高。

(2) 采用合理的工艺及完善的加工方法。产品结构确定以后，进行加工时，可以有不同的加工方法和工艺组成。选择先进的设备，组织合理工艺过程，确定正确的加工方法，有益于劳动生产效率的提高。

(3) 对设备进行技术改造，提高机床设备的机械化、自动化程度。在这方面主要是提高设备的工艺利用率，缩短机床设备的工艺辅助时间，形成高效率的工艺流水线。

(4) 改善刀具结构，采用新的刀具材料。应用组合刀具及耐磨的硬质合金刀具，在保证加工质量的前提下，可以提高刀具的切削量，减少刃磨的次数和装换刀时间。

(5) 尽可能应用先进的夹具及其他工具，可以减少加工时零件的定位和夹紧时间，提高机床的单机生产效率；另外在机床上安装质量自动检测装置，便于及时发现问题，及时得到调整，减少零件返工的数量。

(6) 加强企业管理、合理组织工作位置，提高每个生产员工的工作效率。

任务3.3　榫眼和圆孔加工

任务目标

选取已加工好的方材净料（餐桌腿），依据设计要求，确定好榫眼的类型及在方材中的位置，并划好加工定位线。调整好机械设备，可选择立式钻眼机或其他榫眼加工设备，加工出榫眼。

任务描述

工作地点：家具实训工厂。

工作情境：采用学生现场操作，教师引导的教学方法，教师选取一根桌腿，把榫眼的加工过程逐步演示，学生根据教师演示操作和教材设计步骤逐步进行操作，完成桌腿的榫眼加工。

3.3.1　常见的榫眼和圆榫加工设备

3.3.1.1　立式榫眼机

这种加工设备操作简单，加工灵活。可加出椭圆榫眼、圆孔。加上方形空心套头，可加工出方形榫眼（图3-23）。

3.3.1.2　多轴卧式榫眼机

这种设备配置两个工作台，实现左右操作，提高工作效率，榫头宽度、深度可调整，性能稳定（图3-24）。

3.3.1.3　异型数控槽眼机

这种设备适用各种不同大小、形状各异的孔槽加工，包括弧形孔、椭圆孔，对异型孔形状尺寸复杂的板有优势，支持复杂的平面加工、孔槽组合。5轴多工位，高速连续铣削，一组工件加工的同时另一组进行装卸，生产效率高（图3-25）。

3.3.2　榫眼和圆榫加工的方法与工艺

3.3.2.1　榫眼和圆孔的形式

常见的榫眼和圆孔，按其形状可分为长方形榫眼、长圆形榫眼、圆孔和沉孔等，按照零件的配合理论，各种榫眼可称为广义的孔，因此，

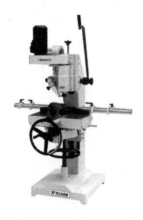

图3-23　立式榫眼机

图3-24　多轴卧式榫眼机

图3-25　异型数控槽眼机

榫眼和圆孔可统称为孔。榫眼和圆孔的一般形式及加工工艺如图3-26所示。

3.3.2.2 榫眼和圆孔的加工工艺方法

长方形榫眼的加工。图3-26中1-I为长方形榫眼,长方形榫眼应用最为广泛。

贯通与不贯通榫眼的加工。不贯通榫眼一般可在立式打眼机上(木工钻床),采用方形空心钻套和麻花钻芯来进行加工(图3-27)。此法加工精度高,能够保证配合质量。贯通榫眼与不贯通榫眼的加工所采用的加工设备一样,也是采用方形空心钻套和麻花钻芯进行加工。不同的是如果凿削贯通榫眼,不要一次凿通,分两次两面进行凿削加工,这样可保证加工件两面光洁。

狭长榫眼加工。图3-26中的1-Ⅲ为狭长榫眼,这种榫眼的特征是深度较浅、长度较长。这种榫眼可在铣床或圆锯机上用整体小直径铣刀或锯片加工,但加工出的榫眼底部也呈弧形,通常需要修整加工。这种榫眼也可用其他方法加工,如立式打眼机等。

长圆形榫眼的加工。图3-26中的2为长圆形榫眼,长圆形榫眼与长圆形榫头相配合。长圆形榫眼可在各种钻床及上轴铣床上用外头和端铣刀进行加工。

圆孔的加工。图3-26中的3为各种直径的圆孔,加工时应根据孔径的大小、孔的深度、零件的厚度、零件材料的性质来选择不同的刀具和机床。

编号	孔眼形式	加工示意图		
		Ⅰ	Ⅱ	Ⅲ
1	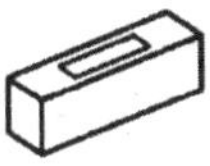	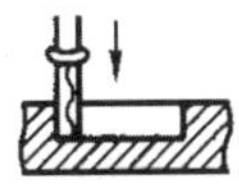		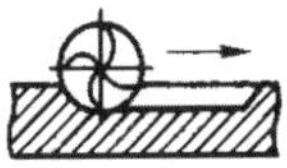
2	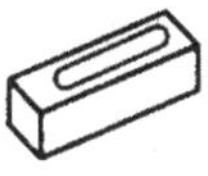	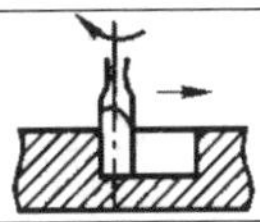	—	—
3		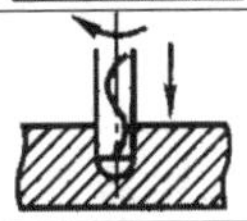	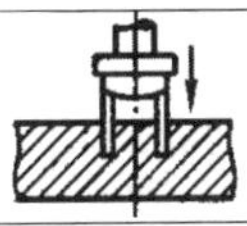	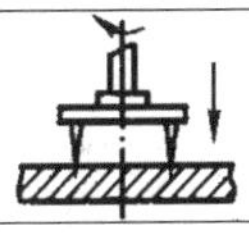
4		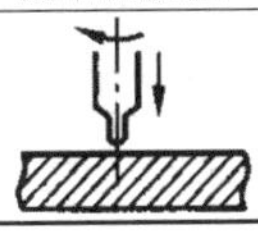		

图3-26 榫眼和圆孔的一般形式及加工工艺

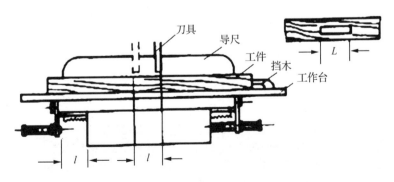

图3-27 方形空心钻套和麻花钻芯加工示意

小径圆孔的加工。直径小的圆孔可在钻床上加工，可采用单轴立式钻床加工，也可采用多轴钻床加工。如果在工件上需要加工孔的数目较多时，宜采用钻床，以保证孔尺寸精度，并提高生产率。

在单轴立式钻床上钻圆孔可以按划线进行钻孔加工，也可依靠挡块、样模夹具和钻模来进行钻孔加工。划线钻孔会因外头轴线孔的中心不一致而产生加工误差。较有效的方法是使用定位挡块来定基准，就能保证一批工件上孔的位置一致。若配置在一条线上有几个相同孔，则可用样模夹具来定位，使孔与孔之间位置正确；对于不是配置在一条直线上的几个孔，可以用外史占模进行，工件一次定位后，即可加工出所有的孔，每个孔的加工只需改变相对于钻头的位置。

薄板大径圆孔的加工。图3-26中3-Ⅱ、Ⅲ加工工艺图所示为在薄板上加工较大直径的圆孔。常采用的办法是，在主轴上装一刀梁，刀梁上安有一把或两把切刀，主轴旋转时，切刀就在工件上切出圆孔。另外，还可制作相应直径的圆筒形锯片进行加工。当加工圆孔直径改变时，可通过调整切刀在刀梁上的位置或通过调整圆筒形锯片来进行加工。

沉孔的加工。图3-26中4为沉孔，也称螺钉沉孔。它一般在立式或卧式钻床上采用沉头钻进行，使加工出来的孔呈圆锥形或阶梯圆柱形。

3.3.3 榫眼加工举例

依据产品尺寸要求（表3-2）进行榫眼加工。

表 3-2　实木餐桌零部件尺寸规格

序号	名称	规格（mm）	数量
1	桌面	750×750×18	1
2	桌腿	732×38×38	4
3	围板	632×70×18	4

以桌腿加工榫眼为例进行说明如下：

经过毛料加工所获得的桌腿规格尺寸为732 mm×38.5mm×38.5mm。依据榫接合的技术要求和任务3.1加工举例中已加工好的围板榫头尺寸，得出桌腿的榫眼尺寸为：榫眼宽度为9mm、榫眼长度为49.5mm、榫眼深度为27mm。本例介绍采用立式榫眼机，钻头加方形套钻来加工方形榫眼。榫眼的加工分为划线和机械加工。划线：是在桌腿上依据设计要求划出要加榫眼在桌腿中的位置，一般只划出榫眼长度方向的线。选取加工榫眼的面时，应尽量避开有木材缺陷的面来加工。榫眼机加工榫眼：调整榫眼机，确定钻头的深度、钻头与靠板之间的距离符合要求，调整好后先空机运转，检验设备是否可进行加工，如没有问题，选取桌腿进行加工，加工时先在左边的线内钻一个孔，再移至右边的线内钻一个孔，然后从左往右依次钻孔，在钻孔时匀速进给，加工完成后需进行检验。

总结评价

按照要求完成实训考核标准总表。（参见附录）

思考与练习

一、填空题

1. 常见的榫眼和圆孔，按其形状可分为_____、_____、_____和沉孔等。
2. 不贯通榫眼的加工，这种榫眼一般可在_____上，采用_____和_____来进行加工。
3. 小径圆孔的加工，直径小的圆孔可在_____上加工。可采用_____加工，也可采用_____加工。
4. 立式榫眼机操作简单，加工灵活。可加工出_____、_____。加上_____，可加工出方形榫眼。

二、简答题

1. 长圆形榫眼的加工技术要求是什么？
2. 长方形榫眼的加工技术要求是什么？

拓展提高

一、加工精度

加工精度是指零部件在加工之后所得到的尺寸、几何形状等参数的实际值与图纸上规定的尺寸、几何形状等参数相符合的程度。

相符合的程度越高，即偏差越小，加工精度就越高；反之，加工误差越大，加工精度越低。可以认为，提高加工精度，实质上就是如何降低加工误差的问题。

二、加工误差

（1）尺寸误差

尺寸误差——零件加工后的实际尺寸与图纸规定的尺寸之间的偏差称为尺寸误差。

尺寸精度——是指零部件加工后，实际尺寸与图纸规定的尺寸相符合的程度。

（2）几何形状误差

几何形状误差——零部件加工后，实际形状与图纸上规定的几何形状不符合，两者之间产生的偏差称为几何形状误差。

几何形状精度——零部件加工后，实际形状与图纸规定的几何形状相符合的程度称为几何形状精度。

（3）加工精度与加工误差的关系

实际数值和理论数值相符合的程度越高，即偏差越小，加工精度就越高，加工误差小；反之，相符合的程度越低，即偏差越大，加工精度就越低，加工误差大。

（4）系统性误差与偶然性误差

零件的尺寸误差、几何形状误差，这两种误差统称为加工误差。加工误差因其性质不同，又分为系统误差和偶然误差两类。

a. 系统性误差：当依次加工一批工件时，其加工误差大小保持不变或有规律地变化，这种误差称为系统误差。如在压刨床上加工方材零件的相对面，随着加工时间的延长，刨刀刃不断产生磨损，造成加工出来的方材零件厚度不断增加，按照方材零件的加工顺序，形成厚度具有一定规律的变化。实木家具生产中刀具的制造精度、安装精度以及磨损、机床调整不精确、零件在夹具上安装的误差等因素造成的误差都属于系统性误差。

b. 偶然性误差：当加工一批工件时，其加工误差大小不是固定的或没有规律地变化，这种误差称为偶然性误差。偶然性误差是因为加工过程中某一个或若干个偶然因素造成的，这些因素的变化没有规律。家具生产中如木材的树种和木材性质的变化、零件加工余量不同等因素所引起的误差都属于偶然性误差。

综上所述，在加工过程中有许多因素会产生加工误差，影响零、部件的加工精度。生产中应根据具体情况采取相应的措施，消除或减小这些因素的影响，使加工误差控制在允许范围内，以保证产品的质量。

三、提高加工精度的工艺措施

为了保证加工精度，消除或减小加工中产生的误差。可采取以下措施：

（1）加强加工机床的维护

对加工设备应建立定期检修保养制度，发现问题应及时进行维修，避免加工机床"带病工作"。因为设备本身具有一定的制造精度，在加工时可能产生误差的因素主要有：刀轴的径向和轴向跳动；床身、刀架、工作台平直度的精度；靠尺对刀轴轴心线的垂直度；传输部分的间隙等，加强对设备的日常维护和保养非常关键。另外，在设备开机前要进行注油，对松动的螺母要拧紧等。设备的精度直接影响到被加工工件的精度。通常工件的加工精度要求达到±0.2mm，因此，家具生产设备都在尽可能地提高其精度，以满足高精度加工的要求。

（2）提高刀具的制造、安装精度及研磨质量

刀具制造时要保证切削部分的几何角度准确，刀刃的前面与后面应光洁，以减小与木材的摩擦力；刀具应选用具有耐磨性强、刃口锋利、有足够的韧性、容易研磨、受热后变形较小的材料制造。

刀具安装时应使刀具与主轴同心，旋转时不产生左右摇摆，夹紧牢固；不能相对滑动；多头切削刀具安装前应做等重

和平衡检查，几片刀质量相同，尺寸一致，重心一致，紧固刀片的螺栓、螺帽、盖板、压条等也要做平衡检查；同轴上每块刀片的伸出量应均匀，要保持在一个切削圆周上，并保证加工表面水平。

刀具刃磨是保证加工精度和刀具能否良好继续使用的关键，因而刀具要及时修磨和调整，并保证刃磨的质量。

（3）提高夹具及模具的制作精度，减小零件在夹具与模具上的安装误差

首先是提高夹具、模具各零件的制造精度；其次是提高模具与夹具的安装方法及安装精度；最后是减小夹具与模具在受力变形而引起的加工误差。夹具与模具本身的精度必然会引起工件的加工误差。那么为了减少这种误差，应该使夹具和模具具有合理的结构和较高的制造精度，应采用耐磨不易变形的材料制造，使其具有足够的刚度，减少在夹紧力作用下的变形。

在夹具与模具的安装工件时，夹具的受力点及方向不对也可能改变工件已经确定好的位置，影响加工精度。另外工件本身受夹紧力的作用，也会出现变形，产生加工误差。

（4）提高机床和夹具的刚度，保持机床运转平稳

家具生产设备一般来说转速都很高，进料速度也快，主轴转速一般在5000r/min，最高在10000~20000r/min，进料速度通常在3~30m/min。如果自身刚度不足，工作起来易产生较大的振动；刀具、导板、紧固件等出现相对位移，使工艺系统产生弹性变形而导致加工误差。

（5）选择合适的测量工具和测量方法

精度要求较高时应采用游标卡尺检量；测量工具经常校对检查，不经检查的量具不得使用。在度量时要注意，从定位基准面开始，度量操作应正确，读数不得有误差。

（6）尽量减少机床调整误差

机床调整应使用样品零件进行，首先在机床静态下，用标尺调好刀具与工件之间的相对位置，然后加工数个零件测量其尺寸，再根据误差来校正刀具与工件的相对位置，直到加工出来的样品零件的平均尺寸与图纸标准尺寸的差值达到允许值为止。

（7）正确选择和确定基准

在加工过程中，应正确选择和确定基准，否则会影响加工精度。

（8）提高成材干燥质量

在切削加工前，对木材必须干燥到要求的含水率，对于干燥的毛料在出炉窑后要在料仓中堆放整齐，陈放一周时间左右，使其含水率和内应力趋于平衡后再使用。应按各种树种木材软硬程度选择刀具的切削角度。

综上所述，在加工过程中，有多种因素影响着工件的加工精度。因此，我们应当善于分析和掌握产生加工误差的各种因素，并根据具体情况采取必要的对策，以消除和减少这些因素的影响，使加工误差控制在容许范围以内，确保工件的加工精度，从而生产出合格的家具产品。

任务3.4　型面和曲面加工

任务目标

以实木餐桌的桌面为例，依据设计要求，在经过配料、毛料加工、拼板后所获得的桌面，通过制作靠模，采用仿型铣床，根据加工零件的截面形状来选择刀具，做好设备的调整，对桌面进行型面加工。

任务描述

工作地点：家具实训工厂。

工作情境：采用学生现场操作，教师引导的教学方法，教师选取一个靠背，把靠模制作好，对靠背曲面加工过程逐步演示，学生根据教师演示操作和教材设计步骤逐步进行操作。完成靠背的曲面加工。

3.4.1 常见的型面和曲面加工设备

3.4.1.1 仿型铣床

仿型木工铣床用于铣削复杂型面的成型实木家具零部件，主要利用靠模（或样板）由铣刀与工件间的相对运动来实现仿型铣削加工，故又称为靠模机，是一种专用型木工铣床，适宜中等或大批量生产（图3-28）。

3.4.1.2 木工车床

木工车床类型较多，但基本可以归纳为普通木工车床、端面木工车床、仿型木工车床和专用木工车床等四种（图3-29）。

3.4.1.3 镂铣机

木工镂铣床又称上轴式木工铣床，主要用于铣平面、曲线表面，开各种腰鼓形的榫槽，可以钻孔和扩孔等。当具有专用夹具时，还可用于零件外形曲线、内部仿型铣削、花纹雕刻、浮雕等艺术性铣削加工（图3-30）。

3.4.2 型面和曲面加工的方法与工艺

由于使用功能和造型上的需要，实木家具的有些零部件需要加工成各种型面或曲面。图3-31为零件常见的几种型面和曲面的类型。

3.4.2.1 型面和曲面加工

广义上来讲，零件的型面也属于曲面的一种特殊形式。一般地把图3-31（a）的这种零件称为型面零件，其特征为断面呈一定的型面，即零件的各个横断面的形状均一致，而沿长度方向（即纵向）呈直线形。其零件上的型面在铣床上使用成型铣刀进行铣削加工（图3-32）。

3.4.2.2 曲面的加工

曲面零件的种类特别多，按其主要特征，可分为以下几种。

（1）一般曲面的加工

图3-31（b）和图3-31（f）为零部件的边呈曲线形表面；图3-31（c）为零件的面呈曲线

图3-28 双轴自动仿型铣床

图3-29 仿型车床

图3-30 镂铣机

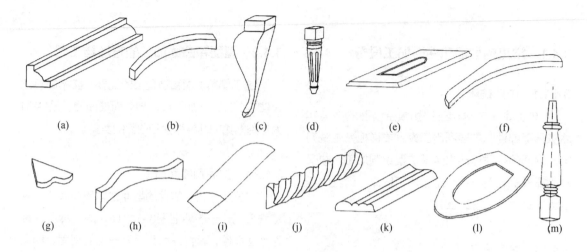

图3-31 常见型面和曲面

形表面；图3-31（d）为零件的边和面匀呈曲线形表面；图3-31（e）为零件的端部边缘呈曲线形表面。这些零件上的曲面一般可在铣床上使用样模夹具进行加工（图3-33）。加工过程是：先把样模的边缘做成零件所需的形状，当样模边缘沿挡环移动时，刀具在工件上加工出所需要的曲线形表面。

挡环可以装在刀头的上方或下部（图3-34）。挡环的半径必须小于零件加工曲线中所要求的最小的曲率半径，以保证挡环与样模夹具的曲线边

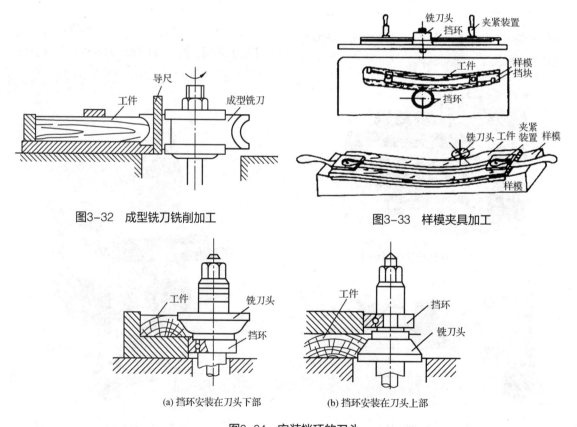

图3-32 成型铣刀铣削加工

图3-33 样模夹具加工

(a) 挡环安装在刀头下部　　(b) 挡环安装在刀头上部

图3-34 安装挡环的刀头

缘充分接触从而得到所要求的曲线形状。此外，还应该尽可能地顺纹理切削，以保证加工质量对曲率半径较小或逆纹理切削时，应适当减慢进料速度，以防止该切削部位产生劈裂。图3-31（c）所示的曲面零件，其厚度在整个长度上是一致的，如果宽度较大且高弯度也较小时，可在压刨上使用相应夹具进行加工（图3-35）。

（2）零件上各种图案的镂铣加工

图3-31（g）所示的零件图案的加工称为镂铣加工，也称雕刻加工。类似于图3-31（g）的各种图案均属于曲面。这类雕刻图案可在单轴或多轴上轴铣床上进行加工。其加工方式可采用手工操作，有的也可采用数控机床的自动控制操作程序进行加工。其加工过程是：先将设计的花纹图案做成相近的样模，套在仿型销上，根据图案的断面形状来选择端铣刀，按图3-36所示的方法进行加工。

（3）回转体零件的加工

图3-31（h）的零件为回转体零件。其各种回转体零件可在木工车床上进行车削加工（图3-37）。

（4）复杂形体零件的加工

实木家具零件除了由简单的曲线和曲面构成各种形状外，还有由平面与曲面构成的复杂形体。图3-31（i）作为家具腿脚的零件就属于复杂形体的零件。这类零件通常可在仿型铣床上进行加工（图3-38）。其工作原理是按零件形状和尺寸要求先做一个样模，将仿型辊紧靠样模，样模和工件做同步回转运动，仿型铣刀就将工件加工成相应的形状。复杂形体零件的加工精度主要取决于样

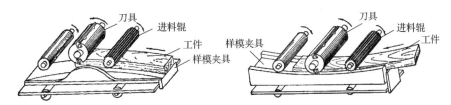

图3-35　压刨上使用夹具进行加工

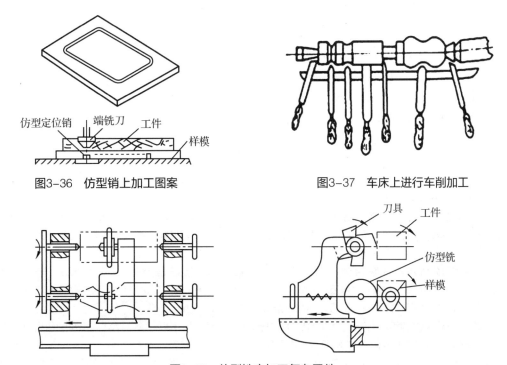

图3-36　仿型销上加工图案

图3-37　车床上进行车削加工

图3-38　仿型铣床加工复杂零件

模的制造精度和刀具与工件之间的复合相对运动是否协调。

3.4.3 加工举例

依据产品尺寸要求（表3-3）进行桌面边部型面加工。

表 3-3 实木餐桌零部件尺寸规格

序号	名称	规格（mm）	数量
1	桌面	750×750×18	1
2	桌腿	732×38×38	4
3	围板	632×70×18	4

以桌面边部加工型面为例进行说明如下：

经过配料、毛料加工、拼板后所获得的桌面净料毛料规格尺寸为 750.3mm×750.3mm×18.4mm。但此时桌面的边部仍为平直型，要达到图纸设计的边部形状，还需要对四边进行型面加工。桌面的边部型面加工可以在单轴立铣上进行。

边部型面加工：调整立铣机，选择截面符合设计形状的刀具，调整好后空机运转，检验设备是否可进行加工，如没有问题，可选取一块废料，进行试加工，观察其边部是否与设计形状一致，再选取桌面板，将边部紧靠铣床的挡板，将桌面板匀速做进给运动，到一边加工快结束时，应减慢进给速度，以免造成端面崩裂。然后按同样的方法，依次加工其他三边。加工好的表面须进行检验。

总结评价

按照要求完成实训考核标准总表。（参见附录）

思考与练习

一、填空题

1. 木工车床类型较多，但基本可以归纳为_____车床、_____车床、_____车床和专用木工车床等四种。
2. 木工镂铣床又称上轴式木工铣床，主要用于____、_____，开各种_____的榫槽，可以钻孔和扩孔等。
3. 零件图案的加工称为_____加工，也称_____加工。
4. 复杂形体零件的加工精度主要取决于样模的_____和刀具与_____之间的复合相对运动是否_____。
5. 零件上各种图案的镂铣加工称为镂铣加工，也称_____。

二、简答题

1. 一般曲面的加工工艺过程是什么？
2. 零件上图案的镂铣加工工艺过程是什么？

拓展提高

1. 表面粗糙度的概念和类型

在实木家具加工过程中，在零、部件的加工表面留下的各种程度不同的加工痕迹，这种加工痕迹称为木材表面粗糙度。实木家具零件的表面粗糙度直接影响胶贴质量和制品的装饰质量，以及胶料与涂料的消耗量。同时对生产工艺，加工余量的大小、原材料消耗和生产效率等都影响较大。

表面粗糙度可分为宏观不平度和微观不平度。而理论研究和生产中所指的表面粗糙度是微观不平度。宏观不平度是指外观尺寸较大的单个加工缺陷。其产生原因：一是生产设备稳定性差及精度低；二是木材表面存在局部变形。微观不平度是指外观尺寸较小的加工缺陷。根据加工后留下的缺陷又分为以下6种不平度：

①痕迹：常呈梳状或沟状，其形状、大小和方向取决于刀刃的几何形状、拨料和压料大小，以及切削用量和刃口研磨等因素，如圆锯片锯解时木材表面留下的弧形痕迹或称锯路痕迹。

②波纹：家具生产的机床设备大部分的刀具都做回转运动，从切削运动的轨迹可以看出，在被切削的表面上必然会形

成一种大小相近、有规律的波状起伏的波纹。如铣削、刨削后木材表面上呈现的波纹，这些波纹在肉眼下是不明显的。

③破坏性不平度：横向切削时，表面不平度的主要形式是撕裂，在加工表面形成不深的凹痕，其大小主要由每齿进给量和刀具的锐利程度所决定；在木材的逆纹理或节子附近切削时，易发生超前裂缝、崩裂；在木材端面铣削时，可能发生端头劈裂，出现这种劈裂的因素有每齿进给量、切削角度和刀具锐利程度、切削方向等。

④弹性不平度：由于木材结构的不均匀性（木材中的早材和晚材，心材与边材），切削加工时，刀刃在木材表面上挤压，解除压力后，由于木材弹性恢复量不同，因而在加工表面形成凹凸不平的现象，这种不平度的大小与木材结构的均匀性、刀刃的锋利程度、木材的含水率大小等因素有关。

⑤木毛与毛刺：木毛是指单根纤维的一端仍与木材表面相连，而另一端竖起或贴附在表面上。毛刺则指成束或成片的木纤维还没有与木材表面完全分离开。木毛、毛刺是在纵向切削时，木纤维不是被刀刃沿切削平面切断，而是被撕裂，其原因主要是由于刀刃口比较钝。

⑥结构不平度：木材是多孔性的结构材料，在切削加工时，有些木材细胞必然会被切开，被切开的木材细胞就在零件的切削平面上呈现沟槽，其大小和形态取决于木材细胞的大小和它们与切削表面的相互位置。如阔叶树种的环孔材，早材的导管在纵切面的切削表面留下沟槽，在横切面的切削表面留下肉眼下较明显的孔洞。

2. 表面粗糙度对零件工艺性的影响

①表面粗糙度对机械加工的影响：表面粗糙度大，使加工余量增大，原材料消耗加大，废料增多，增加加工时间和成本。在机械加工时，如果一次加工完成，工件受力加大，工艺系统的总位移加大，加工精度降低。如果采用多次加工，劳动生产率会大大降低。

②表面粗糙度对胶合、胶贴和装饰质量的影响：对于胶贴的原材料若表面粗糙度大，会使涂胶量增大，使胶接面的胶层加厚，胶层在固化时会产生内应力，降低胶合强度；同样在涂饰过程中，工件的表面粗糙，也会使砂削量增加，有时还要增加补泥子工序，增加成本，而且涂料在固化后会出现漆膜不平等不良现象。

任务3.5　表面修整

任务目标

选取多个净料零件或一套实木家具的零部件，类型有平直面型零件、弯曲型零件和不规则零件。依据设计要求，对不同类型的零件采用适合的加工设备与砂粒标号，进行表面的修整。

任务描述

工作地点：家具实训工厂。

工作情境：采用学生现场操作，教师引导的教学方法，教师选取一个零件，把表面修整加工过程逐步演示，学生根据教师演示操作和教材设计步骤逐步进行操作。完成零件的表面修整。

3.5.1　常见的表面修整加工设备

根据磨具的形式和使用方法，砂光机可分为盘式砂光机、辊式砂光机、带式砂光机等类型。

3.5.1.1　砂光机

砂光机的类型和结构决定了零部件的砂光质量和表面光洁度。

（1）盘式砂光机

图3-39为垂直盘式砂光机。盘式砂光机适合于砂削表面较小的零部件，这是由于盘式砂光机在不同的圆周内各点的速度不同。如砂削零部件的表面较大时，由于磨盘上的各点砂削速度不等，使砂削的工件表面不均匀。在实际生产中，盘式砂光机常用于零部件的端部及角部砂光，特别在

椅子生产过程中，常使用卧式盘式砂光机用于椅子装配后腿部的校平砂光。

(2) 辊式砂光机

图3-40为辊式砂光机。辊式砂光机在砂光时，其砂削面近似于圆弧，不适合零部件大面的砂光，在实际生产中常用于直线形零部件的边部、曲线形零部件和环状零部件的砂光。

(3) 带式砂光机

带式砂光是由一条封闭无端的砂带，绕在带轮上对木材表面进行磨削，按砂带的宽窄可分为窄带和宽带磨削两种。窄砂带可用于平面、曲面和成型面磨削（图3-41）；宽砂带则用于大平面磨削（图3-42）。带式砂光因砂带长，散热条件好，故不仅能精磨，亦能粗磨。通常，粗磨时采用接触辊式磨削方式，允许磨削层厚度较大；精磨时采用压垫式磨削方式，允许磨削层厚度较小。对于工件侧面的砂光应采用边部砂光机砂光，图3-43为边部砂光机。对于侧边既要铣形又要砂光的实木拼板或集成材部件，可以采用铣形和砂光同在一个工序中完成的铣边形型面砂光机（图3-44）。带式磨光机由于种类多、磨光效率高、精度高、可实现自动化生产，是应用最多的砂光机床。

3.5.1.2 其他

在实际的生产中还出现过一种净光设备，这类设备主要分为通过式净光机、拉杆式净光机和循环式净光机三种设备，部分企业也使用过手工净光。但是由于其加工速度慢等一系列问题，目前为止在企业中已经很少使用这样的设备与净光工艺了。

3.5.2 表面修整的加工工艺

3.5.2.1 表面修整加工的目的和方法

实木家具零部件方材毛料和净料加工过程中，由于受设备的加工精度、加工方式、刃具的

图3-39　垂直盘式砂光机

图3-40　辊式砂光机

图3-41　窄带式砂光机

图3-42　宽带式砂光机

图3-43　边部砂光机

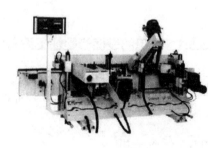

图3-44　铣边形型面砂光机

锋利程度、工艺系统的弹性变形以及工件表面的污染等因素的影响，使被加工工件表面出现了如凹凸不平、撕裂、毛刺、压痕、木屑、灰尘、胶痕和油渍等，这些只有通过零部件的表面修整加工来解决，这也是零部件涂饰前所必须进行的加工。表面修整加工的方法主要是采用各种类型的砂光机砂光处理。

3.5.2.2 砂光工艺

砂光是利用砂光机对工件表面进行修整的一种加工方法，属木材切削加工。砂光机上的刃具是砂带，砂带的粗细是由砂带的粒度号决定的，实木砂光机使用的粒度号主要有800、400、200、120、100、80、60、40等。实木砂光机的类型较多，主要有盘式砂光机、辊式砂光机和带式砂光机等（图3-45）。

(1) 砂光机的结构

在实木家具的生产中，由于零部件的形状差别较大，因此就要使用不同结构和类型的砂光机，以满足各种类型零部件的加工。

(2) 砂削速度

砂光机的砂削速度决定了工件表面的砂削质量和表面光洁度。砂光机的砂削速度高，砂光质量高，也就是零部件的表面光洁度高；砂光机的砂削速度低，砂光质量差，零部件的表面光洁度低，生产效率低。

(3) 进料速度

一些实木砂光机砂光时，其工件是固定的；而有些类型的砂光机砂光时，是通过零部件的移动完成砂光的。工件的进料有人工进料或机械进料，其进料速度越高，砂削质量越低，表面越粗糙，反之表面光洁度高，但进料速度过低，生产效率也会随之降低。对于木材密度大的材料进给速度过慢，会在表面形成燃烧后的糊痕。

(4) 砂削量

实木砂光机砂削量的控制有些是手工通过压垫或直接推压砂带来完成的，当砂削量一定时，砂带对工件的压紧力越大，砂光机的每次砂削量就会越大，工件的砂光质量就会降低；砂光机的每次砂削量越小，达到同等砂削量时，就必须采用多次砂光，虽然砂光质量提高了，但是生产率却大大降低了。因此适当确定每次的砂削量，不仅可以使工件的表面具有较高的光洁度，同时可以提高生产的效率。在实际的生产中常会发生憋车的现象，产生的主要原因就是每次的砂光量过大，已经超出了砂光机的允许砂光量的范围。这

(a) 垂直式盘式砂光机

(b) 水平式盘式砂光机

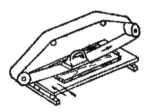
(c) 上窄带式砂光机

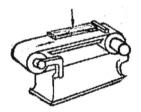
(d) 下窄带式砂光机

(e) 垂直窄带式砂光机

(f) 自由位置窄带式砂光机

(g) 辊式砂光机

(h) 宽带式砂光机

图3-45 砂光机

会影响设备的加工精度并会带来砂带的损坏。判断砂光量的主要方法是依靠设备的所提供的允许范围，实际中经常看砂光好的产品的边部是否有毛刺，如果有就说明砂光量过大，应适当调整。

（5）砂粒粒度

砂带的砂粒粒度大（砂带号小），生产效率高，但是砂削工件的表面粗糙度高；一般砂光实木家具零部件时，砂带的粒度号应在40~200之间。基材表面涂饰底漆或面漆时，应取粒度号为200~800的砂带。

（6）砂削方向

砂光机的砂带平行木材的纤维方向砂光时，砂削量较低，特别是在砂光宽幅面的工件时，砂光表面不易砂平。砂光机的砂带垂直木材纤维方向砂光时，砂带的砂粒会把木材中的纤维割断，使工件的表面出现横向条纹，降低工件表面的光洁度。因此对于较宽大的工件砂光时，需首先进行垂直木材纹理的横向砂光，再进行平行木材纹理的纵向砂光，以得到既平整又光洁的表面。

3.5.3 表面修整加工举例

产品经过一系列的净加工后，会使被加工工件表面出现如凹凸不平、撕裂、毛刺、压痕、木屑、灰尘、胶痕和油渍等，因而要进行表面修整。

以餐桌所有零件（表3-4）的表面进行修整为例：

桌面砂光：桌面的砂光可以选择宽带砂光机

表 3-4 实木餐桌零部件尺寸规格

序号	名称	规格（mm）	数量
1	桌面	750×750×18	1
2	桌腿	732×38×38	4
3	围板	632×70×18	4

进行砂光，选200号砂带，在毛料加工时，预留厚度砂光余量为0.4mm。因此砂削量调整为0.2mm，调整好后空机运转，检验设备是否可进行加工，如没有问题，选取桌面毛料送入砂光机中进行砂光，因只进行一次砂光，所以应平行木材的纤维方向送入砂光机，完成后，再对另一面进行砂光。桌面的边部因有型面造型，可采用边部砂光面，砂削量为0.1mm。在进行边部砂光时，要注意用力均匀，做匀速进给。砂光完成后进行检验。

桌腿砂光：桌腿砂光可以选择宽带砂光机进行砂光，选200号砂带，在毛料加工时，预留桌腿每面砂光余量为0.25mm。因此砂削量调整为0.25mm，调整好后空机运转，检验设备是否可进行加工，如没有问题，选取四根桌腿并排送入砂光机，因只进行一次砂光，所以应平行木材的纤维方向送入砂光机，完成后再并排砂光相对面，用同样的方法砂光其他面，桌腿的端面不用进行砂光。砂光完成后进行检验。

围板砂光：围板砂光与桌腿砂光工艺一致，可以参考桌腿砂光。

总结评价

按照要求完成实训考核标准总表。（参见附录）

思考与练习

一、填空题

1. 实木零部件方材毛料和净料加工过程中，由于受设备的_____、_____、刃具的锋利程度、工艺系统的弹性变形以及工件表面的污染等因素的影响，使被加工工件表面出现了如_____、_____、_____、木屑、_____、胶痕和油渍等。

2. 砂光是利用砂光机对工件表面进行_____的一种加工方法。
3. 实木砂光机使用的粒度号主要有_____、400、_____、120、_____、80、_____、40等。
4. 砂带的砂粒粒度大（砂带号小），生产_____，但是砂削工件的表面_____。
5. 进料速度越高，砂削质量_____，表面_____，反之表面_____。
6. 砂光是利用砂光机对工件_____进行修整的一种加工方法，属木材_____加工。

二、简答题
1. 表面修整的目的是什么？
2. 表面修整常用的设备有哪些？各有什么特点？
3. 砂削速度对砂光质量有什么影响？

拓展提高

木材去木毛刺

实木家具表面虽经刨光或磨光，但总有些没有完全脱离的木质纤维残留表面，它们一经吸收水分或溶剂会润湿膨胀而竖立刮手，并影响表面着色的均匀性，使被覆的涂层留下一些未着色的小白点，因此涂层被覆前一定要去除毛刺。对一般实木家具只要经几次砂磨即可，高级实木家具可用如下的方法处理：

①在表面刷上稀的虫胶清漆，这样毛刺不但能竖起，而且发脆，很容易用砂磨除净。

②用润湿的清洁抹布擦拭表面，使毛刺吸水膨胀而竖起，待表面干燥后用细砂纸或旧砂纸将其磨光。如在水中略加些骨胶水，效果更好。

③采用火燎法，即用排笔刷上一层薄薄的酒精，立即用火点着。经过火燎的毛刺变硬发脆，易于砂磨除净，此法只适用处理平面。

项目 4
方材胶合

项目导入

方材胶合主要是将短、小的方材胶接成长材,长材胶拼成宽材,宽材在厚度上胶合成为厚材的胶合过程。方材胶合有利于提高木材利用率,同时,也可消除木材各向异性变形及木材缺陷。

家具生产中采用的胶合方式主要有:方材胶合,弯曲件的胶合,各种榫、钉加上胶黏剂接合的胶合。胶合工艺是家具生产中一项重要的工艺技术。随着合成高分子材料的发展,动物蛋白胶和植物蛋白胶已很少使用,取而代之的是合成树脂胶黏剂的使用,而且被广泛地应用在现代家具的生产中。本项目主要介绍胶合工艺。

学习目标

【知识目标】

1. 掌握常见方材胶合加工设备的操作方法,利用胶合加工设备进行方材胶合;
2. 掌握方材胶合方法与工艺;
3. 理解方材胶合在家具生产中的应用。

【技能目标】

1. 会操作方材胶合设备;
2. 会制定方材胶合工艺。

任务4.1　方材胶合

任务目标

方材胶合工作人员要熟悉胶合理论及胶合工艺,熟悉胶合过程及技术要求。

任务描述

胶合的类型有三个方向(长、宽、厚),对基材的选取与工艺要求有所不同,故胶合工艺过程也都不同。施胶量、胶黏剂种类也会影响胶合质量、胶合强度。

4.1.1 常见的方材胶合加工设备

4.1.1.1 指接工艺和设备（部分设备已在毛料机械加工介绍）

（1）铣齿及铣齿机

小料方材的铣齿是在铣齿机上完成的，为了保证小料方材端部的平齐度，以便在指接时小料方材的指接端部能很好地结合在一起，在铣齿机上配备有截锯片。小料方材的一端首先经锯片精截后，再在铣齿刀上铣齿。若采用单机作业生产指接榫时，小料方材的另一端也需要在该设备上加工指接榫，这就要求铣齿机的工作台或刀具应具有抬高或降低 $t/2$ 齿（t 为齿距）的功能，即错开半个齿以保证小料方材的头尾相接。

铣齿机（图4-1）上的截锯片一般采用破碎锯片，以便将截掉的小料方材端部打碎，有利于吸尘器吸出。

铣刀的形式主要是两类：一类是整体铣刀，另一类是组合铣刀，可以根据需要选择不同的铣刀形式加工指形榫。图4-1所示为铣齿机。

指接的小料方材端部须留有一定的加工余量，用于铣齿机的精截。一般在铣齿前，小料方材的端部须留出 5~8mm 的加工余量。用于指接的小料方材密度最好取 0.35~0.47g/cm³。

指形榫常用的涂胶形式有手工刷涂、机械辊涂和机械喷涂等。涂胶时双端都要进行涂胶，实际生产中为了简化工序，也有的采用单端涂胶。指接处的涂胶量应控制在 200~250g/m²。

（2）接长及接长机

指形榫的接长在专门的指接机上完成。现代家具生产中常用的指接机的接长类型为 4600mm 和 6000mm，企业可根据指接的形式选择指接机的接长范围。接长机是采用进料辊直接压紧的加压形式，同时指接机上也配有专用截锯，用户可根据需要的长度进行截断（图4-2）。

指接时所需要的端向压力是根据树种和指长来决定的：同一树种，指形短，端向压力大；指形长，端向压力小。同一指长，木材的密度小，端向压力小；木材的密度大，端向压力大。

（3）指接材生产线

指接材可以实现连续化生产，图4-3为指接材生产线示意图。在生产线上配有两台铣齿机、一个喷胶嘴和一个接长机，铣齿是在小料方材的横向进料中完成的，小料方材铣齿后，在小料方材的一端进行喷胶，通过输送带送入接长机中接长，完成指接材的生产（图4-4）。

（4）连续式气压拼板机

图4-5所示为连续式气压拼板机，其工作原理是采用连续式气压侧向加压胶合。拼板机可以

图4-1 铣齿机

图4-2 接长机

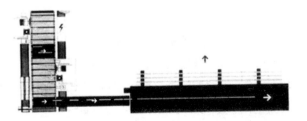

图4-3 指接材生产线示意图

图4-4 指接材生产线

图4-5 连续式气压拼板机

图4-6 拼板长度的设定

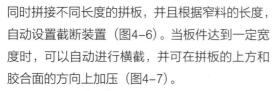
图4-7 加压和横截示意图

同时拼接不同长度的拼板，并且根据窄料的长度，自动设置截断装置（图4-6）。当板件达到一定宽度时，可以自动进行横截，并可在拼板的上方和胶合面的方向上加压（图4-7）。

（5）旋转式液压拼板机

液压系统是在胶接面、正面同时对拼板进行加压，以确保拼板的胶合质量。采用液压系统进行多台面的夹紧拼板，既可获得较高的胶合强度，又可提高生产效率。图4-8为旋转式液压拼板机。

（6）风车式气压拼板机

风车式气压拼板机是多层的拼板设备，常用的层数有20层、30层和40层，当指接材或窄料方材在工作面上被胶拼时，利用工作台的气压旋具夹紧丝杠螺母，完成拼板。当工作台面转动一个

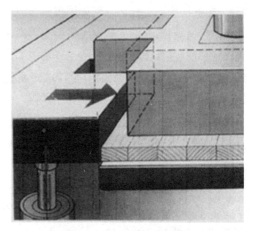
图4-8 旋转式液压拼板机

角度，另一层工作台面开始装板、拼板，以此类推。图4-9所示为风车式气压拼板机。

图4-9 风车式气压拼板机

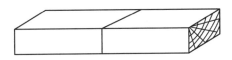

图4-10 小料方材的对接

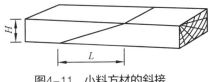

图4-11 小料方材的斜接

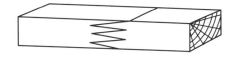

图4-12 三角形指接

4.1.2 方材胶合的方法与工艺

4.1.2.1 方材胶合的工艺过程

单机作业的集成材生产工艺流程：

干燥锯材 → 选料工作台 → 横截横截锯 → 双面刨光双面刨 → 纵剖多片锯 → 截断（剔缺陷）截锯 → 铣齿铣齿机 → 涂胶涂胶机 → 接长接长机 → 四面刨光四面刨床 → 涂胶涂胶机 → 拼板拼板机 → 砂光刨砂机 → 截断立式裁板锯 → 砂光砂光机 → 检验工作台 → 胶合成品

4.1.2.2 方材胶合的准备工作

（1）加工连接口

在现代实木家具生产中，为了得到尺寸较大的实木部件，通常是将小料方材（窄料、短料）按工艺要求胶拼成尺寸较大部件，即方材胶合。方材胶合可以使家具实木部件的尺寸和形状稳定，减少变形，可以大大提高木材利用率，改善家具制品的质量和强度。

被胶合的小料方材应是同一树种或材性相似，小料方材纹理应尽可能一致，被胶合的小料方材木材含水率一致或基本一致（其相邻胶合材料的含水率偏差应在1.5%~3%内）。

对接胶合是将小料方材在端面采用平面胶接的一种胶合方法。对接是胶合面与纤维方向垂直，因此胶合强度最低。此胶合方式在实际生产中使用不多，一般使用在双包镶板的框架生产中，有些企业使用一定的胶黏剂和U形钉结合，以增大框架的胶合强度（图4-10）。

斜接胶合是将小料方材端部加工成斜面，利用胶黏剂将其胶接在一起的胶合方法。斜接是随着胶接面与纤维方向夹角的减小，胶合强度加大，但是夹角越小，木材的损失率越大。从理论上说胶接面的长度等于小料方材厚度的10~15倍时，胶合强度是最理想的，但在实际生产中，胶接面的长度一般等于小料方材厚度的8~10倍，特殊情况下胶接面的长度等于小料方材厚度的5倍，这样既可满足胶合强度，又可以节省原料的消耗。斜接的胶合方式在实际生产中使用得不多，一般适合一些小型的家具生产企业（图4-11）。

指接胶合是将长短不一、宽厚度规格相同的小料方材，采用指形榫在长度上胶接在一起的胶合方法。指接有三角形指接（图4-12、图4-13）和梯形指接（图4-14）。

宽度上胶合是用指接材或窄料方材采用胶黏剂和加压胶合制成宽幅面的集成材或实木拼板（图4-15）。

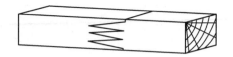

图4-13 三角形指接加平口

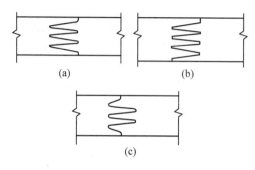

图4-14 梯形指接加平口

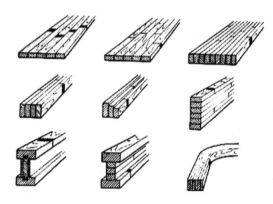

图4-15 各类集成材部件

(2) 连接口涂胶

指形榫常用的涂胶形式有手工刷涂、机械辊涂和机械喷涂等。涂胶时双端都要进行涂胶，实际生产中为了简化工序，也有的采用单端涂胶。指接处的涂胶量应控制在200~250g/m²。宽度上的胶合涂胶量取决于胶接面的表面光洁度，一般涂胶量应控制在150~180g/m²。

4.1.2.3 方材胶合的工艺要求

①方材连接口机械加工要平整，表面光洁度高。

②方材连接口施胶要均匀，胶要合格，没有过期。

③木材的含水率控制在5%~10%时，胶合强度最大。

④一般加压胶合的压力0.7~0.8MPa。为防止胶拼件胶合时出现翘起，常常在胶拼件的正面施加一定的压力，其压力一般为0.1~0.2MPa。

4.1.3 方材胶合加工举例

经过机械加工好侧面的方材（规格视实际工厂材料而定），宽度上的胶接形式主要有侧面平面胶合、侧面穿条胶合、槽簧结构胶合等形式（图4-16）。采用平面胶合比较经济、实用。平拼接合是先将小方材侧边刨平后（一般采用平刨进行加工的），再涂胶拼接而成，这种方法称为"毛拼"，主要用于长度不长、板面平整的毛料，如椅子的座面等。拼宽时要尽可能地注意木材年轮的排列方向，年轮的排列影响到拼宽后板材的几何形状稳定。

其排布原则：考虑木材的弦向与径向收缩不一致，同时利用其不一致达到应力平衡。板材拼宽形式（图4-17），既可以采用先接长再拼宽，也可以将长材直接拼宽。加工时其侧向和垂直方向都要加压，其中垂直方向加压主要是使板面平

图4-16 拼宽的方法

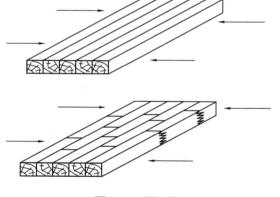

图4-17 拼板

整。方式可以机械齐平，也可以手工敲平，毛料之间的含水率偏差应控制在1.5%~3%。

穿槽拼主要用于长料的胶拼，先刨出基准面，然后利用铣床铣侧边，也可以利用四面刨进行加工，当然四面刨加工必须保证其加工精度，否则拼缝不严。常用的胶黏剂有：动物胶、聚醋酸乙烯酯乳液、脲醛树脂胶及其改性胶。

可采用手工刷涂、辊涂及喷涂等方法。加压的方式有：手工利用丝杆螺母加压或采用气压、油压、楔形块等形式，目前常采用间歇式拼板机（图4-18），它主要是在拼板机上组坯、加压然后使胶固化完成生产。机械加压拼板的侧向压力为0.7~0.8MPa，板面的压力为0.1~0.2MPa。

目前采用较多的设备为油压式和气压式拼板机。所用原料有整块木条和纵接之后的接长材两种。板条的四个面应该被刨光，但是利用夹子夹紧的板条两个侧面应该被刨光。板条常用液压或丝杆螺母夹紧。所用胶黏剂为冷压胶，手工装料。

图4-18　间歇式拼板机

总结评价

按照要求完成实训考核标准总表。（参见附录）

思考与练习

一、名词解释

1. 方材胶合
2. 胶合工艺
3. 对接胶合
4. 指接胶合

二、填空题

胶合工艺的内容包括：_____，被胶合材料表面处理，_____和_____，胶压条件等。

三、简答题

方材胶合可分为哪几种类型？

拓展提高

一、胶合理论

早在20世纪40年代，相继提出了各种胶合理论，其中具有代表性的理论是吸附胶合理论、扩散胶合理论、静电胶合理论和化学键胶合理论，但是各种胶合理论都有一定的局限性，实质上，木材与木材之间、木材与其他被胶合材料的胶合机理是多种胶合理论的综合体现。

二、家具生产中常用的胶黏剂

家具生产中常用的胶黏剂有：酚醛树脂胶、聚醋酸乙烯酯乳液胶、改性聚醋酸乙烯酯乳液胶、异氰酸酯胶黏剂、脲醛树脂胶与改性的三聚氰胺树脂胶的混合胶、聚醋酸乙烯酯乳液胶、改性聚醋酸乙烯酯乳液胶、脲醛树脂胶、脲醛树脂胶与改性的三聚氰胺树脂胶的混合胶等。

三、胶黏剂的选用

选用胶黏剂主要是依据被胶合材料的种类、胶合制品的使用条件、胶合工艺以及胶黏剂的特性等。

1. 根据被胶合材料的种类和性质来选择

家具生产中需要胶合的材料种类繁多，不仅有木材，还有各种金属、塑料、橡胶、织物、皮革、玻璃、陶瓷等。胶合材料的不同，使用胶黏剂的种类也不同。因此必须根据被胶合材料的种类和特性，选用合适的胶黏剂，以达到理想的胶合强度。

2. 根据胶合制品使用条件及用途来选择

胶合制品使用必须注意环境条件，如在室内和室外使用，其相对湿度、温度、酸碱度和负荷等差异很大，应选用能全面满足制品要求的胶黏剂。室外使用的家具必须选用耐水性强、耐候性好的胶黏剂。室内使用的家具可选用耐水性强、耐候性稍差些的胶黏剂。

胶接部件在使用中所承受的动荷载、静荷载、冲击荷载、交变荷载等不同，必须选择适合的胶黏剂类型。

3. 根据胶合工艺和胶黏剂特性来选择

不同的胶合工艺所选用的胶黏剂也不同。即使是同一种胶黏剂，胶黏剂的配方、调制方法不同，适合的胶合方式也不同。

4. 经济条件

目前，家具企业使用的胶黏剂有国产和进口之分，并且各种胶黏剂的价格差距较大。在使用时，应遵循保证胶合强度的前提下尽量选择经济型胶黏剂的原则，以降低生产成本，提高经济效益。

在实际工作中，一般从以上四个方面综合考虑胶黏剂的选用，以达到既满足工艺性又能满足经济性的目的。

四、影响胶合质量的因素

胶合质量主要是指被胶合件的胶合强度。它与胶合材料的特性、表面光洁度、含水率、胶黏剂的种类、胶黏剂的性能，以及胶合时的温度、压力、时间等有关。

项目 5
方材弯曲

项目导入

弯曲是家具中特殊构件的加工，对不同的构件设计有不同的弯曲形状要求。方材弯曲是将方材软化后，在弯曲力矩作用下弯曲成所要求的曲线形状，并使其干燥定型的过程。方材弯曲成型是一种弯曲实木成型加工工艺，它可以分成三个阶段：塑化（软化）、弯曲和定型（在模型框架中干燥冷却）。薄板胶合弯曲是将一叠涂过胶的薄板按要求配成一定厚度的板坯，然后放在特别的模具中加压弯曲、胶合和定型制得曲线形零部件的一系列加工过程。

现代化家具生产企业中，需弯曲的构件生产上多以机械与手工相结合的方式进行。本项目主要介绍方材弯曲和薄板胶合弯曲。

学习目标

【知识目标】

1. 掌握方材弯曲的方法，利用手工设备和机械设备进行方材弯曲；
2. 掌握方材弯曲过程的工艺要求；
3. 理解方材弯曲件在家具生产中的应用。

【技能目标】

1. 会根据家具构件进行弯曲件机械加工准备与选材；
2. 会制定家具弯曲件工艺生产过程。

任务5.1 方材弯曲

任务目标

家具弯曲构件加工人员要熟悉每个零件在实木家具中的部位、作用以及质量要求等，以便按要求合理进行弯曲加工。同时了解弯曲工艺过程和工艺要求；熟悉家具弯曲构件加工过程及技术要求。

任务描述

家具构件的类型较多，弯曲件的生产工艺过程和工艺要求也各不相同，在实际生产中要区别进行工艺过程设计。

5.1.1 常见的方材弯曲加工设备

方材弯曲是在经机械加工和方材软化的基础上进行的，所以基本加工设备包含毛料加工的木工机械（项目2毛料机械加工部分已作介绍）、方材软化处理设备及弯曲加工设备，此处只对软化处理设备和弯曲加工设备进行介绍。

5.1.1.1 蒸煮锅

蒸煮锅结构如图5-1。企业中对木材软化有各种自行设计的蒸煮池、处理罐槽（规格视加工工件需要而定），还有企业用高频介质加热处理、微波加热及化学法进行木材软化，都视企业实际情况进行设计。

5.1.1.2 手工木夹具

经软化处理特别是蒸汽和水煮等方式，将方材从处理罐槽中取出后，应立即进行弯曲操作，以免冷却以后再进行弯曲而易产生折断损坏。其中手工加压弯曲是一种最经济实惠的弯曲作业。

手工弯曲即用手工木夹具来进行加压弯曲，适于加工数量少、形状简单的零件。夹具由样模（可用金属或木材制成）、金属夹板（要稍大于被弯曲的工作，厚0.2~2.5mm）、端面挡块、楔子和拉杆等组成（图5-2）。

5.1.1.3 曲木机

在成批生产弯曲木零件时，应采用各种曲木机加工。常用的曲木机有：U形曲木机和回转型曲木机（图5-3）。U形曲木机用于弯曲各种形状

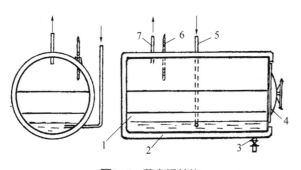

图5-1 蒸煮锅结构
1.圆桶 2.绝热层 3.排凝结水管 4.桶盖
5.进汽管 6.温度计 7.出汽管

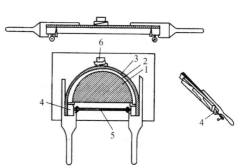

图5-2 手工木夹具
1.样模 2.工件 3.金属夹板
4.挡块 5.拉杆 6.楔子

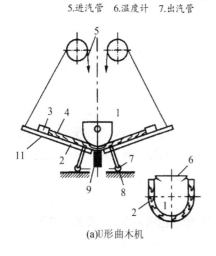

(a)U形曲木机

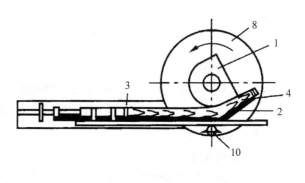

(b)回转形曲木机

图5-3 曲木机
1.样模 2.金属夹板 3.端面挡块 4.弯曲方材 5.钢丝绳 6.拉杆 7.滚轮 8.工作台 9.压块 10.压辊 11.加压杠杆

不对称的、不封闭的零件,如沙发及椅子扶手、椅座圈、桌子的望板、椅腿等。回转型曲木机可弯曲各种封闭的零件,如圆环形、梯形等木椅座圈和环形望板等。

5.1.2 方材弯曲的方法与工艺

5.1.2.1 方材胶合的工艺过程

方材弯曲又称实木弯曲。方材弯曲工艺过程是将方材软化处理后,在弯曲力矩作用下弯曲成要求的曲线形状的过程。方材弯曲工艺流程为:毛坯加工→软化处理→弯曲成型→低温干燥→自然冷却→定型(图5-4)。

5.1.2.2 实木弯曲用材料的树种与材质要求

选用塑性较大易于进行弯曲加工的树种,其中阔叶树材优于针叶树材,常用的树种有榆木(以大果榆为佳)、水曲柳、柞木、白蜡、栎木、山核桃、山毛榉等。实木弯曲用料的要求见表5-1。

5.1.2.3 软化处理

软化处理又称塑化处理,其目的是使木材具有暂时的可塑性,以使木材在较小力的作用下能按要求变形,并在变形状态下重新恢复木材原有的刚性、强度。因此,为了改进木材的弯曲性能,需要在弯曲前进行软化处理。软化处理的方法可分为物理方法和化学方法两类。

(1)物理法

物理方法又称水热处理法,以水作为软化剂,同时加热达到木材软化的效果。水煮方法会使木材含水率增高,弯曲后干燥时间延长。此外因细胞腔内自由水的存在,在弯曲过程中,易产

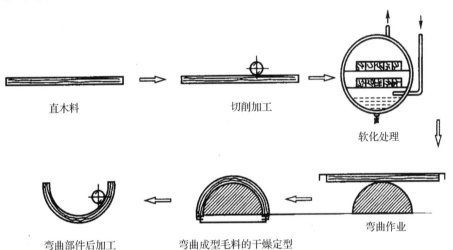

图5-4 方材弯曲工艺过程

表5-1 弯曲用料的选择和要求

项目	选料要求
取材部位	树干通直的树木,直径40~60cm,取用材质较好强度大的边材部分
材质	纹理通直,无节子、腐朽、夹皮、交错纹理及斜纹理等缺陷,并具一定冲击韧性
纹理方向	径向或弦向纹理,但弦向材弯曲时的破损率高于径向材
含水率	应控制在纤维饱和点以下,通常不超过30%,含水率过低会引起拉伸破坏;含水率过高,压缩面会产生严重褶皱,并弯曲后干燥时间延长
直料加工质量	锯解成的直毛料纤维方向与毛料轴线的偏角不应超过5°~10°,毛料经刨削加工,使厚度均一、表面光洁

生静压力而造成废品。目前生产中经常采用汽蒸法，主要是饱和蒸汽蒸煮。

①饱和蒸汽蒸煮法：采用热水煮沸，或者高温蒸汽蒸煮。高温蒸汽蒸煮的方法是把木材放在特别蒸煮锅内（图5-1）通入饱和蒸汽进行蒸煮。蒸煮不足则塑化不好，容易在剧烈弯曲程度下产生破坏；蒸煮过度则顺纹抗拉，使其顺纹抗压强度降低，方材将难以承受在弯曲过程中端面产生的压缩变形而被破坏。每次蒸煮的木材数量不宜过多，以免表面过分冷却和蒸煮过度。放在蒸煮设备内的木方之间要留出6~8mm的间隙，使其均匀受热，缩短蒸煮时间，保证弯曲质量。蒸煮设备直径一般为250~400mm，不宜太大。锅的长度稍大于弯曲零件的长度。

毛料蒸煮的时间随树种、材料厚度、处理温度等不同而变化。在处理厚材时，为缩短时间，采用耐压蒸煮锅，提高蒸汽压力。若蒸汽压力过高，往往出现木材表层温度过高，软化过度，而中心层温度还较低，造成软化不足，弯曲时凸面易产生拉断。通常以80℃以上温度水蒸时，约需处理60~100min，用80~100℃蒸汽蒸煮时约处理20~80min，见表5-2。

②高频介质加热处理：高频介质加热处理是把弯曲毛料放在高频电场内两个电极板间，反复极化，使分子在这种高频交变电磁场作用下急剧运动而相互摩擦产生热量，从而达到升温加热的目的。在高频加热中，介质吸收电能而发热的能力与介质本身的热传导性无关，而是取决于介质本身的介电特性和电场的电参数，即与介质的损耗因数、电场强度的平方、电场频率成正比。高频电场强度越强、频率越高或介质的损耗因数越大，则极性分子（如水）运动的幅度和次数就越大，摩擦产生的热量也越多，加热和干燥的速度就越快。这是一种有效的软化方法，可以在方材弯曲后直接进入干燥定型工序。高频度加热的频率高于300MHz，弯曲木材受波导管谐振腔的电磁波辐射场照射。目前常用915MHz和2450MHz两个频率的设备，在2450MHz的电磁波加热下，20mm×10mm（断面）的木材可弯曲到曲率半径为150mm，如在弯曲定型后再用电磁波加热可弯到更小的曲率半径。高频及微波加热快而均匀，可使弯曲与定型两工艺连续进行。

木材软化时间随着功率密度、木材含水率和树种的不同而有很大差异。其中功率密度对软化时间影响最大，它直接决定了木材所得加热功率的大小。功率密度越大，木材加热越快，需要的软化时间就越短。

在木材加热至100℃之前，木材含水率的高低对其加热速度影响较大；木材加热至100℃之后，水分开始大量蒸发，随着加热时间的延续，三种不同初含水率的木材在升温速度上差异逐渐缩小。

此外，不同树种的木材，由于介电性质的差异，高频软时间也不同。与木材蒸煮法软化相比，高频软化对操作技术要求较高，对加热条件尤其是软化时间的控制要求严格，否则就难以保证软

表5-2 木材蒸煮处理参数

树种	温度(℃)	不同温度下所需要的时间（min）			
	材厚	110	120	130	140
榆木	15	40	30	20	15
	25	50	40	30	20
	35	70	60	50	40
	45	80	70	60	50
水曲柳	15		80	60	40
	25		90	70	50
	35		100	80	60
	45		110	90	70

化质量。

③微波加热法：微波加热法是20世纪80年代开发的新工艺。微波频率为300~300000MHz、波长约1~1000mm范围的电磁波，它对电介质有穿透能力，能激发电介质分子极化、振动、摩擦生热。例如，当用2450MHz的微波照射饱水木材时，木材内部迅速发热。由于木材内部压力增大，内部的水分便以热水或蒸汽状态向外移动，木材明显软化。在2450MHz的微波加热下，20mm×10mm（断面）的木材可弯曲到曲率半径为150mm，如在弯曲定型后再用微波加热可弯曲到更小曲率半径。目前常用915MHz和2450MHz两种频率的设备。

高频及微波加热快而均匀，可使弯曲与定型连续进行，受到人们重视。

(2) 化学药剂处理

采用各种化学药剂对木材作处理，能较大地提高木材的塑性，常用的药剂有液态氨、气态氨和碱液等。在敞开式或封闭式的罐槽中处理软化材料，这种处理方法仅适用于对药液渗透性良好的阔叶树材或薄的单板等材料，不适用于渗透性差的针叶树材。

①液态氨处理法：将气干材或绝干材放入−78~−33℃的液态氨中，浸泡0.5~4h之后取出，然后再将材料温度上升到室温，使木材软化即可进行弯曲加工。厚度为3mm左右的单板在液态氨中浸渍4h，就能得到足够的可塑性，可自由地弯成所需要的形状。

运用液态氨对木材作浸渍处理，药剂向木材中的纤维素结晶区渗透，促使微胶粒膨润，从而使分子链间的作用力下降，木材的塑性增大。至毛料经液态氨处理并弯曲成型后，再进行加热使氨液蒸发，材料就能在弯曲状态下固定，恢复木材原有的刚度。在常温处理下木材易于变形的时间仅为8~30min。

该法与蒸煮法相比，具有如下特点：木材的弯曲半径更小，几乎能适用于所有树种的木材；弯曲所需的力矩较小，木材破损率低；弯曲成型件在水分作用下，几乎没有回弹。

②气态氨处理法：将含水率10%~20%的气干材放入处理罐中，通入饱和气态氨（26℃时约1MPa，5℃时约0.5MPa），处理2~4h（具体时间根据木材厚度决定）后即可进行弯曲加工。用该法软化处理成型的弯曲木，其定型性能不如液态氨处理的弯曲木。

③氨水处理法：将木材在常温常压下浸泡在25℃的氨水中，约10天后，木材即软化可进行弯曲、定型。

④碱液处理：将气干材或绝干材浸入到10%~15%氢氧化钠溶液或10%~15%氢氧化钾溶液中，达到一定时间后木材即明显软化，能在较小的作用力下进行弯曲。浸渍前应先将碱液冷却到室温后再处理木材。处理后的材色明显带红，有的会变得接近于墨色，为此经碱液处理后的木材，应再放入3%~5%过氧化氢溶液中进行漂白。漂白后的木材要用流动的水冲洗，以将药剂充分洗涤干净。经过以上工序，木材干燥到一定程度，再用模具进行弯曲加工。

碱液软化处理木材具有如下优缺点：

a. 使用的是水溶液，容易配制，且没有液态氨的臭味。

b. 在常温、常压下进行处理，不需要特殊的装置和热源，处理方法简单。

c. 处理后的木材易于弯曲成各种形状。

d. 木材会产生变色，可通过漂白处理加以解决。

e. 木材收缩率增大，以碱液浓度的不同而有差异。用碱液处理过的木材虽然干燥定型了，如浸入水中则仍可以恢复塑性。可将经水洗后的木材，再放入丙三醇或聚乙烯乙二醇溶液中浸泡，即能抑制和减少木材的收缩量。

将经过碱液处理和未经任何处理的木材，进行弯曲时的静曲强度与弯曲度之间作比较，在同样弯曲度下，经处理后的木材静曲强度将降低很多，易于进行弯曲。

5.1.2.4 加压弯曲

经软化处理特别是蒸汽和水煮等方式，材料从处理罐槽中取出后，应立即进行弯曲操作，以免冷却以后再进行弯曲而易产生折断损坏。方材加压弯曲可采用手工或机械方式进行弯曲作业。

（1）手工弯曲

手工弯曲前（图5-2），要认真观察毛料表面，选择比较光洁的表面贴向金属夹板。弯曲时将工件放在样模与金属夹板之间，两端用端面挡块顶住，对准工作上的记号与样模中心线打入楔子使之定位；扳动杠杆把手，使工件贴到样模为止。然后用拉杆拉住工件两端，连金属夹板和端面挡块一起取下，送往干燥室干燥定型。

（2）机械弯曲

常用的曲木机有U形曲木机和回转型曲木机（图5-3）。

用U形曲木机弯曲工件时，先将工件放入指定位置，再将金属夹板放在加压杠杆上。然后升起压块，定位后，开动电动机，使两侧加压杠杆升起，使工件绕样模弯曲。到全部贴紧样模后，用拉杆固定，连同金属夹板、端面挡块一起取下。最后将弯曲好的工件送往干燥室。回转型曲木机（图5-3）的样模装在垂直主轴上，由电动机通过减速机构带动主轴回转，使工件逐渐贴在样模上，用卡子固定工件后，将样模和工件连同金属夹板一起取下，干燥定型。

5.1.2.5 干燥定型

如果将蒸煮过的方材（含水率约40%）弯曲后立即松开，其就会在弹性下恢复伸直。为使方材能在已弯曲状态下定型并符合产品要求的含水率，须将其干燥到含水率为10%左右。常采用热空气干燥方法对弯曲后的毛料做最后处理定型。将已弯曲成型的毛料连同模具和金属带放于定型架上，或卸去模具和金属带只将弯曲成型的毛料放入定型架中，送入可以控制温度和湿度的热空气干燥室内，用蒸汽作热源，通风和使热空气强制循环，干燥到要求的含水率为止。干燥温度和时间根据木材树种、弯曲毛料尺寸以及最终含水率而定。

（1）干燥室法定型

将弯曲好的工件连同金属钢带和模具（有时不带模具）一起，从曲木机上卸下来堆放在小车上，送入定型干燥室。干燥可以是常规的热空气干燥室，也可用低温除湿干燥室。用热空气干燥时，为保证弯曲木的定型质量，通常温度为60~70℃，干燥时间为15~40h。低温除湿干燥法分预热和除湿两个阶段。该法干燥质量好，干燥周期稍长。

（2）自然干燥法定型

将弯曲好的工件放在大气条件下自然干燥、定型。所需时间长，质量不易保证，除了对一些大尺寸零件如船体弯曲零件、大尺寸弯曲建筑构件外，家具生产中极少采用。

（3）高频干燥定型

将弯曲木置于高频电场中就能使其内部发热，干燥定型。高频干燥定型装置需满足以下条件：高频电场必须均匀分布于弯曲木周围；负载装置结构必须便于木材中水分的蒸发；负载量必须与高频机匹配。可直接使用弯曲木上的钢带作为一个电极，另一电极安置在样模上。电极板上均匀开有一定数量的小孔，以利水分的蒸发。高频干燥定型工艺的特点是干燥定型速度快，当功率密度为2W/cm³时，弯曲木从30%含水率干燥到8%时，只需10min左右，生产周期短，模具周转快，生产率高；定型的弯曲木质量较稳定，含水率较均匀，尤其当木材厚度较大时，更为显著。

5.1.3 方材弯曲加工举例

以弯曲半圆型件为例，如图5-4所示。

第一步：选择适宜加工弯曲件木材进行方材机械加工（毛料机械加工），注意弯曲面加工光滑、不得有节子，尺寸视实际需要而定。

第二步：软化处理，若无条件进行蒸煮，可

采用淋湿方材进行火烤（注意用火安全）。

第三步：弯曲作业，采用手工弯曲夹具进行弯曲固定（视实际可自行设计）。

第四步：自然干燥定型（24~48h）。

第五步：弯曲件后期表面修整加工（砂光，用80~240号砂纸多次打磨）。

总结评价

按照要求完成实训考核标准总表。（参见附录）

任务5.2　薄板弯曲

任务目标

薄板弯曲工作人员要熟悉每个弯曲加工过程作用以及质量要求，以便按质量要求进行薄板弯曲加工。

任务描述

薄板弯曲构件的类型较多，其生产工艺过程和工艺要求也各不相同，在实际生产中要区别进行工艺过程设计。

5.2.1　常见的薄木弯曲加工设备

胶压弯曲的形状根据制品的要求有很多种，有半圆形、U形、L形、圆弧形、梯形等各种不规则弯曲形状。形状不同，所用的胶压弯曲的设备也必须有相应形状的模具和加压机构。

5.2.1.1　硬模

硬模是由一个阴模和一个阳模组成的一对硬模进行加压弯曲，常用的胶压成型方法如图5-5所示。

阳模的表面形状与零件的凹面相吻合，阴模的表面形状和零件的凸面相配合，阴阳模间距离均应等于零件的厚度。加压的方法有机械压缩空气或液压等。

硬模可用金属模、木材或水泥制成，成批大量生产时采用金属模，内通蒸汽；木材硬模及水泥硬模则用于小批量生产，可用低压电或高频加热。

硬模一次加压弯曲胶合的优点是结构简单，加压方便，使用寿命长。但由于硬模加压全靠上下两个模子挤压作用，压力作用方向与受压面不垂直，压力不够均匀。因此，对深度较大的凹型部件最好采用分段加压方式。

5.2.1.2　分段胶压弯曲硬模

阳模仍为整体，阴模则由底板、右压板和左

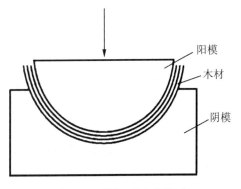

图5-5　硬模一次加压弯曲

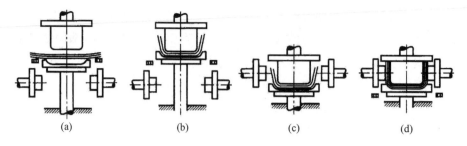

图5-6 分段加压设备

压板三部分组成。分段加压设备如图5-6所示。

硬模分段胶压弯曲前，底板升高，板坯放在底板上[图5-6(a)]；此时开动液压泵（或压缩空气泵），将板坯压向阴模底部[图5-6(b)]；压住后，阳模、板坯和阴模一起下降[图5-6(c)]；开动侧向压板并加压，把板坯弯曲成所要求的U形零件[图5-6(d)]。

胶液固化后，按相反顺序退回压板，卸下弯曲零部件。

这种方法可用冷压或热压，单位压力为：1~1.2MPa。

在硬模加压过程中，约有70%的压力用于压缩单板坯和克服单板间摩擦力，只有30%左右的压力用于胶压弯曲板坯，因此胶压弯曲所需压力应比单压部件大得多。对于弯曲凹度大的多面弯曲部件，最好用分段胶压弯曲法。

5.2.1.3 软、硬模组合

软、硬模组合又称为软模胶压弯曲。它是用一个模作样模，再用一个软模（用柔性材料——耐热、耐油的橡胶或帆布制作）为压模来进行胶合弯曲。

胶压弯曲时，往软模中通入加热和加压介质（如压缩空气、蒸汽、热水、热油等）。在压力作用下，使板坯弯曲，贴向样模。软模胶压弯曲的方法，各处受力均匀，但橡胶袋易磨损，设备较复杂，因此主要用于形状复杂、尺寸较大的弯曲胶合部件。

图5-7是用橡皮袋作为软模胶压弯曲的一种

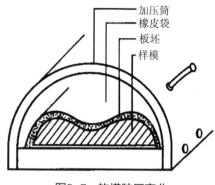

图5-7 软模胶压弯曲

方式。样模1即硬模放在加压筒4内，板坯2放在样模1上面，盖上橡皮袋，关闭筒盖，锁紧；然后向橡皮袋中通入压缩空气或蒸汽，使板坯压向样模，进行弯曲胶合，在压力的作用下至胶层固化为止。

5.2.2 薄板弯曲的方法与工艺

薄板胶合弯曲件的生产工艺可以分为：薄板准备、涂胶与配坯、加压成型、部件的陈放、部件的加工等工序。其工艺流程如图5-8所示。

上面介绍的流程是用单板来制造弯曲胶合件，若不用单板，采用竹板或其他薄板，则工艺需作相应变更。

5.2.2.1 薄板准备

(1) 薄板胶合弯曲材料的选用

胶合弯曲部件多用的材料有基本材料、饰面材料和辅助材料三部分（表5-3）。

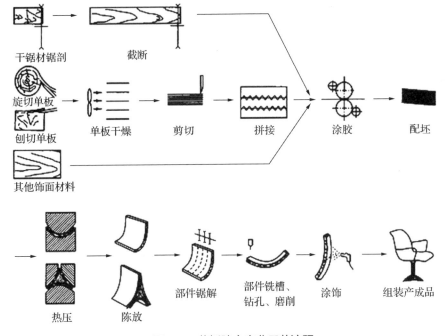

图5-8 薄板胶合弯曲工艺流程

表5-3 胶合弯曲部件所用材料表

要求	基本材料	饰面材料			辅助材料	
	薄板	旋切单板	刨切单板	其他	胶黏剂	涂料
树种与材种	不受限制，根据部件要求而定	水曲柳、柞木、桦木、椴木、杨木、柳桉、马尾松	水曲柳、柚木等质优、花纹美观的较珍贵树种	塑料贴面板、浸渍纸等	脲醛树脂胶、酚醛树脂胶、三聚氰胺树脂胶	中高档家具使用的涂料
厚度（mm）	5	1～3	0.5～1	—	—	—
材质	无影响产品质量的缺陷	脱落结疤应进行挖补、需错开	无影响产品表面质量的缺陷	—	—	—
含水率(%)	8～12	6～12	6～12	—	—	—
表面加工质量	刨削光洁			—	—	—

(2) 薄板的制作

薄板制作分旋切、刨切两种。在切削前均需进行蒸煮软化处理。加工成的单板厚度应均匀，表面光洁。单板的厚度根据零部件的形状、尺寸，即弯曲半径与方向来确定。弯曲半径越小，则要求单板厚度越薄。对一定厚度的弯曲胶合零部件来说，单板层数增加，用胶量就增大，成本提高。通常制造家具零部件时，刨切薄木的厚度为0.3～1mm，旋切单板厚度为1～3mm，制作建筑构件的单板厚度可达5mm。

(3) 薄板干燥

单板含水率与胶压时间、胶合质量等密切相关。我国目前一般控制在6%～12%，最大不能超过14%。因为单板含水率过高会降低胶黏剂的黏度；热压时胶易被挤出而影响胶合强度，也会延长胶合时间；由于单板含水率过高，热压时由于板坯内的蒸汽压力过高易出现脱胶、鼓泡、放炮等现象。如果含水率过低，木材会吸收过多的胶黏剂而形成表面缺胶，导致胶合不良。含水率过高、过低都会影响胶合质量，故对旋制（或刨切）出的单板都要进行干燥处理。

5.2.2.2 涂胶配坯

（1）涂胶

选择胶种时应根据胶合弯曲部件的使用要求和工艺条件进行考虑。如果是室内使用的家具，胶合弯曲部件从装饰性和耐湿性出发，要求无色透明且具有中等耐水性能，故宜采用脲醛树脂胶和三聚氰胺改性脲醛树脂胶。如果是室外使用的家具，则需用耐水、耐气候的酚醛树脂胶。涂胶量取决于单板的树种、厚度及所使用的胶黏剂种类，一般为150~200g/m²（单面），涂胶方法有手工刷胶或采用双辊、四辊涂胶机涂胶。

（2）配坯

单板涂胶以后，根据部件的受力情况和使用要求，对各层的纤维方向作适当的配置，组成板坯后进行胶压成型。厚度一致的板坯，按单板的厚度和弯曲件厚度以及弯曲胶合板坯的压缩率y来确定。

$$y=(1-h_1/h_2)\times 100\%$$

式中：h_1——胶合弯曲后板坯厚度；
h_2——胶合弯曲前板坯厚度。

胶合弯曲的板坯压缩率要比平面胶压时大，通常$Y=8\%\sim 30\%$。

对于厚度不一致的板坯则需配置不同长度（或宽度）的薄板。图5-9为椅子后腿配坯图，单板的尺寸和层数（表5-4）。

配置板坯时，各层单板纤维的配置方向与弯曲胶合零件使用时受力方向有关，有如下三种配置方法：

①平行配置：各层单板的纤维方向一致，其性能和实木构成的部件相似，顺纹抗压强度大，适用于顺纹纤维方向受力的零件，如椅腿扶手等部件。侧面纤维一致，但可见胶层，横纹理抗拉强度低。

表 5-4 椅子后腿板坯配置　　mm

单板长度	单板厚度		
	1.15	1.5	2.2
	单板层数		
1000	27	22	15
450	13	10	7
180	1	1	

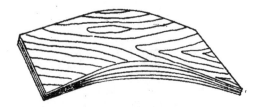

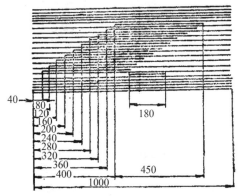

图5-9 椅子后腿配坯图（单位：mm）

②交叉配置：相邻层单板的纤维方向互相垂直配置，平面上各方向强度较均匀，并具有较高的刚度，适用于承受垂直板面压力的部件，如椅背、椅座等。但侧面露出多层端头纤维，装饰质量差。

③混合配置：一个部件中既有平行配置又有交叉配置，适合于形状复杂的部件，如椅背、座、腿一体的部件。在椅腿部位用平行配置方式，椅背和椅座中间受力部位采用交叉配置。配置板坯时，单板背面最好处于凸面方向，正面处于凹面方向，这样弯曲性能较好。单板涂胶后至胶压前需陈放5~15min，以使板坯内的含水率均匀，表面防止透胶。对于预先未胶拼成整张的单板，零片单板更应陈放一定时间，以免使胶压成部件坯料的芯层中产生叠层或离缝，影响部件表面的平

整度。胶合弯曲部件的厚度根据用途而异,如家具的弯曲骨架部件,通常厚度为22mm、24mm、26mm、28mm、30mm,而起支承作用的部件厚度为9mm、12mm、15mm。

5.2.2.3 胶合弯曲

胶压弯曲是制造弯曲胶合零部件的关键工序,本工序使放在模具中的板坯在外力作用下产生弯曲变形,并使胶黏剂在单板变形状态下固化,制成所需的弯曲胶合件。胶压弯曲时需要模具和压机,以对板坯加压变形,同时还需加热以加速胶黏剂的固化。

胶压弯曲的形状根据制品的要求有很多种,有半圆形、U形、L形、圆弧形、梯形等各种不规则弯曲形状。形状不同,所用的胶压弯曲的设备也必须有相应形状的模具和加压机构。

(1) 胶合弯曲设备

参见"5.2.1 常见的薄木弯曲加工设备"部分。

(2) 加热方式

胶合弯曲时可采用冷压和热压两种方式。冷压须在压紧状态下保持12~24h,使胶液充分固化后才能卸出。此方式生产效率低,因此,通常采用热压成型的方式。采用热压成型,在加压的同时正确地进行加热,能加速胶液固化,较大地缩短胶合弯曲的时间,提高生产率,保证胶合弯曲部件的质量,提高压机的利用率。采用热压成型时的加热方式可分类如下:

①蒸汽加热:采用金属压模或成型的金属压板,内有蒸汽孔道,蒸汽热能通过模具和压板传递给胶合弯曲部件的板坯。热压温度应根据所使用胶黏剂的固化性能而定,脲醛树脂胶一般为100~200℃,酚醛树脂胶为130~150℃。热压时间通常为每毫米厚加热1min。根据单板树种和热压温度而有所变动。蒸汽加热应用极为广泛,其操作方便、可靠。一般采用铝合金压模,弯曲形状不受限制,胶合弯曲部件的尺寸、形状精度较高,模具使用寿命长,运行费用较低,适宜大批生产。

②低压电加热:采用工业频率电流通入金属带,使金属带发热,并与被胶合弯曲部件的板坯接触,将热量传递给单板和胶层,以加速胶液的固化。低压电加热温度通常保持在100~200℃,部件厚度在6mm以下时,加热时间为每毫米1min。低压电加热适用于窄部件的胶合弯曲。

③高频电介质加热:高频电介质加热的热量由介质(木材或其他绝缘材料)内部产生,因此加热速度快、效率高而均匀,一般只须几分钟就可以使胶固化,胶合质量好,通常与木模配合使用。其热压温度为100~125℃。由于木模成本低、强度较低、精度较差、易变形,因此,使用约1000次后就需及时修整。该法适用于小批量、多品种的生产。

④微波加热:微波加热弯曲胶合工艺是一种新工艺。微波穿透力强,只要将弯曲胶合件放在箱体内照射微波,即可进行加热胶合。因此它不受弯曲胶合件形状的限制,可以加热不同厚度的成型制品,不需电极板,宜于进行带填块的H形、h形等复杂形状的弯曲胶合。国外已开发了这种装置,并用于生产。使用微波频率为2450MHz,微波加热用模具须用绝缘材料制作。使用高频、微波进行加热时,必须有屏蔽设施,以防止高频、微波外泄而影响附近人体的健康和对周围仪表、电器的干扰。

5.2.2.4 部件的陈放与弯曲件的加工

由于薄板的弯曲和胶层的固化收缩,胶压成型后,在部件中存在有内应力。当胶合弯曲部件从压机中卸出时会产生伸展,使弯曲角度和形状发生改变。但随着板坯中水分的蒸发、含水率的降低,又会恢复到原来的胶压状态,甚至出现比要求的弯曲角度小1°~2°的状况。所以胶压以后,须将成型板坯在室温下放置1~2周,使形状充分稳定后,再进入后续的锯解和铣削等加工工序。例如冷压的带填块的扶手椅侧框,从模具上卸下来之后,脚先向外侧张开7~8mm,然后再逐渐向内收，经过4天后，形状才趋于稳定。又如高频加热胶合弯曲椅背座，从模具上卸下，在10天后变形才基本停止。不同厚度的弯曲部件陈放时间见表5-5。这些数据是在常温下、相对湿度为60%的试验数据。若温度提高为50℃、相对湿度55%，则陈放时间可相应缩短10%。

胶合弯曲部件的后加工包括对胶合弯曲后的成型板坯进行锯剖、截头、裁边、铣槽、钻孔及磨光等，最后加工成尺寸、精度及表面粗糙度等符合要求的零部件。

表5-5 不同厚度的胶合弯曲部件陈放时间表

部件厚度(mm)	4	6	10	14	18	21
陈放时间(d)	1	2	6	11	20	27

5.2.3 薄板弯曲加工举例

薄板弯曲加工与方材弯曲加工工艺相似，单板弯曲时，过程与方材弯曲相同，薄板胶合弯曲时需增加涂胶与配坯环节。下面以板胶合弯曲为例说明（见图5-8）。

在现代企业生产中由于流程的细分，已形成专业的弯曲生产企业，因此，本部分只介绍弯曲环节。

第一步：薄板选择，注意弯曲面加工光滑、不得有节子，尺寸视实际需要而定。

第二步：薄板拼接，注意拼接要密缝。

第三步：涂胶，可采用手工涂胶和机械涂胶两种方法（视实际自行设计）。

第四步：配坯，注意各层单板纤维方向，一般为相互垂直方向以消除应力。

第五步：热压，将薄板放入模具进行热压成型（视实际条件采用冷压，冷压则需12~24h）。

第六步：弯曲件后期表面修整加工（砂光，用80~240号砂纸多次打磨）。

总结评价

按照要求完成实训考核标准总表。（参见附录）

思考与练习

一、名词解释
1. 方材弯曲
2. 薄板胶合弯曲

二、填空题
1. 薄板胶合弯曲件的生产工艺可以分为：_____、_____、_____、_____、_____等工序。
2. 方材弯曲工艺流程为：_____、_____、_____、_____、_____、_____等工序。

三、简答题
1. 试述木材软化处理的方法。
2. 试述影响方材弯曲质量的因素。
3. 请例举出方材弯曲在家具中的应用。

拓展提高

1. 方材弯曲概述与原理

方材弯曲是将方材软化后，在弯曲力矩作用下弯曲成所要求的曲线形状，并使其干燥定型的过程。方材弯曲成型是一种弯曲实木成型加工工艺，它可以分成三个阶段：塑化（软化）、弯曲和定型（在模型框架中干燥冷却）。木材首先要刨成方材，然后精确地裁成弯曲长度。为达到可弯曲的性能，必须先将木材（即工件）进行软化，这需要运用温度和湿度的影响，把水分和热量当作木材的软化剂。一般将准备好的木材放在一定条件（压力、温度、湿度）的蒸汽中进行一段时间的软化，时间的长短与木材的初始含水率、树种和木材的厚度有关。木材弯曲最合适的含水率，是木材纤维饱和点的含水率，即20%~30%，此时木材强度最小，可产生的变形最大。使用实木软化专用设备，可在较短的时间内以较少的能量将木材转变为可以弯曲的状态。

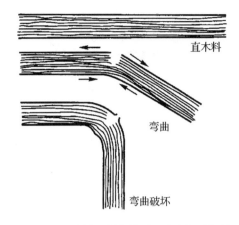

图5-10 方材毛料弯曲时受应力与破坏情况

木材弯曲时，在凸面产生拉伸力，凹面产生压缩应力。中间一层既不受拉伸力也不受压缩应力，称为中性层。方材的弯曲性能与树种、树龄、取材部位、软化条件等有关。木材在常态下可塑性很小，直接进行弯曲加工形成凸面受拉伸、凹面受压缩，当拉伸应变达到1%左右时，拉伸面纤维被拉断破坏，压缩面产生褶皱，因而难以获得要求的弯曲曲率半径。如图5-10所示。

在弯曲时，将工件自由地放在金属薄板中，以扼制弯曲过程中工件外表的拉伸，进而被弯曲成一定的形状。在弯曲过程中，弯曲构件内部将形成张力，这种张力在以后的定型阶段将完全消除。此外，还要对工件进行降温处理，并消除弯曲工艺流程中必需的水分，最好的方法是将其放在低温干燥室中进行干燥，为了使工件保持需要的形状，应将工件夹在一个干燥架上。弯曲后，通过自然冷却可以明显减少内部应力，在含水率低于12%时，使弯曲成型的工件定型，它的形态在湿度增加时也不会发生明显的改变。上述工艺要求对于不同的树种存在很大的差别，总的来讲，针叶材不能进行很好的弯曲，而阔叶材如榆木、白蜡、山毛榉和胡桃楸等能被很好地弯曲。

2. 影响方材弯曲质量的因素

① 木材含水率：含水率大则木材弯曲性能好，由于水分在纤维间起润滑作用，要相对滑移时摩擦阻力减小，变形加大。

② 温度、时间：温度的提高和浸泡时间延长，弯曲性能好。用饱和蒸汽加热比在干燥空气下加热的木材的冲击强度下降更为明显，因为在高温加热的同时木材中含有较多的水分，木材在加大塑性同时会产生部分水解作用，温度越高，加热时间越长，冲击强度降得越低，这主要是由于戊聚糖水解而引起的，而阔叶材中的戊聚糖含量比针叶材高2~3倍，因此方材弯曲时多用阔叶材。

③ 弯曲速度：弯曲速度过慢，方材容易变冷而降低塑性，速度过快则木材内部来不及适应变形，也会破损。

④ 端面挡块压力：使弯曲面紧贴金属面。

⑤ 年轮方向：年轮方向也与弯曲质量有关。年轮方向与弯曲面平行时，弯曲应力由几个年轮共同承受，稳定性好，不易破坏，但不利于横向压缩。当年轮与弯曲面垂直时，产生的拉伸应力和压缩应力分别由少数几个年轮层来承担，处于中性层的年轮在剪应力的作用下，容易产生滑移离层。年轮与弯曲面成一定角度，则对弯曲和横向压缩都有利。

3. 多层胶合弯曲的优点

① 改变了木材的纹理结构，使承力部件的承载能力提高3~4倍；

② 产品造型更加符合人体工程学要求；

③ 产品更容易达到设计效果，通过对部件表面薄木复合，可达到不同的外观效果，适合不同的消费层次；

④ 造型独特、美观耐用、线条流畅；

⑤ 多层胶合弯曲木既是加工后的实木，又达到原始实木所达不到的工艺造型，更富有弹性和艺术性，不易翘曲、开裂和变形；

⑥ 简化了家具的生产工艺，并能加工大面积弯曲木部件，突破了传统木家具的造型；

⑦ 使用木模具生产成本低、投资少、见效快，可做到小批量、多品种、多变化；

⑧ 多层胶合弯曲木家具适合采用部件包装、现场装配的销售方式，运输方便，符合现代市场需求。

4. 薄板弯曲胶合的零部件的主要用途

① 家具构件：椅凳、沙发、桌子的支架，衣柜的弯曲门板、旁板、半圆形顶板等；

② 建筑构件：圆弧形门框、窗框、门扇等；

③ 文体用品：钢琴盖板、吉他旁板、网球拍、滑雪板、弹跳板等；

④工业配件：电视机壳、音箱等。

5. 影响胶合弯曲件质量的因素

①单板含水率是影响坯件变形和弯曲胶合质量的重要因素之一。含水率过低，胶合不牢、弯曲应力大、板坯发脆。含水率过高则板坯含水率也增大。单板含水率以6%~8%为宜。

②压模精度是影响弯曲件形状和尺寸的重要因素。一对压模必须精密配合，才能压制出胶合牢固、形状正确的胶合件，制作压模的材料要尺寸稳定、不易变形，木模最好用层积材或厚胶合板制作。

③加压弯曲的压力心须足够大，应使板坯紧贴样模表面，单板层间紧密接触，尤其是弯曲深度大、曲率半径小的坯件，压力稍有松弛，就有伸直趋势，贴不住样模或各层单板间接触不紧密，就会胶合不牢固。

④弯曲后陈放时间不足，坯件内部应力未达到均衡，也会引起变形甚至改变预期弯曲角度。陈放时间与弯曲部件厚度和陈放条件有关。

⑤板坯含水率过高会出现变形，这主要是由于单板含水率高和胶液中水分多所造成的，因此要选用固休含量高、水分少的胶液。

6. 其他弯曲

弯曲工艺除了方材弯曲和薄板胶合弯曲外，还有锯口胶合弯曲、碎料模压成型、折板成型等，在现代企业生产中不断的发明各种新的工艺，其目的是改进工艺和提高木材利用率，读者可参阅相关资料学习。

项目 6
装配

项目导入

　　装配是指按照设计图纸和有关的技术要求，使用一定的工具或机械设备，将零件接合成部件或将零、部件接合成为制品的过程。该环节是实木家具白胚生产的最后一个环节，对家具的使用和质量检测具有重要意义。装配方法有手工装配、机械装配和半手工半机械装配三种。

　　现代化家具生产企业中，装配工作多是按照流水线的方式进行的。工作对象顺序地通过各个工作位置，装配工人只需熟练地掌握某一道工序的操作，这样，装配时间就可大为缩短，在这种情况下，家具装配的顺序绝不是随意确定的，而是在设计时就要作出周密的考虑与安排。

　　本项目主要介绍机械装配。

学习目标

　【知识目标】

　1. 掌握常见装配机械的操作方法，利用装配设备进行机械装配；

　2. 掌握实木家具机械装配过程与装配工艺要求；

　3. 理解实木家具机械装配在家具生产中的应用。

　【技能目标】

　1. 会机械装配的选定原则；

　2. 会操作装配机械；

　3. 会制定装配工艺过程。

任务6.1　装配

任务目标

　　装配人员要熟悉每个零件在实木家具中的部位、作用以及质量要求等，以便按要求合理装配。同时了解木制品装配工艺过程和工艺要求；熟悉柜等家具的传统装配过程及技术要求。

任务描述

　　家具装配是家具生产技术最后一个环节，以简单的手工装配过程和复杂的机械装配过程为主线，描述整个过程，使大家了解装配过程。

6.1.1 常见的装配加工设备

6.1.1.1 木框装配机

对于实木家具的木框装配机有两种形式，一种是比较简单的，这种装配机只能在一个方向上向零件施加压力（图6-1）。另一种装配机的结构复杂一些，这种装配机可以在两个方向上向零件施加压力，效率比前一种装配机高。各类装配机外形如图6-2至图6-4所示。木框厚度上的修整，一般要在压刨上往返通过两次，也可在两面刨上一次通过，若精度要求高，可先通过平刨加工出基准面，再通过压刨。为了防止横纤维切削时引起毛刺和崩裂，进料时木框应与刀轴成一定的倾斜角度，一般为15°左右。木框的周边修整，可在圆锯上进行。

6.1.1.2 箱框装配

如衣箱、抽屉等箱框组件的机械装配如图6-5、图6-6所示。

由于材料性质不稳定引起零件变形和零件加工中出现误差等原因，部件装配完后达不到质量要求，则需要进行修整或进一步加工。箱框高度上的修整，一般先在平刨上加工出一个基准面，然后在铣床上安装一个圆锯片进行加工（图6-7）。箱框长度或宽度上的修整，亦可在平刨或磨光机上进行。部件表面不平度的修整，与零件的修整加工相似，可在磨光机或净光机上进行。在铣床轴上，上、下各安装锯片亦可进行加工（图6-8）。

图6-1　立式实木装配机

图6-2　木框装配机

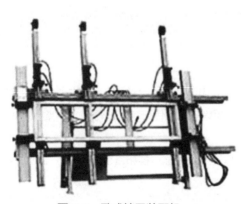

图6-3　卧式椅子装配机

图6-4　木框装配机

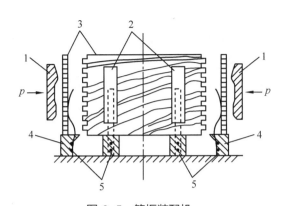

图 6-5 箱框装配机
1、2. 加压挡板 3. 箱框 4. 阁磴 5. 弹簧支柱

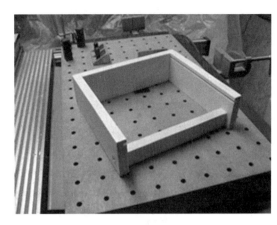

图6-6 箱框装配

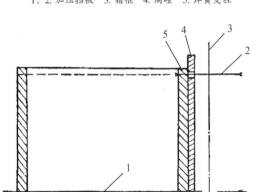

图6-7 箱框高度上的修整（一）
1. 工作台 2. 锯片 3. 刀轴 4. 导轨 5. 箱框

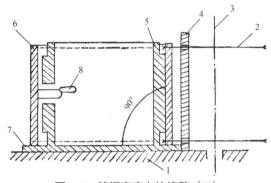

图6-8 箱框高度上的修整（二）
1. 工作台 2. 锯片 3. 刀轴 4. 导轨 5. 模具 6. 箱框
7. 模具底板 8. 偏心压紧器

6.1.2 锯材配料加工的工艺与要求

6.1.2.1 装配的工艺过程

家具的类型较多，即使是同一类型的家具，其生产工艺和结构也往往各不相同，故家具的装配工艺过程也都不尽相同。对于生产工艺和结构较简单的家具，可直接由零件装配成成品，而工艺和结构较复杂的家具则需要先把零件装配成部件，部件经过修整和加工，最后装配成家具成品。因此一般家具的装配工艺过程可大致归纳如下：

6.1.2.2 装配的准备工作与装配要求

（1）装配的准备工作

为了高效率、高质量地完成家具装配的任务，在进行装配前，应做好以下的准备工作：熟悉结构装配图，领会设计意图，理解所要装配家具的结构和有关技术要求。在此基础上确定该产品的装配工艺过程。检查零部件是否符合有关的质量标准，如家具零件的的榫头和榫眼，是否符合榫接合的技术要求。对批量较大的家具新产品，应先装配一个样品，以便及时发现问题和检验原定的装配工艺过程的正确程度。调配胶料，确定胶液的浓度等。做好零部件的选配，同一件家具上的零部件，材性、颜色、纹理应相近。点清数

量，配套备用。如采用机械装配，还应调整好装配机械。

（2）装配的要求

不论是手工装配还是机械装配，都应做好以下几点：尽量使同一产品的零、部件的材种、颜色、纹理等相同或相近。尽量将零件有缺陷（如节子、虫眼、裂缝、色斑等）的面朝向制品的内部或不可见部位，表面尽可能无缺陷或少缺陷。对榫接合部位要涂胶均匀，接合后挤出的胶液应及时擦掉，确保表面清洁。对于装配完毕的部件应及时检验，如发现不符合技术要求处应及时校正，以防胶液凝固后无法修整。对于制品的活动部件，如门、抽屉等要做到离缝适当，应符合技术质量要求，确保开、关灵活。装配其他配件、五金件时，要牢固可靠、匀称美观，确保不损坏制品表面。

6.1.2.3 总装配

经过修整加工的零部件在配套完之后，就可以进行总装配。总装配的顺序大体上有两种类型，一种是顺序装配，另一种是平行装配。顺序装配就是将零部件依次接合起来，先形成骨架，然后进一步把其余零件装上，直至形成制品，如框式木家具的装配等。平行装配是分别装配各个部件，而后将零、部件装成制品，平行装配的优点是能够按工序特点使工作位置专业化、便于采用专用设备，只要家具的结构允许分解成若干部件和单独的零件，就可以运用平行装配。

总装配的过程工序大致可以分成如下四个阶段：形成制品的骨架；能够加强骨架强度和结构稳定性的一些固定接合的零、部件；在相应的位置上装上活动构件；安装次要的零部件、配件和装饰性部件。

总装配过程可以有固定式和移动式两种方式。固定式是在一个工作台上或一个工作位置上将整个制品组装完成，因此，固定式装配能保持基准零部件的位置不变，这就减少了由于基准变换而出现的各种误差。固定式装配通常使用生产能力不高的通用设备，而专用工具和夹具的应用受到限制，在大型木制品如车厢、建筑构件的生产中常采用这种装配方式。移动式装配又分为流水式和非流水式两种。非流水式装配虽然也是从一个工作位置到下一个工作位置，直至装配过程全部结束，但是每个工作位置上，由于工作量的不同，工件的停留时间长短不一，因此工作位置上就要有工作储备，以协调装配过程的进行。这就要有附加的生产面积，并将增加未完成的生产量。流水式装配时，工件连续或间歇地从一个装配位置到另一个装配位置，而且每一个工序都是在一定的时间内完成。

6.1.2.4 配件装配

木制品配件的装配，目前在生产中大多采用手工操作。下面介绍几种常用的配件的装配方法和技术要求。

（1）铰链的装配

由于各种木制品要求不同，可采用不同形式的铰链连接。目前常用铰链形式有薄型铰链（明铰链、合页）、杯状铰链（暗铰链）和门头铰链等三种。其中门头铰链应装在门板的上下两端。根据门板的长度，明铰链或暗铰链可装2~3只。铰链的型号规格按设计图纸规定选用。

木制品柜门的安装形式主要有嵌门结构和盖门结构两种，因此，铰链的安装形式也有很多种。安装明铰链的方法有单面开槽法和双面开槽法两种。双面开槽法严密、质量好，用于中高档产品。安装暗铰链的方法常用单面钻孔法。安装门头铰链一般用双面开槽法。

（2）锁和拉手的装配

门锁有左右之分，加以抽屉锁代用，则不分左右。钻锁孔大小要准确，无缝隙，孔壁边缘光洁无毛刺。装锁时，锁芯凸出门面1.2mm，锁舌缩进门边0.5mm左右，不得超过门边，以免影响开关。大衣柜门锁的中心位置在门板中线下移30mm，拉手的下边缘距锁的上边缘距离30~35mm为宜；双门衣柜只装一把锁时，可装在右门上。小衣柜的门锁和拉手安装与大衣柜相同。抽屉锁不分左右,安装方法及技术要求与门锁相同。

(3) 插销的装配

暗插销:一般装在双门柜的左门的左侧面上(不装门锁的门),将暗插销嵌入,表面要求与门侧边平齐或略低,以免影响门的开关,最后用木螺钉固定。

明插销:一般装在双门柜的左门的背面,上下各一个,离门侧边10mm左右,插销下端应离门上下口2~3mm,以免影响门的开关。

(4) 门碰头的装配

碰头适合于小门上使用,一般装在门板的上端或下端,也有装在门中间。在底板或顶(台面)板内侧表面上装碰头的一部分,在门板背面上装碰头的另一部分。对常用的碰珠或碰头,门板上安装孔板,安装时,钻孔大小、深浅都要合适,并用木块或专用工具垫衬敲入。孔板中心要挖一深坑,以便碰珠不至于顶住孔底。装配后要求达到关门时能听到清脆的碰珠响声和门板闭合后不自动开启的效果。

6.1.3 装配加工举例

本节以实木家具机械装配为例。

实木家具的种类较多,有衣柜、书柜、陈列柜、床头柜等,但其结构和装配方式基本相同。现以床头柜为例介绍其装配过程,床头柜结构装配图如图6-9所示。

①详细看懂图纸,掌握技术要求:

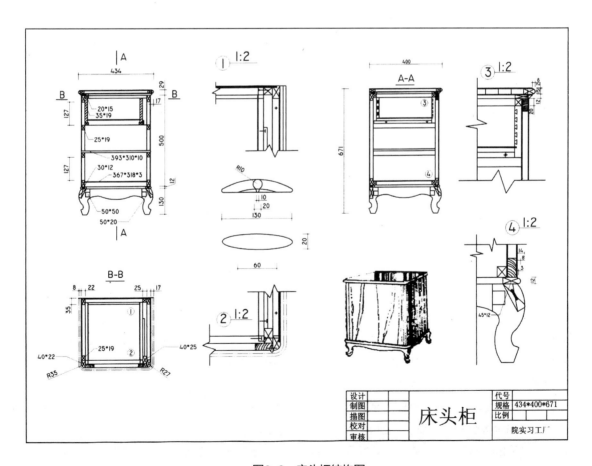

图6-9 床头柜结构图

床头柜的装配关系：

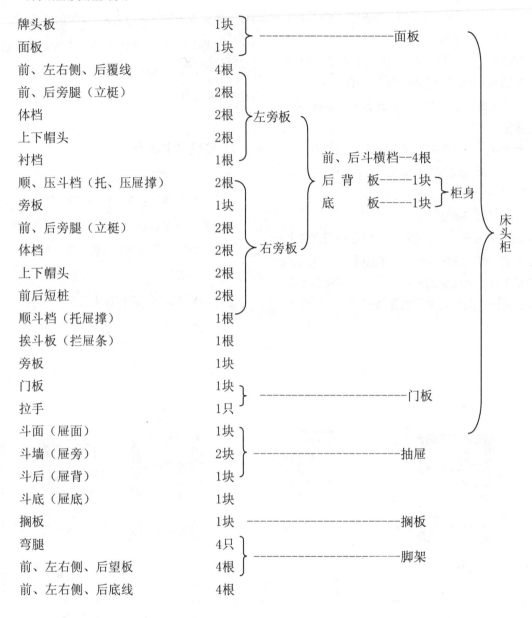

②床头柜的装配过程和注意事项：

面板底下四根覆线的钉法：前面覆线是夹角接合，后覆线应在两侧覆线之间，不需做夹角，注意在钉覆线之前，应看清楚定型细木工框架的前后面，先钉前覆线，再钉横覆线、后覆线，然后上铣床加工线型，再手工整理光滑。面板前两个角要求与旁板腿的圆角弧度一致（图6-10）。将上下帽头和体档敲入前后旁腿成旁板框架（腿有前后、左右、上下之别，不能敲错，且在敲拢过程中，切不可直接用榔头敲打零件，因为零件在装配时已经加工成净料。如果直接敲打会在零件表面留下痕迹，所以在敲拢零件时最好垫一块木块）。再将框架的裁口、帽头和体档修整平直，试嵌旁板，务使密缝。大批生产可上压机胶压（图6-11）。

右旁板：先将前后两根短桩涂上胶水，用螺

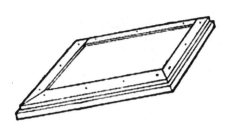

图6-10 钉面板覆线

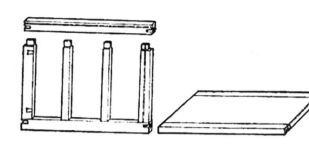

图6-11 固定面板和脚架

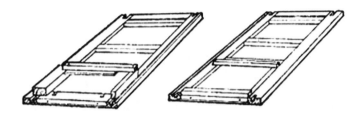

图6-12 胶钉旁板

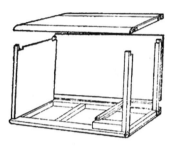

图6-13 敲拢柜身

钉固定在前后旁腿里侧的上方，再将挨着斗板（拦屉条）的顺档（托屉撑）用螺钉固定在两个短桩的下方。注意顺档的位置，一定要符合技术要求，才能使抽屉自由推拉。屉面和前短桩平齐，不影响柜门的开关。左旁板：先将衬档胶粘在前旁腿里侧上方，然后用螺钉将压屉档和顺斗档旋上。注意顺斗档旋在衬档的下方，位置和要求同右旁（图6-12）。

先将前后四根斗横档敲入一扇旁板，然后将后背板嵌入旁后腿，底板嵌入下方帽头，再把另一扇旁板敲入，制成床头柜柜身。由于斗横档与旁板的接合是半开口榫，在榫胶接合后，还需钉上圆钉加固（图6-13）。

应注意弯脚和前横望板的表面是凸圆形的，因此弯脚前侧向的榫眼是倾斜的。由于后望板与柜身后背平直，所在弯脚的榫眼是垂直的。敲拢脚架时分清前后脚，以免敲错。

先将两根弯型侧望板敲入配对的弯脚上，使它形成左右两个单片。然后再将一根弯型前望板和一根平直的后望板敲入配对的弯脚上，使它成左右两个单片。然后再将一根弯型前望板和一根平直的后望板敲入左右单片，即成脚架。脚架敲拢后应再次机加工；先将脚架顶部上平刨床刨平，再上铣床将表面的弯脚和望板铣圆（背后面不铣），并用弯刨和光刨手工修整，务使线型圆润。最后上磨光机砂光（图6-14）。

底线的圆弧线型和夹角应预先利用机器加工好，现分别按脚架前后左右的位置钉上前、侧、后底线。底线的钉法与覆线相同。然后再用手工锉好前面两个圆角，底线的圆角要与旁腿的圆角

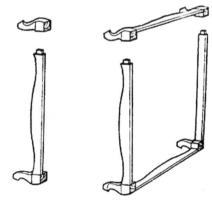

图6-14 敲拢脚架

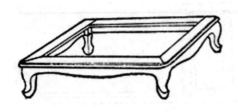

图6-15 钉底线

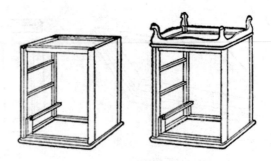

图6-16 固定面板和脚架

相适应（图6-15）。

先将整理好的面板覆线朝上，柜身倒放在面板覆线上，用木螺钉固定；再将脚架倒覆在柜身底部，也用木螺钉固定。但在固定面板和脚架时要注意正、侧三面（包括圆角）的线型都伸出柜身2mm，如不均匀需及时修正（图6-16）。

门里的抽屉面板一般都用实板，采用燕尾榫接合为佳。抽屉宽度的技术要求：屉面部位要根据规格大小，不能缩小，屉后部位要缩小2mm（图6-17、图6-18）。

先整理、试装抽屉底板，钉上圆钉。再装好搁板，然后将刨光、砂好的门板校正试装。柜门的上下边和右侧边应刨方正，左侧边略为朝里倾斜，便于开闭。抽屉与门都属于活动部件，需要一定的空隙。

一般家具产品都可以采用机械装配。特别是定型产品和大批量生产家具时应尽量采用机械装配。机械装配使用的主要设备是装配机，装配机主要由加压装置、定位装置组成。

加压机构的作用是对零部件施加一定的压力，在零部件之间取得正确的相对位置之后，使其结合紧密。加压机构如图6-19至图6-21所示。

定位机构的作用是正确确定零、部件之间的相对位置。定位机构比较简单，一般采用挡板或导轨。定位机构又有外定位和内定位之分，如装配件最终尺寸精度要求在内部时，则采用内定位，反之，则采用外定位。机械装配的主要过程与手工装配一致。

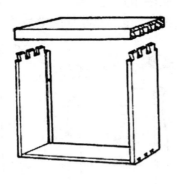

图6-17 敲拢抽屉

图6-18 修整、试装

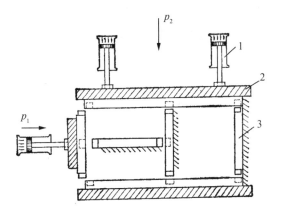
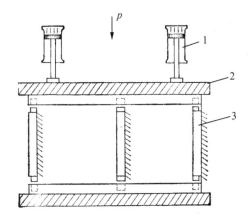

图6-19　简单木框装配机
1.汽缸　2.加压挡板　3.木框零件

图6-20　复杂木框装配机
1.汽缸　2.加压挡板　3.木框零件

图6-21　机械装配

总结评价

按照要求完成实训考核标准总表。（参见附录）

思考与练习

一、名词解释

1. 手工装配

2. 半手工装配

3. 机械装配

4. 装配

5. 总装配

6. 部件装配

二、填空题

1. 装配在准备过程中为了高效率、高质量的完成家具装配的任务，在进行装配前，应做好以下的准备工作：＿＿＿＿＿＿，＿＿＿＿＿＿，理解所要装配家具的结构和有关技术要求。

2. 同一件家具上的零部件，材性、____、纹理应相近。
3. 不论是手工装配还是机械装配，都应尽量做好将零件有缺陷（如节子、虫眼、裂缝、色斑等）的面朝向_____。
4. 装配其他配件、五金件时，要_____、_____，确保_____。
5. 总装配的顺序大体上有两种类型，一种是_____，另一种是_____。
6. 总装配过程可以有_____和_____两种方式。
7. 目前常用铰形式有_____、_____和_____等三种。
8. 装锁时，锁芯凸出门面____mm，锁舌缩进门边____mm左右，不得超过门边，以免影响开关。

三、简答题
1. 什么是实木家具装配？
2. 装配前有哪些准备工作要做？
3. 一般常见的装配机械由哪几部分组成？各起什么作用？
4. 什么是总装配？总装配有哪几种类型？其工序包括哪几个阶段？

四、分析图6-22实木家具的装配过程，写出分析报告。

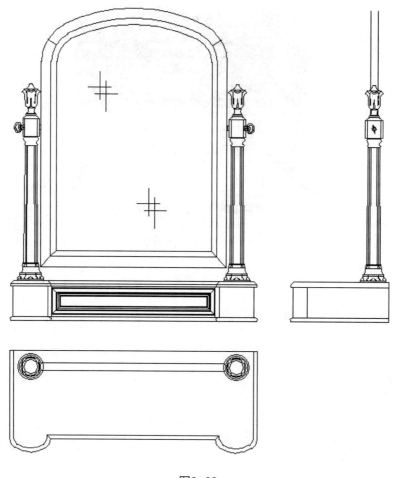

图6-22

拓展提高

桌类家具手工装配

家具的全部装配过程采用手工工具，以手工操作为主来完成的装配称为传统（手工）装配。这种装配方式是目前家具行业中小型企业常用的一种装配方式。手工装配包括：零件部装配→修整加工→总装配三大步骤。

装配前所必须做的一项重要工作是先要看懂图纸，搞清楚制品的结构。首先，根据桌面板每边的长度，取四根封边条，两端锯成45°斜角，并保证长度精度，然后分别涂胶，用无头或扁头圆钉钉在桌面板周边，要求胶接面和斜角接合处都要密缝。将桌面板下面四根边框板条的两端也锯成45°斜角，并保证长度精度，然后胶钉在桌面板下面的四边。在铣床上铣削出符合图纸（图6-23）要求的型面。用木锉与砂纸将整个型边砂、磨光洁。

（1）脚架装配

首先分别将两脚与一望板装成两个单片（图6-24）。将两片单片再敲入两块望板，组成完整的脚架，然后再装上塞角（图6-25）。

（2）总装配

将桌面板底面朝上放在工作台面上，用木螺钉连接脚架，组成完整的桌（图6-26）。

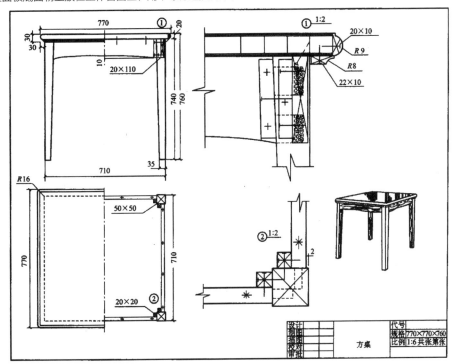

图6-23 图 纸

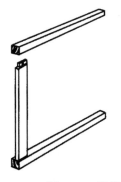

图6-24 装单片

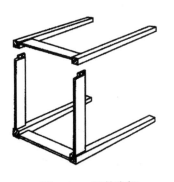

图6-25 组装脚架

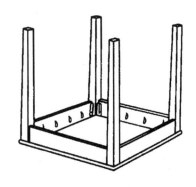

图6-26 方桌总装配

模块 2
板式家具生产技术

项目7　板式家具的配料
项目8　板式部件加工
项目9　板式家具的钻孔
项目10　板式家具的预装

项目 7
板式家具的配料

项目导入

　　板式家具是以人造板为主要材料，采用连接件和圆榫结合及现代板式五金配件组成功能各异的家具。板式家具的生产分为定制家具生产和传统家具的生产，家具定制是指可以根据个人喜好、空间细节，定做个性化的家具配置，每件定制产品都可以独一无二。传统板式家具的生产比较复杂，板式家具因材料和表面装饰效果不同也有不尽相同的生产工艺流程，主要代表类型有：木皮板式家具、贴纸板式家具、实色板式家具、三聚氰胺板式家具。传统板式家具包括配料、装饰、部件加工和装配生产工序。配料是家具生产的第一道工序，对家具的质量和成本控制非常重要。
　　本项目主要介绍板式家具配料设备、方式和加工方法。

学习目标

　【知识目标】

　1. 了解板式裁板配料工段的板式家具材料；
　2. 熟悉常见的裁板方法、裁板设备；
　3. 正确选择配料方式、优化排板图。

　【技能目标】

　1. 会选用板式家具的材料和设备；
　2. 会操作裁板设备；
　3. 会正确选择配料方式、加工方法。

任务7.1　板式家具的配料加工

任务目标

　　配料是板式家具生产的重要工序，是提高原材料利用率和产品质量的首要工序。要熟悉各个配料设备的结构、原理和操作，以便按要求合理操作。同时要掌握配料工艺过程和工艺要求；合理配料和提高产品质量，控制好成本。

任务描述

　　在进行配料时，应充分考虑以下问题：根据产品质量要求合理选材；合理确定加工余量；正确选择裁板配料的方式、排板图；配料工作的水平直接影响到产品的质量、合理用材、材料利用率和劳动生产率。

7.1.1 常见的配料加工设备

人造板的开料、裁板或配料通常是在各种开料圆锯（又称裁板机）上进行的。开料锯的形式有立式、卧式和推台式三种；锯片的数量有单锯片和多锯片两种；进料方式有手工和机械两种等。为了适应锯截已经贴面处理后的实心人造板材，大多数锯机在主锯片的底部都装有刻痕锯片，可以在锯截前预先在板材的下表面锯出一道深2~3mm的刻槽，然后再由主锯片进行最后锯切，以保证锯口光滑平整和防止主锯片锯割时产生下表面撕裂、崩茬。

（1）推台式开料锯

推台式开料锯（图7-1），又称精密开料锯、板料圆锯机、导向圆锯机（导向锯）等。该机床上装有刻痕锯片和主锯片。目前，国产的有MJ613、MJ614、MJ1125、MJ6125等；进口的有F45和F90（德国）、S1和SW3（意大利）等；合资的有F92和F90T（秦皇岛"欧登多"）等。种类开料锯按其主要功能可分有三种类型：一种是只能锯直边，如F90、F92型；另一种是通过锯片在成长平面内可进行0°~45°的倾斜调整来锯出斜边，如F45、F90T型；第三种是借助于刻痕锯片的自动升降将锯截的板材放在推台上压紧，然后沿导轨慢慢推送进料，锯出一定规格的板材。

（2）电子开料锯

往复式开料锯（图7-2）又称为裁板锯、电子开料锯等。目前，国产的有BJC2125（牡丹江）等；进口的有OPTIMAT CH、OPTIMAT HPP81和HPL11（德国）、Z30和Z4（意大利）以及SIGMA65好SIGMA90等。它是由主锯片和刻痕锯片、微处理机控制箱和气动压紧器等组成。主锯片和刻痕锯片都安装在活动锯架上，在不进行加工时，锯片位于工作台下面，当板材送进并定位和压紧后，锯片即升起移动，对板材进行锯切，锯切完成结束后，锯片又降到工作台下面并退回到起始位置。

（3）立式开料锯

圆锯片直接由电机带动，整个锯架由另一电机带动链轮传动，沿导轨移动。机架下部带有刻度尺，由定位挡板控制规格尺寸。这种设备具有较高的精度和较高的生产能力，而且占地面积小。有的立式开料锯带有刻痕锯片，有的没有。立式开料锯（图7-3）通常是纵横双向都可以锯裁的，但这种设备的价格要比导向锯贵。

（4）数控多锯片纵横联合开料锯

数控多锯片纵横联合开料锯又称为数控裁板锯。它是由一个横锯几个纵锯或一个纵锯几个横锯组成，并装有微电脑数控系统可自动下料，操作者把希望得到的板件规格尺寸和数量以及原板材幅面尺寸输入电脑，经过计算处理，屏幕上显示出几种不同方案的参数，操作者可选择自己满意的方案，编好程序后输入电脑，电脑便可发出指令控制机床自动完成锯截任务。在该种锯机上，将板材一次送进后，纵横锯片同时锯切加工成规定的毛料尺寸，生产效率非常高，锯切表面质量好，因而适用于大批量生产。

图7-1　推台式开料锯

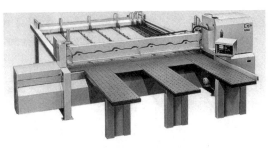

图7-2　电子开料锯

图7-3　立式开料锯

人造板配料时所用的圆锯片有普通和硬质合金两种。普通碳素工具钢圆锯片容易磨损变钝，要经常更换锯片，并且结构表面不光洁。硬质合金圆锯片由于镶齿边缘加宽，锯片刚度增加，振动较小，切削结构表面光洁，锯齿耐磨，换锯次数大大减少，从而提高了劳动效率。采用硬质合金锯片，可比普通锯片延长使用寿命10倍以上。所以，人造板材的配料一般采用硬质合金锯片。通常的硬质合金锯片的直径为300~400mm，切削速度为50~80m/s，锯片每齿进料量取决于被加工的材料，锯刨花板时为0.05~0.12mm，锯纤维板时为0.08~0.12mm，锯胶合板时为0.04~0.08mm。

7.1.2　板材的选择

板式家具使用的主要原材料是人造板，人造板的种类很多，常用的有胶合板、刨花板、中密度纤维板、细木工板和双包镶板等。

人造板有许多优点，主要表现为：有良好的尺寸稳定性；表面质量好，易装饰处理；有较好物理力学强度；有良好的握钉力及胶合性能；有良好的封边性能、加工性能；幅面大，可按需要加工生产；质地均匀，变形小等。

但是随着许多板式家具的需要，对人造板的要求也越来越高，同时为了保证装饰的质量和效果，基材都应进行严格的挑选和检测。在选用人造板时，除了要求了解和掌握各种人造板的材性和特点之外，还必须根据板件的用途和尺寸来合理选择人造板的种类、材质、厚度和幅面规格等。一般来说，表面需要进行饰面处理的人造基材都要具有一定的强度及耐水性；含水率要均匀，以在8%~10%；厚度均匀一致，偏差要小；表面平滑、质地均匀；结构对称，平整不翘曲；特殊要求的还须防火阻燃等。

7.1.3　配料的方法与工艺

按照零件尺寸规格和质量要求，将各种人造板材锯截加工成各种规格、形状的毛料或净料的过程称为配料。

7.1.3.1　裁板工艺

（1）裁板方式

裁板是板式零部件加工的重要工序，现在的这道生产工序是采用一锯定"终身"。

现代板式家具生产中的裁板方式是直接在人造板上裁出精（净）料。裁板锯的精度和工艺条件等直接影响到家具的零部件的精度。无论何种裁板方式，为了提高原材料的出材料，在裁板之前都必须设计裁板图。

（2）裁板方法

裁板图是根据零部件的技术要求，在标准幅面的人造板上设计出的最佳锯口位置和锯解顺序图。

裁板方法包括单一裁板法和综合裁板法（图7-4）。

①单一裁板法：是在标准幅面的人造板上仅锯出一种规格尺寸净料的裁板方法。在大批量生产或生产的零部件规格比较单一时，一般采用单一裁板法。

②综合裁板法：是在标准幅面的人造板上锯出两种以上规格尺寸净料的裁板方法。现代板式家具生产中，多采用综合裁板法下料，这样可以充分利用原料，提高人造板的利用率。

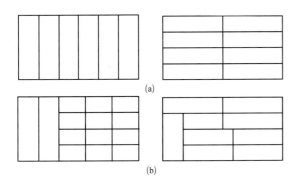

图7-4 单一裁板法和综合裁板法

（3）裁板的工艺要求

①加工精度：裁板精度要在±0.2mm以内，一些高精度的裁板设备可以保证加工精度控制在±0.1mm以内。

②主锯片与刻痕锯片的要求：刻痕锯预先在板件的背面锯成一定深度的锯槽，刻痕锯锯切深度为2~3mm；在一些裁板的设备中，刻痕锯还带有"跳槽"功能；主锯片的锯路宽度要等于刻痕锯片的锯路宽度。

7.1.4 板式家具配料加工举例

文件柜立面图如图7-5所示。文件柜的总体尺寸为长800mm、高2000mm、宽350mm，柜体的结构由顶板、侧板、底板、踢脚板、固定台板、中立板、门板、背板组成。

根据图纸的设计要求，该文件柜的材料使用飞林刨花板双面柚木三聚氰胺板，四周封1mm厚的封边条，所以文件柜的下料单见表7-1和裁板图如图7-6、图7-7所示。

表 7-1 下料单

序号	部件名称	开料尺寸(mm)			精裁板尺寸(mm)			数量	材质、备注
		长	宽	厚	长	宽	厚		
1	顶板	764	350	18	762	348	18	1	刨花双面柚木三聚氰胺板，四周封1.0mm厚的封边条
2	侧板	2000	350	18	1998	348	18	2	刨花双面柚木三聚氰胺板，四周封1.0mm厚的封边条
3	底板	764	350	18	762	348	18	1	刨花双面柚木三聚氰胺板，四周封1.0mm厚的封边条
4	踢脚板	764	80	18	762	79	18	2	刨花双面柚木三聚氰胺板，两短一长边封1.0mm厚的封边条
5	连条	310	80	18	310	79	18	1	刨花双面柚木三聚氰胺板，两短一长边封1.0mm厚的封边条
6	固定台板	764	325	18	762	323	18	3	刨花双面柚木三聚氰胺板，四周封1.0mm厚的封边条
7	固定台板	373	307	18	371	305	18	2	刨花双面柚木三聚氰胺板，四周封1.0mm厚的封边条
8	中立板	684	307	18	682	305	18	1	刨花双面柚木三聚氰胺板，四周封1.0mm厚的封边条
9	门板	681	379	18	679	377	18	2	刨花双面柚木三聚氰胺板，四周封1.0mm厚的封边条
10	背板	1884	764	5	1894	774	5	1	刨花双面柚木三聚氰胺板

制表：　　　　　审核：　　　　　日期：

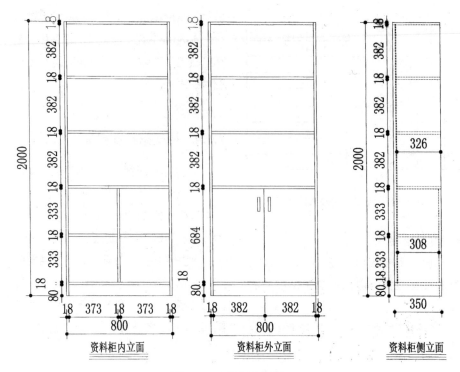

图7-5 文件柜立面图

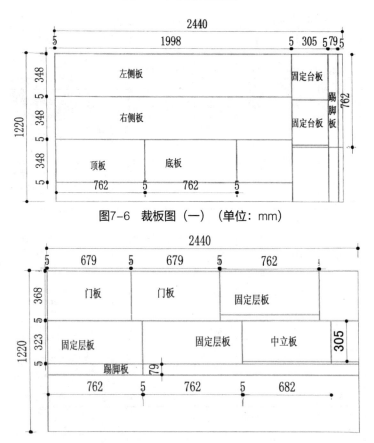

图7-6 裁板图（一）（单位：mm）

图7-7 裁板图（二）（单位：mm）

总结评价

按照要求完成实训考核标准总表。（参见附录）

思考与练习

一、名词解释
1. 配料
2. 单一裁板法
3. 综合裁板法
4. 裁板图

二、简答题
1. 板式家具对人造板有什么要求？
2. 板式家具裁板的工艺要求是什么？
3. 板式家具裁板配料常用的设备有哪些？试分析各自的特点及适用范围。

拓展提高

衣柜家具配料

学生首先要会看图，其次要熟悉衣柜的结构。根据衣柜的零部件来开下料单。衣柜如图7-8所示。

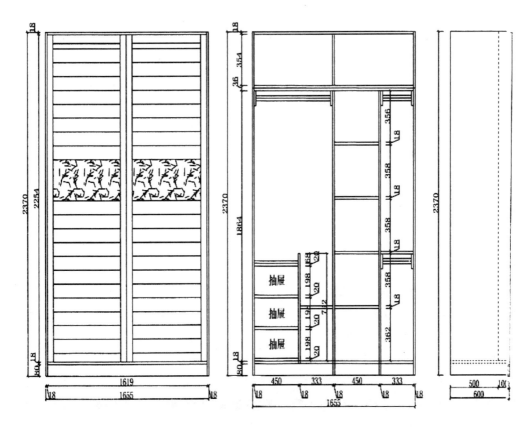

图7-8　衣柜立面图

项目 8
板式部件加工

项目导入

板式部件加工是一种正在发展的新工艺。由于板式部件是一种复合材料,那么所涉及的加工工艺也不尽是以切削加工为主的工艺过程,而是几种加工工艺互相结合,互相渗透而成的一种新的工艺过程。它包含部件的贴面、弯曲、边部处理等工艺。

人造板板式部件的加工目的是:遮盖人造板表面的部分缺陷,美化外观,提高使用价值;保护人造板表面,使它具有耐磨、耐热、耐水、耐气候、耐化学药品污染等性能,且清洁容易;提高了人造板的强度,刚度和尺寸稳定性;提高人造板使用的耐久性,节约木材,缓和木材供需矛盾的压力,节省珍贵树种的木材。本项目主要介绍板式部件加工的贴面和边部工艺和方法。

学习目标

【知识目标】

1. 了解薄木、印刷装饰纸的特点和用途;
2. 熟悉常用薄木贴面、印刷装饰纸贴面的加工方法;
3. 正确选择薄木贴面、印刷装饰纸贴面设备。

【技能目标】

1. 会选用板式家具贴面的材料和设备;
2. 会操作贴面设备;
3. 会正确选择贴面加工方法。

任务8.1 薄木贴面和印刷装饰纸贴面加工

任务目标

部件装饰是板式家具生产的重要工序,是提高原材料利用率和产品质量的首要工序。要熟悉各个贴面设备的结构、原理和操作,以便按要求合理操作。同时要掌握薄木贴面工艺过程和工艺要求;提高产品的质量和降低成本。

任务描述

在进行薄木贴面、印刷装饰纸贴面时,应充分考虑以下问题:根据产品质量要求合理选取树种;合理确定加工工艺;正确选择贴面设备;提高人造板使用的耐久性,节约木材,节省珍贵树种木材。

8.1.1 常见的薄木贴面和印刷装饰纸贴面加工设备

为了美化制品外观，改善使用性能，保护表面，提高强度，中高档家具所使用的板式部件都要进行表面饰面或贴面处理。通常各种空心板式部件在增加部件强度的覆面材料上都要再贴上装饰用的饰面材料，既可以采用已经贴面的覆面材料进行覆面，也可以先使用普通覆面材料进行覆面，然后再进行贴面装饰处理。实心板部件有两种情况，一是可以在刨花板、纤维板等基材表面上直接贴上饰面材料，另一种是在定向刨花板、挤压式刨花板或细木工板等基材的表面上将一层增强结构强度的单板或胶合板和饰面材料一起胶压贴面。

目前，板式部件贴面处理用的饰面材料按材质的不同可分为：木质的有天然薄木、人造薄木、单板等；纸质的有印刷装饰纸、合成树脂浸渍纸、装饰板；塑料的有聚氯乙烯（PVC）薄膜、Alkorcell奥克赛薄膜；其他的还有各种纺织物、合成革、金属箔等。饰面材料的种类不同，它们胶压工艺也不一样。

8.1.1.1 薄木贴面加工设备

（1）薄木剪截设备

薄木剪截加工的主要设备有重型铡刀和圆锯机，如图8-1所示。

（2）拼缝机

拼缝机主要有4种类型。

①无纸带纵向拼缝机：其工作原理是将预先涂好胶的、厚度为0.4~2 mm的薄木横向对接送入无纸带纵向拼缝机中，在摩擦盘转动的牵引下，将薄木带入加热区加热，使薄木边上的胶黏剂固化，将薄木拼接在一起，由于设置的加热区长，因此常用脲醛树脂胶作为胶黏剂，以获得较高的拼缝强度，这样拼缝的薄木适合于真空模压。

②有纸带拼缝机：胶纸带可以贴在薄木的表面，在表面砂光处理时除去；也可以采用穿孔胶纸带贴在薄木的背面，此时，纸带处于薄木和基材之间。在薄木较薄时，纸带很容易在表面反映出来，同时胶纸带的耐水性较差，易造成薄木与基材间的剥离或脱层。

③"之"字形胶线拼缝机：其工作原理是将厚度为0.4~2 mm的薄木纵向对接送入"之"字形胶线拼缝机，"之"字形胶线拼缝机工作台的双向摩擦辊将要胶拼的薄木紧密地对接在一起，采用专用胶线通过"之"字形胶线输送器的摆动，胶压在薄木上。

④手提式薄木拼胶机：主要用于小批量的薄木胶拼及修补。

（3）涂胶设备

基材的涂胶是在涂胶机上完成的，涂胶机有双辊和四辊涂胶机，四辊涂胶机可以更好地保证胶黏剂均匀地涂布在基材表面上，如图8-2所示为四辊涂胶机。

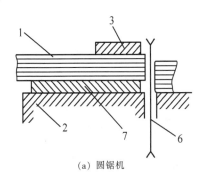
（a）圆锯机

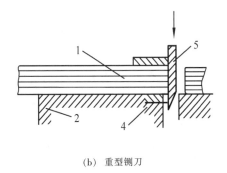
（b）重型铡刀

图8-1 薄木剪裁加工方法
1.薄木 2.工作台 3.压紧装置 4.底刀 5.铡刀 6.圆锯片 7.滑动垫板

图8-2 四辊涂胶机

（4）胶压设备

薄木的胶压设备有冷压机和热压机两种。冷压机的加压方式较多，有丝杆螺母加压、气压加压和液压加压等多种形式。热压机的加热方式也较多，有蒸汽加热、热油加热和电加热等，热压机的压板层数由单层、多层和连续式等。

8.1.1.2 印刷装饰纸贴面加工设备

印刷装饰纸贴面加工设备主要是普通冷压机或热压机。

8.1.2 薄木贴面和印刷装饰纸贴面加工的方法与工艺

8.1.2.1 薄木贴面加工的方法与工艺

薄木贴面是将具有珍贵树种特色的薄木贴在基材或板式部件的表面，这种工艺历史悠久，能使零部件表面保留木材的优良特性并具有天然木纹和色调的真实感，至今仍是受欢迎的一种表面装饰方法。

装饰薄木的种类较多，按制造方法分，主要有刨切薄木、旋切薄木（单板）、半圆旋切薄木；按薄木形态分，主要有天然薄木、人造薄木（科技木）、集成薄木；按薄木厚度分，主要有厚薄木、薄木、微薄木；按薄木花纹分，主要有径切纹薄木、弦切纹薄木、波状纹薄木、鸟眼纹薄木、树瘤纹薄木、虎皮纹薄木等。其贴面工艺如下。

（1）薄木准备

①薄木保存：薄木装饰性强、厚度小、易破损，因此必须妥善保存。薄木应贮存在相对湿度为65%左右的条件下，其本身含水率不低于12%，以保持一定的弹性，同时，室内应避免阳光直射引起薄木变色。

为了避免薄木翘曲或破裂，在薄木两侧可刷动物胶胶液，以增加韧性，或者用下述溶液处理，浸泡数分钟后取出干燥，使薄木富有弹性，贴面时不易脆裂。

溶液配比（质量比）：

沸水	63份
动物胶	16份
乙醇	16份
甘油	5份

②薄木加工：在薄木贴面前，要根据部件尺寸和纹理要求将薄木进行划线、剪切或锯切，除去端裂和变色等缺陷部分，截成要求的规格尺寸。

由于薄木厚度较小，单张加工容易破损，因此薄木都是成摞加工。薄木剪截时，首先应横纹剪截，而后顺纹剪截。

用圆锯机锯割时，将薄木摞夹紧在滑动垫板上先通过横截圆锯锯截成一定的长度，加工余量

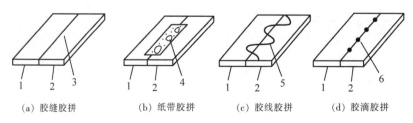

(a) 胶缝胶拼　　(b) 纸带胶拼　　(c) 胶线胶拼　　(d) 胶滴胶拼

图8-3 薄木拼缝形式

1、2.薄木　3.连续胶缝　4.纸带　5."之"状胶线　6.点状胶滴

为10~15mm，然后再在纵解圆锯上加工成要求的宽度，加工余量为5~6 mm。薄木锯切后，还要在平刨或铣床上刨光侧边或手工刨平。如用重型铡刀加工，薄木侧边平齐，不需要再刨光。齐边后的薄木边缘要保持平直，不许有裂缝、毛刺等缺陷。

③薄木拼宽（拼缝）：由于薄木幅面比较狭窄，使用时需要拼缝。薄木的拼缝可以在胶贴前进行，也可以在胶贴的同时进行。复杂图案要手工操作，批量生产的简易拼合可在拼缝机拼缝。常用的薄木胶拼形式有四种：无纸带拼缝（胶缝胶拼）、有纸带拼缝、"之"字形胶线拼缝和点状胶滴拼缝。如图8-3所示，现代生产中各种类型的薄木拼缝主要是在拼缝机上完成。

为了使制品外观图案对称协调，同一制品的部件表面要用同一树种、同样纹理的薄木。

④薄木的接长：为了有效利用薄木，减少不必要的浪费，采用薄木端接机，其工作原理是将厚度为0.4~2mm薄木横向送入薄木端接机中，采用齿形冲齿刀具或直角冲刀对薄木的端部进行加工，涂胶后将薄木的端部结合在一起。

（2）薄木的胶贴工艺

薄木胶贴工艺是板式部件生产的基本环节之一，对制品质量起着重要影响。薄木的胶贴工艺主要包括涂胶、配坯、胶压等工序。

①基材（芯板）的涂胶：各种需要胶贴薄木的板式部件，先要在准备饰面的基材（芯板）上涂胶。常用的胶黏剂有：脲醛树脂胶、聚醋酸乙烯酯乳液胶或者两种胶黏剂的混合胶、改性的聚醋酸乙烯酯乳液胶和醋酸乙烯-N-羟甲基丙烯酰胺乳液胶。手工胶贴时，常用热熔胶（醋酸乙烯树脂胶）或动物胶（皮胶、骨胶）。

贴面时，一般是对基材进行单面涂胶，涂胶量要根据基材质量或薄木厚度来确定，贴面厚度小于0.4mm时，基材的涂胶量为100~120g/m²；贴面厚度大于0.4mm时，基材的涂胶量为120~150g/m²。刨花板和中密度纤维板为基材时，涂胶量为150~200g/m²。涂胶量不宜太大，胶层应均匀。

②配坯：配坯一般是在配坯台（工作台）上完成，基材的两面都应进行配坯、贴面，以保持零部件不发生翘曲。为了保证薄木胶贴后的板式部件的形状稳定，胶贴时应遵守对称原则，即基材表面、背面应各贴一张薄木，其树种、厚度、含水率和纤维方向均应一致。但为了节省珍贵树种木材和优质薄木，降低成本，背面不外露的零部件可以采用材性类似的树种或其他材料来代替，使其两面应力平衡，防止翘曲变形。

基材表面平整的，薄木厚度可小些；表面平整度差的，薄木厚度以不小于0.6 mm为宜，若用薄型薄木或微薄木贴面需要用一层厚度为0.6~1.5 mm的单板做中板，以保证板面平整和增加板件强度。

③胶压：薄木贴面可以采用冷压法或热压法。冷压时的压力应根据胶压材料的厚度、胶种等确定，一般冷压的贴面压力为0.3~0.6MPa。当车间内的室温为17~20℃，加压时间为4~8h。热压时，常用单层、多层或连续式压机完成贴面。其压力应根据胶压材料的厚度、胶种和热压条件等确定。一般热压时的压力为0.6~1.2MPa。当热压温度为110~120℃时，热压时间为1~2min；当热压温度为120~130℃时，热压时间为40~60s。贴面完的基材在加工前需陈放24h以上，以消除内应力。

8.1.2.2 印刷装饰纸贴面加工的方法与工艺

印刷装饰纸贴面是在基材表面贴上一层印刷有木纹或图案的装饰纸，然后用树脂涂料涂饰，或用透明塑料薄膜再贴面。这种装饰方法的特点是工艺简单，能实现自动化和连续化生产；表面不产生裂纹，有柔软性、温暖感和木质感，具有一定的耐磨、耐热、耐化学药剂性。适合于制造中低档家具及室内墙面与天花板等的装饰板。

（1）印刷装饰纸准备

装饰贴面用的纸应该表面光滑、印刷性能好、能与基材表面很好胶合。

装饰纸按原纸定量分，常用的有三种：一种是定量为23~30g/m²的薄页纸，主要适合于中密度纤维板及胶合板基材；另一种是60~80g/m²的钛白纸（若面涂涂料为不饱和聚酯树脂则要求采用80g/m²的钛白纸），主要适用于刨花板及其他人造板；第三种是150~200g/m²的钛白纸，主要适用于板件的封边。薄页纸贴合牢度大、覆盖力差、易起皱和断裂、损耗大；钛白纸要经过轧光，损耗少、易分层。

装饰纸按纸面有无涂层可分为两种：一种是表面未油漆装饰纸；另一种是预油漆装饰纸。仅表面涂油漆而内部未浸树脂时，原纸为薄页纸；内部也浸有少量树脂时，原纸为钛白纸。

装饰纸按背面有无胶层可分为两种：一种是背面不带胶的装饰纸，用于湿法贴面；另一种是背面带有热熔胶胶层的装饰纸，用于干法贴面。

（2）胶压饰面工艺

①胶黏剂及涂胶：用背面已带有热熔胶胶层的装饰纸贴面时，基材不用再涂胶，可直接配坯热压，此种贴面方法为干法贴面。用背面不带胶的装饰纸贴面时，基材需涂热固性胶黏剂（或与热塑性树脂混合），通过热压贴面，此种为常用的湿法贴面。

装饰纸湿法贴面时，在基材表面涂胶，既能起胶合作用，又能起到泥子的填平作用，常用的热固性树脂和热塑性树脂混合的胶黏剂，如脲醛树脂胶与聚醋酸乙烯酯乳液胶（UF+PVAc）、聚醋酸乙烯酯乳液胶与三聚氰胺改性脲醛树脂胶以及这两种树脂的混合胶（MUF+PVAc）等，大致比例为PVAc:UF=（7~8）:（3~2）。有时为了防止基材的颜色透过装饰纸，可在胶黏剂中加入3%~10%的钛白粉（二氧化钛），以提高胶的遮盖性。胶黏剂常采用单面辊涂，其涂胶量为80~120g/m²。

②组坯：基材的组（配）坯一般是在组坯台上或连续生产线上完成的，基材的两面都应用装饰纸组坯，以保证对称均衡和防止翘曲变形。

③胶压：印刷装饰纸可用来装饰各种人造板基材。根据使用胶黏剂的种类的不同，有湿贴和干贴两种方法。

干贴是将正面涂有涂料、背面涂有热熔性胶黏剂的装饰纸贴在经预热的基材上胶压贴合；湿贴是将装饰纸贴在涂有热固性树脂（或与热塑性树脂混合）胶黏剂的基材上经胶压贴合。

装饰纸的贴面胶压可采用冷压法、热压法及连续辊压法。

冷压法、热压法都是将装饰纸裁成一定的幅面要求，然后采用平压方法在普通冷压机或热压机上逐张胶贴上去，使用胶种大多为乳白胶与脲醛胶的混合胶，胶压温度110℃，加压压力0.6~0.8MPa，加压时间40~60s。

连续辊压法适合于贴柔性成卷的印刷装饰纸，其使用最为广泛，湿贴和干贴两种方法都可以采用辊压贴面工艺，如图8-4所示。

此外，也可将基材裁成部件尺寸，并铣好异型边，然后再贴装饰纸或连续包覆板边。

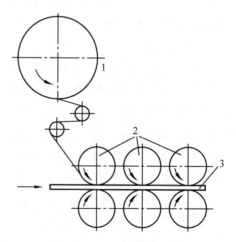

图8-4 印刷装饰纸的辊压
1.印刷装饰纸 2.加压辊 3.基材

总结评价

按照要求完成实训考核标准总表。（参见附录）

思考与练习

一、填空题

1. 薄木是用_____或_____制成的花纹美丽、色泽悦目，是家具制造中常用的一种天然木质的高级贴面材料。
2. 薄木的胶贴工艺主要包括_____、_____、_____等工序。
3. 装饰纸的贴面胶压可采用_____、_____及连续辊压法。

二、简答题

1. 薄木贴面材料有哪些？各有什么特点？
2. 薄木贴面加工设备有哪些？
3. 薄木的胶贴工艺是什么？
4. 印刷装饰纸贴面加工的方法与工艺是什么？

任务8.2 边部处理

任务目标

生产人员要熟悉每个零件边部处理设备、工艺以及质量要求等，以便按要求合理地进行边部处理。同时防止人造板吸湿变形；熟悉封边和包边的工艺及技术要求。

任务描述

人造板板式部件，侧边露出各种材料的接缝和孔隙，不仅影响外观质量，边角部容易破损和剥落，刨花板部件吸湿会产生缩胀和变形现象，所以板式部件的边部处理是必不可少的重要工序。板式部件的边部处理方法有涂饰法、封边法和包边法。

8.2.1 常见的边部处理加工设备

8.2.1.1 封边设备

现代封边机的类型主要有直线封边机、软成型封边机、直曲线封边机。

（1）直线封边机

直线封边机的功能主要有封边胶合、齐端、粗修边、精修边、跟踪修圆角、刮边、砂边、砂倒角和抛光等（图8-5）。

直线封边机的类型较多，差异较大，如有些直线封边机仅有封边胶合、齐端、修边、刮边和砂倒角等功能。

①轻型直线封边机：适用于卷式封边条，厚度为0.4~3mm，工件厚度要求8~40mm，最小工件宽度为60mm，最小工件长度为140mm，一般进料速度为4~9m/min（无级调速）。该类型的设备仅有齐端、一次修边的功能，因此适用于小型的家具生产企业。

②双边直线锯、封组合机：是由双端铣和双

图8-5 直线封边机工作示意图
1.封边胶合 2.齐端 3.粗修边 4.精修边 5.跟踪修圆角 6.刮边 7.砂边 8.砂倒角 9.抛光

边封边机组成。双端铣完成零部件两边的精裁,封边机完成封边或跟踪修圆角等功能。根据组合设备的类型不同,封边条的尺寸、厚度等各不相同,一般可以进行实木条的封边,实木条的最大厚度为12mm。此类型的封边机可以大大提高劳动生产率以及获得较高精度的封边质量。该种类型的组合机进料速度为18~36m/min(无级调速)。

③自动直线封边机:适用于实木封边条和卷式封边条的封边。实木封边条的厚度为0.4~12mm;由于具有封实木条的特性,在某些方面取代镶边,同时还可以将封好的实木条进行铣型和砂光。卷式封边条厚度为0.4~3mm,可以完成粗修边、精修边、跟踪修圆角等功能,跟踪修圆角功能的使用主要用于软成型封边和后成型包边时零部件相邻侧边的封边和修边。图8-6为自动直线封边机。

(2)软成型封边机

随着工艺技术的不断提高,家具生产设备也在不断地更新,家具零部件边部的直线形型面已不能满足家具造型的需要。软成型直线封边机的出现,使家具零部件的边部出现了曲线形的型面。软成型封边机的边部型面如图8-7所示。

软成型封边机的功能是铣形、封边条涂胶、软成型封边胶压、齐端、粗修边、精修边、跟踪修圆角、刮边、砂边和抛倒角等。图8-8所示为软成型封边机的工作原理。

软成型封边机的类型主要有两种:

①软成型直线封边机:零部件的铣形需在另外的设备上完成,而喷胶、封边等工序是在该设备上完成。封边机的压料辊是采用多个小压辊进行软成型封边胶压的,该设备还可以用于直线形平面边的封边。

②自动软成型封边机:它可以在设备上同时完成基材的铣形、砂光和软成型封边等工作;也可以当作普通的自动直线封边机来使用。卷式封边允许厚度为0.3~3mm,实木封边条厚度0.4~2mm,实木条仅能进行平面边的封边,进料速度为12~24 m/min(无级调速)。

图8-6 自动直线封边机

图8-7 软成型封边机的边部型面

(3) 直曲线封边机

直曲线封边机可以进行直线形零部件和曲线形零部件平面边的封边。该类封边机的工作原理同直线封边机,只是用手工进料,其结构较为简单、生产效率较低,但适用性较强。手工进料时,封边条由送料辊送料,经涂胶辊涂胶后,紧贴手工进料的板件的直线或曲线边缘,在压辊作用下压紧胶合,封边后再齐端和修边。一些直曲线封边机不能进行修边和齐端,只能另外配设备或采用手工修边和修端。当用做直线封边时,可根据板件宽度预先调整安装侧向压紧支架,由压紧弹簧对板件进行一定的侧向压紧力,板件进给时,只需人工向进给方向施加一定的力就可以了;当用做曲线边缘封边时,无法使用侧向压紧支架,完全由人工在侧向和进给方向同时施加所需要的作用力,由于受封边机上封边头直径的限制,内

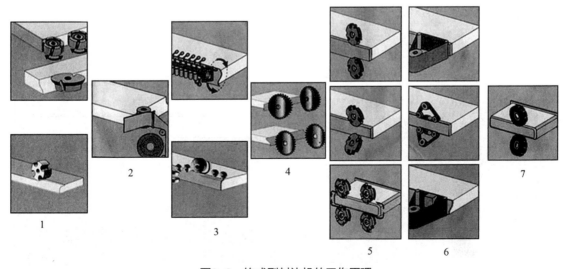

图8-8 软成型封边机的工作原理
1. 铣形 2. 封边条涂料 3. 软成型胶压 4. 齐端 5. 粗修或跟踪修圆角 6. 砂边或砂倒角 7. 抛光

弯曲半径不能太小，一般加工半径应大于25mm。

曲线封边封边条厚度约为0.4~1.5mm。这种小型直曲两用封边机的封边与修边的质量受人为因素影响很大，对厚度为0.8mm以下的薄型封边条能够取得较为理想的效果，用做直线封边时，厚度可达5mm。曲线形板件的封边，大多数采用直曲线封边机。图8-9所示为小型的直曲线封边机封边示意图。

8.2.1.2 包边设备

包边常用的设备主要是后成型封边机和后成型弯板机等，它们是采用包边的方法将贴面材料整块包贴在板件的表面和侧边，也称后成型包边机或后成型机。这种方法有两种方式：一种是在板件表面饰贴的同时进行包边；另一种先饰面再包边即分两步进行。

（1）后成型包边机

后成型包边机的类型主要有三种：第一类是间歇式后成型包边机，即铣形、喷胶、包边等分别在不同的工序中完成；第二类是连续后成型包边机，即铣形工序在其他设备上完成，而喷胶、包边等工序集中在连续后成型包边机上完成；第三类是直接连续后成型包边机，即铣形、喷胶、包边等工序集中在直接连续后成型包边机上完成。采用连续后成型包边机或直接连续后成型包边机包边的零部件，可以获得较高的包边质量，但是由于设备价格昂贵，目前在我国使用的较少。采用间歇式后成型包边机包边时，由于整个包边工作在一个工序中完成，因此受各工序的衔接、工艺条件和技术要求等影响较大。在生产中遇到的主要难点是：生产流程的确定，原材料的合理使用，胶黏剂的用量及胶黏剂的陈放时间的掌握，包边时的压力、弯曲半径和热压间歇时间的控制，面层材料的炸裂和零部件的翘曲，包边时面层和平衡层的接缝处出现搭接或离缝等。

①间歇式后成型包边机：如图8-10所示。从包边的型面看，间歇式后成型包边机适合各种类型型面的包边，使用的包边材料有三聚氰胺塑料贴面（俗称防火板）、三聚氰胺浸渍纸、单板和PVC等，采用不同的包边材料，生产工艺也不相同。在生产中常常采用三聚氰胺塑料贴面板作为包边材料，包边的工件主要用于家具的预板、面板、家具门板、抽屉面板以及厨房家具中橱柜的台面板和挡水板等。铣形、喷胶、包边等分别在

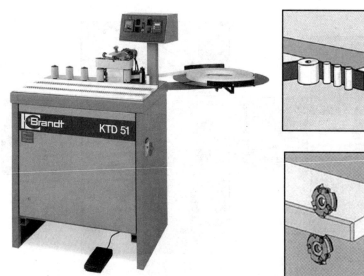

图8-9　直曲线封边机

不同的工序中完成。包边机包边的工作原理如图8-11所示。

②连续后成型包边机：在进入连续后成型包边机之前，先对零部件进行铣边和胶压贴面，同时预留出包边时的面层材料，然后在连续后成型包边机上对面层材料的长度进行定长铣边。确定包边的长度后，在连续后成型包边机上对面层和基材进行涂胶、加热和包边。包边常用的胶种为改性的PVAc胶。连续后成型包边机的生产方式为流水作业，即连续地进料和包边，并生产出高质量的包边产品。连续后成型包边机适合于大、中型橱柜和办公家具生产企业或后成型包边部件的专业生产企业。图8-12所示为连续后成型包边机。

③直接连续后成型包边机：使用的是双贴面人造板，即面层上已贴上了改性的三聚氰胺塑料贴面板，在直接连续后成型包边机中，首先是人造板的铣形加工，然后直接连续后成型包边机对其进行涂胶、加热和包边。图8-13所示为直接连续后成型包边机的工艺原理。直接连续后成型包边机不同于连续后成型包边机，其主要区别在于，直接连续后成型包边机对贴面的刨花板或中密度纤维板直接铣形，直到底部剩下一层贴面材料，然后经过喷胶和热处理，把这层贴面材料包贴到铣成的型面。贴面材料可以是改性的三聚氰胺塑料贴面板，也可以是其他贴面材料。不同的贴面材料决定了不同的胶种。通常三聚氰胺塑料贴面板使用PVAc胶，而三聚氰胺浸渍纸通常使用的是热熔胶。使用三聚氰胺浸渍纸贴面材料可极大地降低产品的成本，这是该机的主要特点。

（2）后成型弯板机

图8-14所示为直接连续后成型弯板机。工作过程是先在基材表面上胶贴好后成型用的防火板等饰面材料，然后将工件放到后成型弯板机的工

图8-10 间歇式后成型包边机

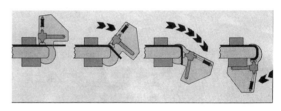

图8-11 包边机包边的工作原理

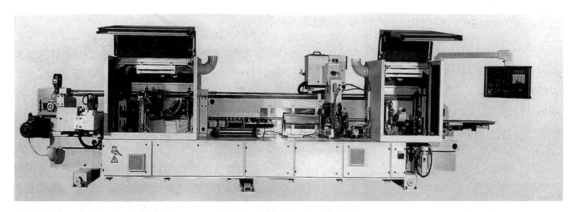

图8-12 连续后成型包边机

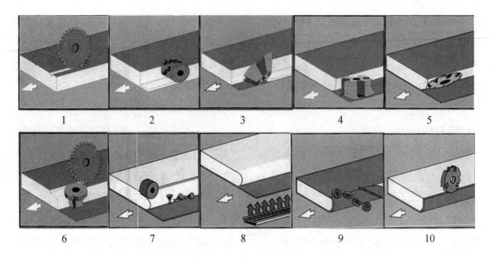

图8-13 直接连续后成型包边机的工艺原理
1~5.尺寸修整 6、7.涂胶 8、9.加压包边 10.修边

图8-14 直接连续后成型弯板机

作台上进行封边。当压紧装置压紧工作时,热压板即伸出并紧贴工件边缘的表面,随着转臂回转的同时,热压板沿工件的边缘形状滑动,进行加热加压。热压板可以在预先设定的任何位置停顿一段时间,并且压力切换到较高值,以保证防火板和基材的胶合强度。气动压力的大小可以调节,其中工件的压紧压力一般不低于0.5~0.6MPa。加热板的压力分回转工作压力和定位工作压力两种:回转压力是指加热板随转臂转动时对工件施加的压力,一般设定在0.3 MPa;定位压力是指加热板停顿在工件上时的加压压力,一般设定在0.4 MPa。封边完成后,加热板缩回,同时转臂返回到原始位置。

8.2.2 边部处理的方法与工艺

8.2.2.1 边部处理的方法

板件侧边处理方法主要有:封边法、包边法(后成型)、镶边法、涂饰法和V形槽折叠法。可根据板件侧边的形状来选用各种侧边处理方法,见表8-1所列。

(1) 封边法

封边法是现代板式家具零部件边部处理的常用方法。封边法就是用木条、薄板条、单板条、薄木条、三聚氰胺树脂装饰板条、塑料薄膜PVC条、ABS条、预油漆装饰纸条等条状封边材料,经涂胶、压贴在板件边部,使板件周边封闭起来的一种处理方法。基材可以是刨花板、中密度纤维板、细木工板、双包镶板等,这是一项质量要求高的工作,因为要获得较高质量的封闭强度和

表 8-1　板件边部处理方法及其应用

板件侧边形状		封边法					包边法	镶边法	涂饰法	V形槽折叠法
		手工封边	直线封边机	曲线封边	软成型封边机	后成型封边机				
直线形板件	平面边	✓	✓					✓	✓	✓
	型面边	✓			✓	✓		✓	✓	
曲线形板件	平面边	✓		✓				✓	✓	
	型面边	✓						✓	✓	

效果，与基材的边部质量、基材的厚度公差、胶黏剂的种类与质量、涂胶量、封边材料的质量、室内温度、封边温度、进料速度、封边压力、齐端修边等因素有关。每个板件都要封2~4个侧边，封边后端头和侧边都要平齐，否则会影响产品装配和外观质量。

封边常采用胶结合，所用胶黏剂，除了皮胶、脲醛树脂胶（UF）和聚醋酸乙烯酯乳液胶（PVAc）外，还可采用乙烯-醋酸乙烯共聚树脂胶（EVA）以及各种接触胶黏剂等。

（2）包边（后成型封边）法

包边法又称为后成型封边，是目前板式家具及多种装饰部件生产中采用的一种新工艺。包边法是用改性的三聚氰胺塑料贴面板等贴面材料（以下简称面层），涂以改性的聚醋酸乙烯酯乳液胶（PVAc）或其他类型的胶黏剂，使面层边部材料的包边尺寸等于零部件边部的型面尺寸，在包边机上实施边部热压的处理方法。它是用规格尺寸大于板面尺寸的饰面材料饰面后，根据板件边缘形状，在已成型的板件边缘再把它弯过来，包住侧边使板面与板边形成无接缝的产品。经包边或后成型封边处理后的板材制造的家具，板件的表面和边缘为同一饰面材料，装饰效果好，平滑流畅，色调一致，且不易渗水脱胶。后成型的经常用在刨花板、中密度纤维板作基材的板式部件上，主要用于制作办公室、厨房、餐厅、卫生间以及实验室家具。

（3）镶边法

镶边法是在板式家具零部件的边部镶嵌木条、塑料或有色金属（铝合金或塑钢等）等材料的一种边部处理方法。它属于一种传统的边部处理方法。镶边条的类型较多，而且与板式零部件的连接形式也不相同，其镶边类型（图8-15）。

木条镶边方式很多，但是通常是将木条制成榫簧，在板式零部件上加工成榫槽，通过胶黏剂的胶接作用，将木条镶嵌在板式零部件上。

有色金属条和塑料条的镶边是将镶边条制成断面呈"T"字的倒刺形，而在板式零部件的侧边开出细细的榫簧，采用橡胶锤，将镶边条打入板式零部件的边部。

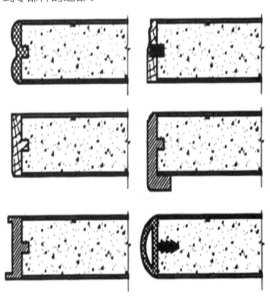

图8-15　镶边类型

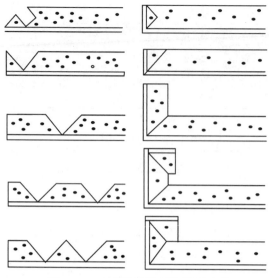

图8-16　V形槽折叠包覆板边的现状

(4) 涂饰法

涂饰法是用涂饰涂料的方法将板式零部件边部进行封闭，起到保护和装饰作用。先嵌补和填泥子及染色，再涂底漆和面漆，最后修整漆膜。所用的涂料种类和色泽等要根据板件正表面的贴面材料或涂饰方法而定，涂饰方法与板件正表面的涂饰相同，具体工艺可参照涂饰工艺章节部分的内容。随着现代科学技术的发展，一种新型的边部热转印涂饰技术在板式零部件生产中被广泛应用。

(5) V形槽折叠法

板式板件也可采用V形槽折叠法进行边部处理。一般常在贴面后用圆锯或铣刀进行V形槽斜面加工，并在斜面处涂布热熔胶或乳白胶，然后折转加压定型，即可包覆板边（图8-16）。

8.2.2.2　主要的边部处理工艺

(1) 封边工艺

①基材的边部质量、厚度公差：中密度纤维板和刨花板由于表面粗糙度较封边条的封边面高，所以易吸收胶黏剂中的溶剂而产生缺胶，因此涂胶量一般应在200~250g/m²以上（其他材料的涂胶量应为150~200g/m²）。基材的厚度公差应控制在±0.2mm以内。如果厚度公差不能有效地控制，在修边时会铣掉贴面材料而裸露出基材来。

②胶黏剂的种类和质量：现代封边机使用的胶种主要是热熔胶。这种胶在常温下为固态，加热熔融为流体，冷却后迅速固化而实现封边。热熔胶种类较多，而热熔胶的性能主要是受胶的熔融黏度、软化点、热稳定性和晾置时间等因素的影响。根据热熔胶软化点这一特性将热熔胶分为高温热熔胶和低温热熔胶。在封边生产中常常根据季节的不同，而选择不同软化点的热熔胶。

③封边材料的种类和质量：对于PVC、ABS以及三聚氰胺塑料条等封边材料，在封边时，一般封边材料的胶接表面必须经过处理，使之具有一定的表面粗糙度。表面粗糙度过低，胶合强度较低，不宜封边。反之，耗胶量大，封边强度反而降低，封边质量差。在封实木条、单板等封边材料时，要注意实木条的厚度公差及实木条涂胶面的表面粗糙度，表面太粗糙耗胶量大，封边强度降低，封边质量差。

④室内温度及机器温度：

a. 室内温度：在北方的一些家具企业中，冬季封边时易产生封不上或封边强度较低，这主要是北方的车间温度一般在15℃左右。由于基材的体积较大，在通过封边机时，基材的温度不能迅速提高，而封边条可在瞬间达到封边机胶辊的温度，由于封边时封边材料和零部件的材料热膨胀系数差距较大，封边材料和零部件加热温度也不一样，使两种材料热胀率不同，当冷却时，收缩也不一样。当收缩力大于封边的胶接力时，导致封边条脱落。因此室内温度要控制在18℃以上。必要时可在封边前对零部件进行预热（可在封边机前加一段电热器）。

b. 机器温度：现在几乎所有的封边机都具有温度显示功能，封边机显示器的温度必须等于或大于热熔胶完全熔化的温度（一般大于5℃）。如采用高温热熔胶时，其温度应控制在180~210℃之间。

⑤进料速度：现代自动封边机的进料速度为18~24m/min，有一些自动封边机的进料速度可达

120m/min，而手动的曲线封边机的进料为4~9m/min。自动封边机的进料速度是可以根据封边强度、封边条的厚度来调整的。

⑥封边加压压料辊的压力：自动直线封边机和软成型封边机的加压方式不同，但原理是一致的，热熔胶是需要快速胶合的胶种，其胶合压力应根据使用封边材料的种类、厚度及基材的材质等决定。对于自动直线封边机通常采用气压方式加压，压力一般取0.3~0.5MPa，软成型封边机因压料辊的形式与自动直线封边机略有区别，除了采用一定压力外，还要考虑每个小压辊弹簧压力的影响。

⑦修边和齐端质量：现代直线封边机由于加工的需要，在通过封边机压辊后，常配有前后齐端，上、下粗修和精修，跟踪上、下修圆角，砂光、铲刮和抛光等装置。现代自动软成型封边机除以上的配置外，有些还配有铣边型和软成型压辊装置。在生产中企业常常忽略的一些问题是：

a. 齐端锯修边铣刀的变钝问题：直接影响齐端和修边质量，特别是在修边时，因封边机可修边的倒角为0°~30°，而实际生产中常常选择的修边角角度为20°，刃具不锋利将导致修边的表面粗糙度变大。同时修边时刃具的切削力与工件移动时产生了一个向外的斜下方或向外的斜上方的合力，此力会削弱封边条与被胶接工件的强度。有些企业在购买封边机后不知道可以刃磨此刃具，以至于从没有刃磨过。刃具的刃磨方法同其他同类型刃具刃磨方法。对于采用快换刀头、刀片的齐端锯、修边铣刀是不能刃磨的，要定期进行更换。

b. 与齐端锯、修边铣刀同轴的跟踪导向轮同轴度不高或加在刀轴上的压力不足。可导致齐端、修边高低不平，质量不高。

c. 跟踪修圆角的刀轴和同轴导向的万向轮调整不好，使跟踪修圆角的刃具修边、修角易出现高低不平，表面粗糙度高，质量不高，有时还需手工辅助修整。

(2) 包边工艺

①基材的基本要求：基材可以使用中密度纤维板或刨花板等材料，但是由于刨花板的成本降低，所以刨花板常常被用作包边零部件的基材。

刨花板作基材的主要技术指标是：

a. 刨花板的厚度大于10 mm时，其翘曲度要小于或等于0.5%，以便使包边时的热压轨加压均匀；

b. 内结合强度应符合GB/T4897—2003内部结合强度4.13中规定：A类刨花板优等品和一等品的要求，使包边时的饰面层材料与刨花板的胶结强度达到最好效果；

c. 刨花板的密度应控制在0.6~0.85g/cm^2，这样有利于铣形，降低胶黏剂的渗透性。保证包边时有足够的胶量。

基材在使用时应先进行砂光，使厚度公差控制在±0.1mm以内。

②面层材料的基本要求：面层材料一般可以弯曲，在加热的条件下应具有较好的性能。实际生产中常以三聚氰胺塑料贴面板作为主要的包边材料。三聚氰胺塑料贴面板是一种固化后变脆、缺乏弹性的材料。在包边工序中，由于受到高热、弯曲的曲率半径较小等要求，必须对三聚氰胺塑料贴面板进行增塑改性处理，目前改性主要是在三聚氰胺浸渍树脂中加入增塑改性剂，浸渍的纸张最好用棉纤纸。增塑改性剂加入量、增塑剂的种类等对面板的弯曲性能、强度影响较大。往往增塑改性剂加入量过大，板面的耐磨性、强度等会大幅度地降低。

③平衡层材料的基本要求：面层材料被胶贴后，为使零部件不发生翘曲，必须在零部件的背面胶贴平衡层。平衡层使用的材料理应和面层材料相同，但是，由于面层材料价格较高，一般平衡层材料使用的是普通三聚氰胺塑料贴面板，但是在使用时必须注意普通的三聚氰胺塑料贴面板具有方向性，即纵向收缩率大于横向，使用时应合理调配。在实际生产中，包边后有时易发生翘曲，这主要是面层材料与拼合层材料的使用不当

造成的。只有当面层材料的厚度乘以面层材料的弹性模量等于平衡层材料的厚度乘以面层材料的弹性模量时，才不会发生零部件的翘曲。

④胶黏剂的基本要求及涂胶量：胶黏剂常使用改性的聚醋酸乙烯酯乳液胶（PVAc），其胶黏剂的热压温度应为180~200℃；胶黏剂的液体黏度应控制在6000~10000cPa·s（25℃）；胶黏剂的固体分含量为50%~53%。

涂胶量：面层材料的涂胶量为100~150 g/m²，这是由于充满材料胶液渗透力弱的缘故；基础（刨花板）涂胶量为150~200 g/m²，这是由于基材（刨花板）的胶液渗透力较强，有时涂胶时要涂两遍以达到相应的涂胶量。

⑤包边时最小弯曲半径：包边机在包边时，为了确保边部不发生破坏，必须使面层材料厚度S与包边时的弯曲的曲率半径R的关系为：

$$R \geqslant 10S$$

式中：S——面层材料的厚度，mm；
R——弯曲曲率半径，mm。

即弯曲时的曲率半径R大于或等于面层材料厚度的10倍。目前，在实际生产中常用的面层材料厚度为0.6~1 mm，因此，其面层弯曲的最小半径应大于6~10 mm。

8.2.3 边部处理加工举例

包边工艺举例：间歇式后成型包边工艺。

（1）先贴面层、后贴平衡层

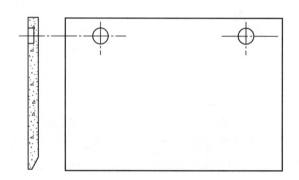

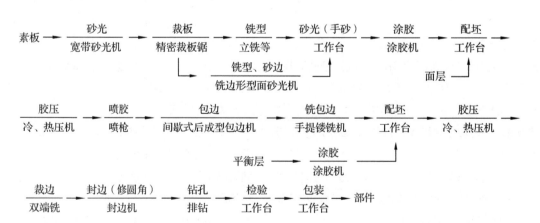

(2) 先贴平衡层、后贴面层

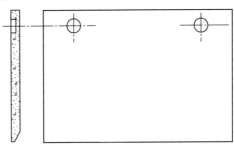

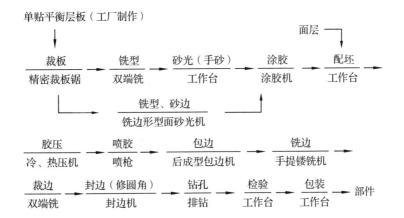

(3) 两面同时贴，接逢处加压条

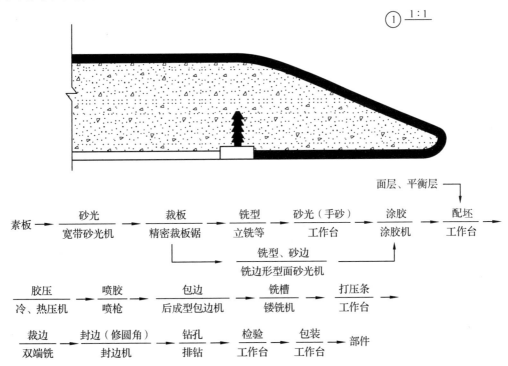

总结评价

按照要求完成实训考核标准总表。（参见附录）

思考与练习

一、填空题

1. 现代封边机的类型主要有_____、_____、软成型封边机。
2. 直线封边机的功能主要有_____、齐端、_____、精修边、_____、刮边、砂边和_____等。
3. 包边常用的设备主要是后成型_____和后成型_____等。

二、简答题

1. 边部处理的方法有哪些？各有什么特点？
2. 板式边部加工设备是什么？如何操作？
3. 板式部件包边工艺是什么？

项目 9
板式家具的钻孔

项目导入

在板式家具的生产中,为了便于零部件之间的接合与装配,需要依赖各种尺寸与形状不一的孔眼来完成,如五金连接件孔、圆棒棒孔、圆柱螺母孔、杯型铰链孔和各种拉手孔以及锁头孔等,这就说明现代板式家具的结构是依靠孔位组合所决定的。

学习目标

【知识目标】

1. 了解钻孔的类型和要求;
2. 熟悉板式家具的钻孔工艺;
3. 熟悉板式家具的钻孔设备。

【技能目标】

1. 会选用钻孔生产对裁板的要求;
2. 会操作钻孔设备;
3. 能正确选择钻孔设备、加工方法。

任务9.1 钻孔

任务目标

生产人员要熟悉钻孔的设备、工艺以及质量要求等,以便按要求合理地钻孔。便于零部件之间的接合与装配,提高家具装配精度和使用寿命。

任务描述

板式家具指以人造板(中纤板、刨花板、夹板等)为基本材料,采用连接件和圆榫结合及现代板式五金配件组成功能各异的家具。钻孔是板式部件的边部处理是必不可少的重要工序。

9.1.1 常见的钻孔加工设备

现代板式家具生产与加工所使用的钻孔加工设备是各种类型的排钻。

9.1.1.1 单排钻

单排钻仅由一排"多轴钻座"或钻削动力头组成,是一种钻孔自动化程度较低的排钻设备。当零部件的多孔位是排成一列时,可以一次完成钻孔加工，否则必须多次钻孔，由于在多次钻孔时需要多次变换加工基准，因此零部件孔位的相对精度较低，仅适合于一些小型企业或用于多排钻的辅助钻孔。

单排钻按照钻座或钻削动力头的配置位置不同，常见的类型主要有水平单排钻、垂直上置单排钻、垂直下置单排钻和万能单排钻等。万能单排钻的动力头一般配置在可作45°或90°角倾斜的转盘上，可使动力头实现在垂直位置、水平位置在倾斜一定角度位置的情况下进行钻孔加工，适用于对小规格板件或方材的钻孔，如图9-1所示。

9.1.1.2 双排钻

双排钻具有2个钻削动力头，1列垂直上置的动力头用来在板件的表面钻孔，另1列水平配置的动力头可实现在板件端向钻出排孔，水平动力头也可配置在可作45°或90°角倾斜的转盘上，使动力头完成板件上水平位置孔、倾斜一定角度位置孔、下表面垂直位置孔的加工。适合一般小型家具木器厂对不同系列板件、框架、条材等进行钻孔。

9.1.1.3 三排钻

三排钻一般为左、下组合三排型，即左边有一个水平钻削动力头，下置一至数个（多为2列）垂直钻削动力头，位于工作台下方，钻头由下向上进刀。水平方向的动力头用来在板件端面钻孔，垂直方向的1~2列动力头用来在板件的表面钻孔。各垂直钻削动力头或排钻间的距离可以调整。床身大多为单边框形，根据床身的长短，三排钻具有短型和加长型，如图9-2所示。同时还可以把垂直钻排回转90°，组列成1排实现在板件纵向钻出排孔。适合于一般小型家具木器厂对不同系列板件、框架、条材等进行钻孔。

9.1.1.4 多排钻

多排钻又称大型排钻，常为左、右、下、上组合多排型。多排钻一般具有左右各一个水平钻削动力头和数个（多为3~4列）上置或下置的垂直钻削动力头，各垂直钻削动力头或钻排间的距离也可以调整，钻排上方装有压板，侧方设有挡板和挡块，机架大多为龙门式。水平分布的两组钻排可用来在板件端面钻孔，垂直分布的数个钻排可实现板件的大表面钻孔。如需在板件纵向钻出排孔，可把垂直钻排回转90°，组成1排或2排的配置。根据钻座的数目不同，主要有四排钻、五排钻、六排钻、八排钻和自动多排钻（一般有8~12排）等，该类排钻的技术水平较高，组合生产灵活，通用性较强，加工精度和质量有保证。

图9-1 单排钻

图9-2 多排钻

9.1.2 钻孔的方法与工艺

9.1.2.1 钻孔的方法

(1) 钻孔的类型与要求

钻孔是为板式家具制造接口，现代板式部件钻孔的类型主要有：圆榫孔（用于圆榫的安装或定位）、螺栓孔（用于各类螺栓、螺钉的定位或拧入）、铰链孔（用于各类铰链的安装）、连接件孔（用于各种连接件、插销的安装和连接）等。

由于一般板式部件都需要钻孔，而且一次钻出供多种用途，钻孔数目多，规格大小不一，部位各不相同，有的在平面上钻孔，有的在端部钻孔，加工尺寸（孔径与孔距）精度要求高，所以对于钻孔应进行标准化、系列化和通用化处理。如果精度不能保证，将直接影响制品的装配质量和使用寿命。钻孔的质量在于定位是否精确、孔边是否光洁。

钻孔时，为保证孔径大小一致，要求钻头的刃磨准确，不应使钻头形成椭圆或使钻头的直径小于孔的直径，形成扩孔或孔径不足等现象；为保证钻孔深度一致，要求钻头的刃磨高度要准确，新旧钻头不能混装在一个钻排上；为保证孔间位置尺寸精度，同一个钻排上各钻头的安装和不同钻排之间位置尺寸的控制都要准确。

(2) 钻孔的方法

①钻模：最简单的钻孔方法是采用普通台钻、单轴钻或手工钻，此时可采用"标准钻孔板"或"通用钻模"来进行钻孔加工，常适用于小型规模的生产。

②钻削动力头：随着木材加工工艺的变革，圆榫接合与各种连接件接合的大量应用，为适应板式家具大量生产和流水线作业的需要，木工多轴钻削动力头和木工多轴排钻得到了迅速发展。木工多轴钻削动力头上的钻轴数一般在6~21个且一字排开或多种组合，所以又称为"多轴钻座"。钻削动力头用一个电机带动，通过齿轮啮合，使钻头一正一反地转动，转速约为2500~3000r/min，钻孔直径约为6~12 mm，钻孔中心距常为32mm。适用于批量生产板式部件的钻孔。

在板式部件钻孔中，虽然有些小型企业常采用在单轴钻床上安装一个多轴钻削动力头来进行多孔钻削加工，但单轴钻床已不能满足大批量生产的要求，其生产效率低，精度也不能保证，而且也直接影响产品的装配质量和使用寿命。因此，很多企业中已广泛采用多轴排钻。

木工多轴排钻具有一个或多个钻削动力头，每个钻削动力头上的钻数一般多为21轴且一字排开，所以又简称为"排钻"、"多排钻"或"多轴钻"。每个钻削动力头都由一个电机带动使钻头一正一反地高速转动。采用多轴排钻时，可以预先根据设计要求的不同孔径（孔径6~12 mm）和孔距（32 mm的倍数），装上不同直径的钻头以及保证孔间距离符合规定。多轴排钻生产效率高，加工精度好，便于实现"32 mm系统"或"标准化、系列化、规格化"及拆装式产品的生产。

9.1.2.2 板式家具零部件的钻孔工艺

(1) 孔位类型及布置

板式家具零部件的孔位主要由结构孔和系统孔组成。结构孔是连接柜类等框架体结构型零部件所必不可少的结构孔，系统孔是用于装配搁板、抽屉、家具门等所必需的定位和连接孔。生产中常用的孔型有：圆榫孔，用来安装定位圆榫，确保各个零部件的安装精度；连接件孔，用于连接件的安装和固定各个零部件；导引孔，用于各类螺钉的定位以及便于螺钉的拧入；铰链孔，用于各类门铰链的安装。

(2) 钻L的工艺条件及加工精度

板式家具零部件的L位尺寸和钻L精度直接关系到产品的装配精度及产品质量，因此涉及零部件的钻L其工艺条件及影响钻L精度的因素主要有以下几个方面：

①L径大小：要确保L径大小的一致就必须保证钻头的刃磨精度不应使钻头形成椭圆或使钻

头的直径小于规定的L径，形成扩L或L径不足等现象。

②L径深度：要确保钻L的深度一致就要求钻头的刃磨高度要准确，新旧钻头不能混合放置在一个排座上，导致钻孔的深度不等。要使新旧钻头同时使用，就必须将新旧钻头分别放置在不同的排座上，通过调整排座的高度来保证钻L的深度一致。

③L间尺寸：一般来说，在一个排座上，钻头间距是固定的，不会出现偏差。多数排钻钻座的孔位间距为32mm，但是排座之间的尺寸是人为控制的，容易出现位置间的误差。对于非数控的多排钻其调整一般采用试件来进行。首先在静态下按标尺调整好钻L的间距，然后用试件加工测试再按误差校正多排钻钻座的位置，直到加工出来的试件尺寸和图纸规定的尺寸相符为止。对于数控的多排钻，以调整的数值显示为准，但必须定期归零校正，确保尺寸无误。归零不到位时在一些多排钻上可以采取增加或减少不到位的余数来保证加工精度。

钻孔工序应注意的工艺技术要点：

①操作人员应认真查阅设计图纸，了解各项技术要求，选择好钻头，调整好钻头的深度与孔距，确定好零部件钻孔的正反面。

②钻头应始终保持锋利，随时进行研磨或更换，钻孔不允许有崩茬和劈裂现象。

③钻孔允许公差为±0.2mm（极限偏差为±0.1mm）；孔距允许公差为0.2mm（极限偏差为0.1mm）；孔深允许公差为±0.5mm。

④孔的深度一般应为13mm，杯型铰链孔的加工深度为12~14mm，这是结合国内通用型暗铰链加以确定的。随着新型铰链的出现，上述加工工艺技术参数也应作相应改变。

9.1.3 "32mm系统"的标准与规范

旁板是家具中最主要的骨架构件，板式家具尤其是柜类家具中几乎所有的零部件都要与旁板发生关系，如顶（面）板要连接左右旁板、底板安装在旁板后侧、门铰的一边要与旁板相连、抽屉的导轨要安装在旁板上等。所以，32mm系统中最重要的钻孔设计与加工也都集中在了旁板上，旁板上的加工位置确定以后，其他部件的相对位置也基本确定了，旁板前后两侧各设有一根钻孔轴线，轴线按32mm的间隙等分，每个等分点都可以用来预先钻孔，预钻孔可分为结构孔和系统孔，结构孔主要用于连接水平结构板；系统孔用于铰链底座、抽屉滑道、隔板等的安装。由于安装孔一次钻出供多种用途用，所以必须首先对它们进行标准化、系统化与通用化的处理。通用系统孔的标准孔径一般为5mm，深为13mm。当系统孔为结构孔时，其孔径按结构配件的要求而定，一般常用的孔径为5mm、8mm、10mm、15mm、25mm等。

总结评价

按照要求完成实训考核标准总表。（参见附录）

思考与练习

一、填空题

1. 板式家具零部件的孔位主要由_____和_____组成。
2. 多排钻又称大型排钻，常为_____、右、_____、上组合多排型。
3. L位通常是以_____mm系统为设计和生产依据的。

二、简答题

1. 板式部件的钻孔设备有哪些？各有什么特点？
2. 板式部件的孔的类型有哪些？各自的使用范围是什么？
3. 钻孔工序应注意的工艺技术要点有哪些？

拓展提高

书柜家具的钻孔

现代板式家具 是以板材（人造板）为基材，以五金件+圆棒榫为接口，以板材加工设备进行加工。在现代板式家具生产中，除全盘考虑造型、结构、包装、运输销售外，还要注意：零部件设计生产标准化、系列化、通用互换，与本企业技术、工艺、设备相适应，拆装式自装配，才能生产出造型好、质量优的家具。

图9-3为书柜平立面图。

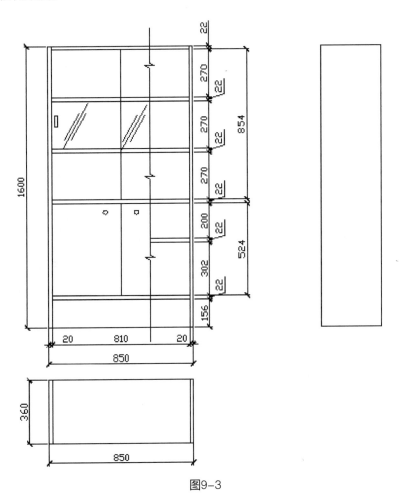

图9-3

（1）以旁板为核心

在打孔时，先熟悉书柜的结构和尺寸，根据书柜的顶板和门的结构，先打结构孔，再打系统孔，根据孔径的大小及类型来选择钻头。在打书柜的孔位时，先打书柜的旁板的孔位，再打其他零部件的孔位（图9-4）。

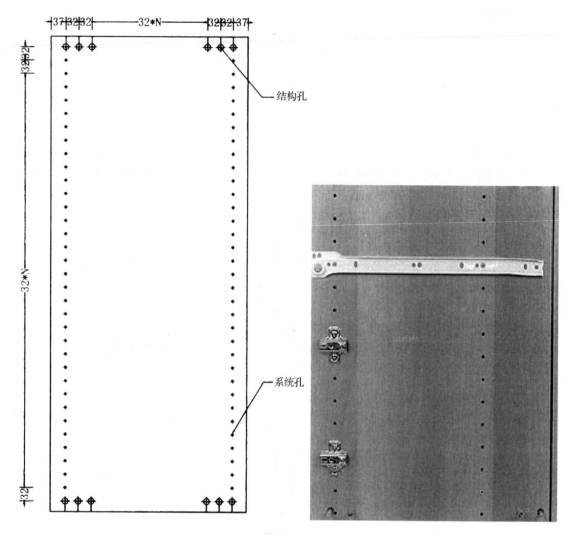

图9-4

(2) 系统孔与结构孔

系统孔设在垂直坐标上,分别位于旁板前沿和后沿。若盖门,则轴线距前沿为37(28)mm,若嵌门,则该数字再加上门板的厚度。

结构孔设在水平坐标上,其孔径大小及距板端距离视板件结构及连接件的种类而定。

项目 10
板式家具的预装

项目导入

在板式家具的生产中，板式家具部件只是半成品，需要安装工一件件拼凑安装起来，方可达到使用要求。安装的优劣，直接决定家具的安装质量，因此的安装功能为企业带来良好的口碑和形象。以免给客户造成不良的影响。所以家具企业都必须增加板式家具的预装。

学习目标

【知识目标】

1. 熟悉板式家具的结构；
2. 熟悉板式家具部件的连接形式；
3. 熟悉板式家具预装的常用工具。

【技能目标】

1. 会看家具的装配图；
2. 会使用家具预装的常用工具；
3. 能正确选择家具的连接件。

任务10.1　板式家具的接合方式

任务目标

生产人员要熟悉板式零件、部件的接合方式，其次掌握板式家具的结构。能熟练板式家具的装配工艺以及工具的使用等，以便按要求合理地装配。便于零部件之间的接合与装配；提高家具装配精度和使用寿命。

任务描述

板式家具的预装是通过人造板板式家具指以人造板（中纤板、刨花板、夹板等）为基本材料采用连接件和圆榫结合及现代板式五金配件组成功能各异的家具。板式家具只是半成品，需要安装工一件件拼凑安装起来，方可达到使用要求。

板式家具常用的接合方式有圆榫胶接合、连接件接合、钉接合、木螺钉接合等。所选用的接合方式是否恰当，对木制品的外观质量、强度和加工过程都会有直接影响。

10.1.1 连接件接合

常用连接件接合时，要求其结构牢固可靠，装拆方便，成本低廉。用连接件接合可以做到部件化生产，这样有利于机械化、自动化生产，也便于包装、运输和贮存，可运到目的地后由厂家或用户自行组装。连接件的选型和安装，直接关系到制品结构的牢固度、配合的准确度以及外观质量。生产中，要正确选择连接件的类型，装配也要选择适合的工具。

连接件的种类很多，常用的有偏心连接件、带膨胀销的偏心连接件、圆柱螺母连接件、直角式倒刺螺母连接件等四大类。

（1）偏心连接件接合

图10-1A所示为偏心连接件接合形式之一，它是由偏心轮、连接（金属）螺杆、带倒刺的尼龙螺母、塑料盖四部分组成。安装时，先在一块板件上钻出小圆孔预埋带倒刺的尼龙螺母，如需增加强度，孔中可注适量胶液，然后将金属螺杆拧入螺母中；再将另一块与其相连接的板件钻出大圆孔装入偏心轮，两板件接合时，只需将金属螺杆套入偏心轮，旋转偏心轮上的槽口，使其与螺杆拉紧即可。偏心轮是这套连接件的主体，零（部）件的拆装主要依靠它来进行。为了美观，可在连接件锁紧之后，用塑料盖板将偏心轮表面遮住。

图10-1B是另一种偏心连接件的接合。偏心连接件除广泛用于两块零、部件的垂直接合外，还可用于两块并列的板件间的连接。此外，只要将上述连接螺杆改用可以变换角度的连接螺杆，即可实现倾斜部件之间的拆装接合，如图10-1C。

（2）带膨胀销的偏心连接件接合

接合时，先将旋转固定件装入尼龙套壳内，然后一起装入预先钻好孔的零部件中，再将尼龙倒刺件的一端插入与其相接合的另一板件的孔内，另一端装入套壳的孔中，最后转动旋转固定件，直到拧紧即已紧固。

（3）空心螺柱连接件接合

如图10-2所示，空心螺柱连接件主要由螺

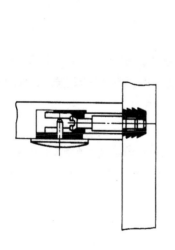

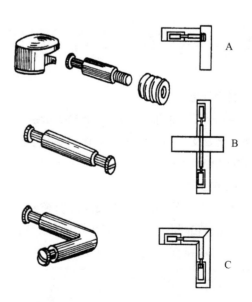

图10-1　偏心连接件接合形式

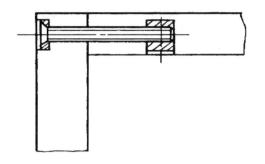

图10-2 空心螺柱连接件接合

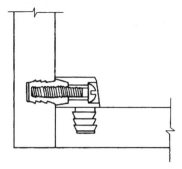

图10-3 直角连接件接合

柱、螺母组成,材料一般用金属。接合时,先将螺母装嵌在一部件孔中,螺栓穿过两部件中相对应的孔拧入螺母内。这种接合加工方便,接合牢固,成本较低,但螺栓头外露,影响美观。

(4) 直角式倒刺螺母连接件接合

直角式倒刺螺母连接件如图10-3所示,由尼龙倒刺螺母、带倒刺的直角件和螺栓三部分组成。接合时,首先将倒刺螺母、直角件分别嵌装在两块板上,然后将螺栓通过直角件上的孔与倒刺螺母旋紧连接。这种连接件成本低,使用方便,结构牢固,可用于一切柜类板件间的接合。直角件及螺栓头隐藏于柜内,一般不影响使用与美观。直角式连接件种类很多,连接原理大同小异。

10.1.2 安装结构

本节将对具体的家具产品作进一步的分析,以掌握家具板式接合方式和结构的具体应用。由于家具产品种类繁多,这里仅以柜类家具为例,简要介绍各部分的安装结构。

柜类木家具按结构特点主要分为框式和板式两大类。框式柜类是以榫眼接合的框架装板为主体结构,通常装配成不可拆的。板式家具是以人造板为基材,用连接件接合,以板件为主体结构的家具,可以做成固定的,但一般做成可拆装的。不论哪种结构,柜类家具基本都由柜体、底座、背板、门、隔板与搁板以及抽屉等部分组成。

(1) 柜体的安装结构

柜体的装配结构在这里是指柜类木家具的旁板和顶板(面板)、底板三大主要部件之间的接合关系。柜类家具上部连接两旁板的板件称为顶板或面板,大衣柜、书柜等高型家具的顶部板件高于视平线称为顶板;小衣柜、床头柜等家具的上部板件全部显现在视平线以下称为面板。

柜类家具的顶(面)板、底板及旁板材料目前首选中纤板,其次是刨花板、细木工板、空心板等。传统柜类一般选用框架镶嵌实木拼板结构。

顶(面)板、底板与旁板之间的接合,根据结构形式可采用固定接合和拆装接合。固定接合可采用尼龙双倒刺等连接件接合,如图10-4所示。但一般用榫接合,如图10-5所示,可采用插入圆榫、直角榫和燕尾榫接合。拆装接合主要采用各种连接件接合。

(2) 背板的安装结构

柜类家具中的背板有两个作用,一是封闭柜

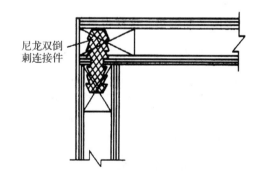

图10-4 空心螺柱连接件接合

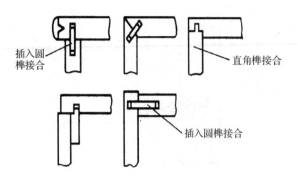

图10-5 顶板和旁板接合形式

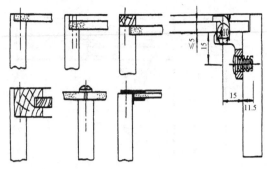

图10-6 背板的安装结构

体后侧,二是增强柜体的刚度使柜体稳固不变形。因此背板也是一个重要的结构板件,特别是对于拆装式柜类,背板的作用更不可忽视。背板所用的材料较广泛,如硬质纤维板、中纤板、胶合板以及细木工板等。

背板的安装结构多种多样,如图10-6所示为常见形式。

(3) 门的安装结构

在柜类制品中,常见的门有开门、移门、翻门、卷门等多种形式,这些门各具特点,但都要求有合理的结构、精确的尺寸、严密的配合以防止灰尘、虫子进入柜内,同时在使用过程中还要求不发生太大的变形,且开关灵活,并且有足够的强度等。

① 开门:开门即沿着垂直轴线转动(启闭)的门。开门也称边开门,有单开、双开、三开门之分。开门的装配主要靠铰链连接,本章主要介绍普通铰链(合页)、门头铰链、暗铰链、玻璃门铰链等铰链钩安装。门装上柜体后,一般要求旋转90°以上,且不得妨碍门内抽屉的拉出。门的安装要求门与旁板、门与门、门与中隔板之间的间隙严密,因此常以各种形式加以遮掩,即门边的成型。开门的安装形式(即不同铰链应用于开门上的安装)取决于铰链的安装。普通铰链形式很多,常用于传统家具上。

门头铰链的安装如图10-7所示,门头铰链分带有止动点和偏心式的两种。其优点是铰链不外露,使家具表面简洁美观。其缺点是安装不太方便,带有止动点的门头铰链开启角度不大,只能开启90°。

许多暗铰链都能适应带高复线的装饰门的安装;经特殊设计的暗铰链,还能适合于带高复线的深嵌门的安装。

普通暗铰链安装时首先应根据柜门的规格、材料等来选择暗铰链的形式,设计其安装技术尺寸。安装过程为:预先将铰链和连接底座分别固定在门板和旁板上,连接时将开有"匙形孔"的铰臂套置于旁板底座上,拧紧紧固螺钉,即可完成初装。

初步安装后,如果门还存在位置偏差,可在二维或三维方向上作微量调整。调整主要分两种方面,一方面是侧向调整,先松开紧固螺钉、再利用调节螺钉校正柜门左右位置,调整恰当后再拧紧紧固螺钉,将门板上全部铰链调节一致后,门与旁板的遮盖范围就会均匀;另一方面是深度调节,松开紧固螺钉之后,深度方向前后移动螺钉即可调节旁板与门的间隙,最后再次拧紧紧固螺钉。

门板上所需安装铰链的个数与门板的高度及重量有关,可参考表10-1。

玻璃门铰链的安装。不带框架的玻璃除了直接用作移门外,如装上专用的玻璃门铰链后,还可以制作开门。目前市场上供应的玻璃门铰链主要有两种:一种是带夹头的玻璃门头铰链,简称玻璃门头铰链,适合于内嵌门;装配时,先在顶、底板上钻一套管孔,孔径略小于套管,然后将套

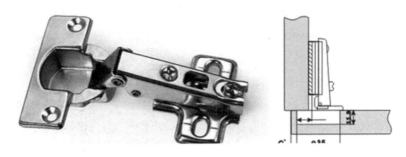

图10-7 门头铰链

表 10-1 门板相关数据

门高(mm)	门重(kg)	铰链(个)	门高(mm)	门重(kg)	铰链(个)
900	4～5	2	1600～2000	13～15	4
900～1600	6～9	3	2000～2400	18～22	5

管打入孔内；第二步将玻璃门头铰链装入套管中；最后将玻璃门直接插入铰链U形槽中，U形槽内侧用一块软质材料作衬垫，拧紧螺钉，门即装好。一般玻璃门的上下只需各安装一致玻璃门头铰。为了便于玻璃门开关，另需装上玻璃门磁碰（有单、双磁碰之分），只需轻按一下磁碰，玻璃门即被吸关闭或被弹开；玻璃门头铰结构简单，价格便宜，装配方便，开关灵活。另一种为玻璃弹簧铰链，它与暗铰链的结构基本相同。安装时需在玻璃门的相应位置上加工一个圆孔，然后将门固定座穿过圆孔，并用螺钉紧固，最后与旁板上的底座套装连接。铰链装配完毕后，在门固定座的外表面加一个装饰盖板，与前一种相比显得十分华丽，美观大方。此铰链应用广泛，但结构较为复杂。

②移门：移门一般都装在滑道上，门在滑道中左右移动。常见的移门种类有木质移门和玻璃移门。移门打开或关闭时，柜体的重心不致偏移，能保持稳定，门打开时不占据室内空间，目前市场上有许多新型的移门滑道等配件，能使移门滑动时十分轻松灵活，故移门应用较广。

移门要经常滑动，所以应坚实、不变形。设计移门结构时，一要仔细选择材料；二要考虑便于安装和卸下，门顶与上滑道间要留间隙；三要采取各种措施保证移门滑移灵活。实际应用中，移门结构类型很多。移门上滑道为硬木制作，下方安装塑料导轨。表示顶板前沿镶装木条将滑道遮住。在移门上边安装导向木条。木质移门较厚重，为增加移动的灵活性，可采取多种措施减少门与滑道间摩擦，改善滑动状况，如在移门上安装滚轮，或安装滚子导轨，或在移门上安装吊轮等。

另外还有一种是目前国内广泛应用的较先进的新型移门结构，移门上边装有定向导轮，在上部滑槽内滑移；移门下边装有滚轮，在半圆形轨道上滚动。移门配件和轨道一般用金属材料制作。此移门结构一般用于大衣柜等重型木质移门，移动十分平稳、灵便。

目前小型家具上多采用玻璃移门，它轻巧透明，具有移动的装饰效果。其装配主要采用塑料滑道或带滚轮的金属滑道等。装配时，将塑料滑道或滚轮滑道分别固定于顶（或上搁板）、底板（或下搁板）的嵌槽中，有时也可在顶、底板的表面不开槽沟，而将滑道直接订装或胶接在表面上。玻璃移门的上下边缘应当加圆并磨光。安装时，由于上滑道槽较深，将玻璃门上端插入上滑道，使下端入槽，并轻轻放入即可。移门拉手一般设计成凹陷式的。

③翻门：翻门又称翻板门、摇门，是围绕着水平轴线转动的门。翻门能使垂直的门板转动到水平位置，常作为陈设物品，或作写字台面用等。根据用途不同，翻门也可由水平位置翻转至垂直位置或者其他位置等。翻门的安装是用铰链（普通铰链、门头铰链、翻门铰链等）和牵筋（拉杆）与柜体等进行连接。

④卷门：卷门又叫百叶门或软门。卷门开启后不占据室内空间而又能使柜体全部敞开，但是一般制造很费工。前四种是用断面呈半圆形或其他型面的小木条（或塑料条），胶贴在帆布或尼龙布上加工而成。最后一种是用整张的胶合板胶贴在尼龙织物上，然后用薄刀片将胶合板划开成条状，一眼看上去颇似一块整板，只有收卷时才呈现缝隙，这种方法制造较方便。

卷门用小木条来制作时，对小木条的质量要求较高，因为只要其中有一根变形或歪斜时，就将妨碍整个门的启闭。小木条的厚度通常为10~14mm，要求纹理通直，材质均匀细密，没有结巴等缺陷，含水率一般为10%~12%。因此必须仔细选料和加工。

卷门的特点是有一定的柔性，它可以在弯曲的导槽内滑动，当门启闭时，它不像开门、翻门那样绕轴旋转，也不像移门那样滑向柜体某一边，而是卷入柜体隐藏起来。卷门既可以上下卷，也可左右卷。

⑤其他特殊结构的门：除了上述四种门以外，还有一些其他特殊形式的门，例如翻门与移门相结合的藏式门，以及折叠门等。该门共装有五根轴，其中一根轴固定在旁板上，有两根轴装有折叠铰链起折叠作用，另外两轴的上、下支点沿滑槽移动。这种门可将柜子全部打开，存取物品方便。

（4）搁板的安装结构

搁板是柜内的水平板件，主要用于分层存放物品，它与旁板的连接分固定和活动两种。固定安装有直角榫、燕尾榫、连接件连接，但常用的主要是插入圆榫、钉木条接合等。如图10-8所示。活动搁板可根据所存放物品的情况来调整间距，较灵活。安装方法也较多，搁板支承件种类很多。

（5）抽屉的安装结构

抽屉的安装从外部造型上看，一般分为外遮式与内藏式两种，如图10-9所示。外遮式有凹凸

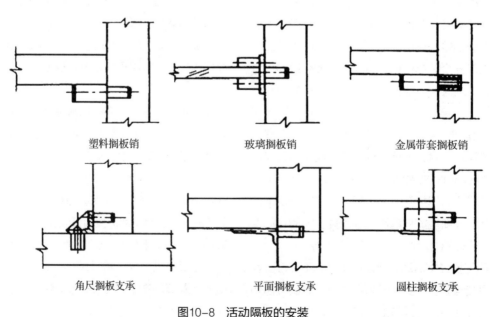

塑料搁板销　　　　玻璃搁板销　　　　金属带套搁板销

角尺搁板支承　　　平面搁板支承　　　圆柱搁板支承

图10-8　活动隔板的安装

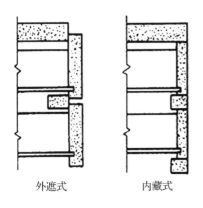

图10-9 抽 屉

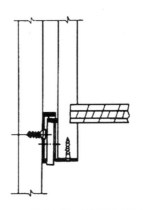

图10-10 重载托底式抽屉安装示意

变化的起伏感,优于内藏式。在加工精度方面,对内藏式的要求高,若正公差过大,屉面板沉不进去,即使能进去,活动也不自如,从而影响使用;若负公差过大,面板与柜体接缝处间隙则偏大,影响美观。因此,无论从审美角度看,还是从制作和使用方面考虑,外遮式均优于内藏式,所以目前外遮式被广泛使用。

抽屉的安装根据其启闭情况,多数是在柜体滑道上滑动。而滑动抽屉按其滑动方式有主要分为托底式和悬挂式。托底式抽屉安装方法很多,图10-10所示为重载托底式抽屉安装示意,因采用机械滑动导向装置,所以抽屉滑动轻便灵活。

承重型悬挂式抽屉装配时,先将抽屉旁板底部的滑道框架用木螺钉固定在旁板(或隔板)相应位置上,然后将抽屉放进上、下抽屉滑道之间。抽屉下接合处应留有0.5mm的间隙,确保抽屉抽拉轻便灵活。同时要求抽屉拉出2/3时,上下摆动不超过15mm;左右摆动不得超过10mm。

(6) 隔板的安装

隔板与顶、底板通常采用圆榫(或连接件)接合。装配时先在隔板两端及顶、底板相应处钻出与圆榫直径相同的圆孔,然后在圆榫上涂胶并插入隔板两端的圆孔。装配时将圆榫插入底板相应的圆孔即可。

(7) 搁板的装配

搁板与旁板的接合多采用圆榫接合,还可以用木条接合。

(8) 其他结构介绍

柜类家具除上述主要结构之外,还有挂衣棍、拉手、锁等零配件。挂衣棍的安装结构有两种方式:一种是对深度较大的衣柜,挂衣棍相对于旁板垂直安装,为加工及装拆方便,一般采用定型挂衣棍座(采用横断面与之配套的标准挂衣棍),打入旁板即可紧固。另一种是对于深度较浅的衣柜,挂衣棍与旁板采取平行安装,用带滑道的活动挂衣棍,滑槽固定在顶板下面,活动的挂衣棍可以自由拉出,服装取放方便而又不易被压皱。

此外,拉手、锁、垫脚等其他配件的安装也应重视,这些小配件,除满足特定的功能外,对家具的整体造型还能起到一定的点缀效果。

任务10.2　板式家具安装方法的运用及问题处理

任务目标

首先生产人员要熟悉家具生产图，其次掌握板式家具的结构。能熟练使用板式家具的装配工具等，以便按要求合理地装配。

任务描述

板式家具的预装是通过工人把家具零部件采用连接件和圆榫结合及现代板式五金配件组成功能各异的家具。只有熟悉家具预装的工艺和方法，才能达到装配要求。

10.2.1　安装方法的运用

10.2.1.1　柜类的安装

（1）侧装

侧装是指某一块侧板平放，依次安装顶、底、中侧、背板而后再合上另一块侧板，完毕使之站立上隔板门板等，此种安装方法一般用于安装高而窄的柜类，如多屉高桶柜，三门以下的掩门衣柜。

（2）立装

立装指底板先做好到位，依次装左、中、右侧，而后合上顶（面）板，完毕装抽屉，门等，它是一种一步到位的安装方法，一般用于地柜、床头柜及带后边条内插背板衣柜的安装，很少用于安装顶底板拼合而成且四门以上的衣柜，除非是在安装空间极为有限的情形下采用，此时难度较大。

（3）躺装

躺装是指安装柜身过程中，底、顶、侧均垂直于地面的安装方法，安装的顺序是先使一侧板和底板连接垂直地面，然后依次安装中板、顶板及另一侧，插入或钉背板，再立起柜身旋紧扣件，装门完毕，此种方法一般应用于四门以上且底顶板接合而成或大趟门衣柜的安装。

柜式家具的安装是家具安装的核心之所在，其他家具安装只是其翻板或延伸。

10.2.1.2　床的安装

（1）一般床的安装

常见的床由床靠、床身、床低片及床网或床板组成，安装时只要分清配件，床身的方向，顺序是先把床母搭起，前脚上好，再靠装床屏，没有太大的难度，初学安装，一般是从此开始。

（2）套床或带床箱床的安装

儿童套床的安装一般涉及上床和下床或组合柜、台等，安装时视情况而定，首先要确定各块板或条所在的位置再选择从上至下或从下至上的方法。

10.2.1.3　台类家具的安装

（1）书台的安装

①侧柜的安装：一般的书台都附有两侧或一侧的桶柜，安装时首先要从减少散乱板件的角度出发而安装好立柜或抽屉。

②面板和台脚的固定。

（2）妆台的安装

与书台的安装极为相似，不同之处在于安装完毕一定要对好角度上妆镜。

（3）餐台的安装

①板式和玻璃下结合的餐台可以先将面框和台脚连接，加固后上玻璃完毕。

②纯板式餐台可以先将面板反面平放，顺序

连接台脚。

③遇有吊板或吊玻，视情况而定。

（4）茶几的安装

与餐台的安装大同小异，因常见的是一些小而散的板件，对孔位的认知决定着安装的速度和水平，一般情况下，我们可以先将抽屉的部分装好，然后再于余下的板件中悟出其结构或最简便的方法。初次安装某款茶几时，应采取模拟安装方法，再实际操作。

（5）沙发

一般只涉及安装扶手、打脚等。拆装沙发不多见，因此一定要分清其配件的差别。

（6）玻璃金属类家具

纯玻璃金属家具包括茶几、餐台、酒柜等。安装此类家具时，必须借助专用的工具或根本就不用工具。因涉及到玻璃和平纹螺丝，所以垫片显得尤为重要。

（7）厅柜、组合类

安装此类家具前要对安装物的形状有印象，即使是从未见过的也要通过想象推测，然后确定安装。遵循从下到上的顺序，即先行安装底座，尽可能先木式到玻璃，由易到难。

10.2.2　安装过程中常见问题及处理

10.2.2.1　技术性障碍

即指对整件家具或某个部件缺乏安装把握。首先，在顾客家中安装，要克服心理因素的影响，摆脱紧张而致的压力。若不知从何入手，也不妨征询顾客此款家具的大体形状和特点，遇有部分不会安装或某个配件不知如何使用，可以先行安装较易的部分，以减轻思想压力，给自己尽量多的思考时间。

10.2.2.2　操作性障碍

指由于没有遵循规范的程序而导致的安装困难。比如，单独安装时，不结合实际，本该采取立装的柜子却侧装而一人无法完成、面板没有水平放下而导致一侧无法合紧。木针放错而导致穿板等，这些障碍的克服必须从规范自己的安装程度做起，举个例子，面与面的连结不仅要考虑到板条，还要兼顾扣件是不是也在同一个平面上，以防止很多情况下出现扣件必须采取硬性手段才能扣上的问题。

（1）产品本身的质量问题

产品出现质量问题是比较正常的事情，如各孔位不标准，背板尺寸有出入，顺板等，还有就是运输、上楼、乃至安拆装过程中产生的质量问题，可以修复或不影响使用的要努力就地解决或实事求是地向顾客解释，如调换方向、正反面等。否则，应及时记录、反映。

（2）空间性障碍

整套安装时，必须依据可用的空间和须装的空间确定安装顺序，大体上从柜到床，如安装单件家具，且空间十分有限，如顾客大部分卧房家具已购置，只须安装一件衣柜，且空间不大，那么只有改变安装方法。

10.2.3　板式家具安装规范程序

10.2.3.1　安装前的准备工作

这是一个极为短暂而又必须综合考虑的过程，其重点是制定简单的计划和顺序：

①依空间的大小及其他特殊情况确定各家具按拟定程序安装，即事先消除空间性障碍。

②确定了安装顺序，尽可能粗略地估计一下安装所须的时间，这样，有计划地实施安装，做到有条不紊，提高工作效率。

10.2.3.2　安装过程

（1）拆包

拆包前要找齐整套家具，依据包装的规律或以往的安装经验，首先打开有配件的分件，阅读安装说明书，这一点尤为重要，一个合格的家具安装工应知道配件包装所在，而且能够依据对安装家具的粗略了解，结合五金配件描绘出简单的安装说明书，拆包时应使用一字螺丝刀，沿包装胶带纸顺势一并划开，剥去丝绵纸，平铺于地面，以保护地板和家具。

（2）取板

在掌握了拆包的标准程序后，取板也会变得有条序，结合实例，如地柜或打算立装的衣柜，应先取出底板并做脚，如侧装衣柜或桶柜，则应先取出其中的一块侧板，总之，依安装顺序的需要取板，且忌抓不住头绪，使得家具板件散落满地，当然，也存在另一种方法，就是首先组装可以独立的小部件，如抽屉、侧、内柜等。取板时，如发现有些板件直到安装的最后才可能用到，如顶板、盖板、台面等，应归类顺序放置一边，减少安装过程中的混乱。

（3）打丝

打丝在于为下一步搭接作准备，针对不同情况，打丝也可采取两种方式进行：

①依搭接的需要顺序做丝。

②如能熟知配件的分类使用，也可以整体统一作丝，如有一种抽屉则可以把所有的桶面一并排开，全部做好小扣件丝，这样，随便拿出一块侧条，都有其放置处，细微观察，还可以减小放下、拿起电钻的交换频率，而且避免配件的遗失。总之，做丝应本着节省时间，方便安装的原则。

（4）搭接

搭接是安装过程中的核心之所在，其顺序的标准与否决定安装的速度和质量。搭接的顺序依安装方法的不同而各异，如柜式家具，不管是立装，还是侧装、躺装，要求首先考虑将底板做好，包括底饰条、脚钉要一步到位，以减少家具安装的大幅度移动。在搭接中，应尽可能选择容易的拼合方法，特别是遇到三面互相垂直的情况，要首先考虑搭起其中的哪两个垂直面，如有中侧板且扣件孔位在侧板的衣柜，在立装时应最后扣上某一块侧板。内插背板在搭起二至三个垂直面时就可以插上，在搭接过程中还应注意保护板面，

平放时，应垫纸板。所有的木楔必须上齐，否则，必将影响整个框架的稳固程度。总之，搭接是整个安装过程实践性最强的一个环节，只有在日常的模拟安装或实际组装中提高技巧和速度。

（5）调试与到位

一套或一件家具初步安装后通常或存在一定的技术性缺陷，这样就需要通过调试修正。通常的调试包括以下几方面：

①衡性调试，主要修正柜身与地面的水平度，要靠调节脚或增加脚钉等完成。一般的衣柜，应从稳定性出发，尽量使之后倾，实际中也不难发现，红苹果的衣柜，书柜，只是在面对向前的底上做脚钉以使柜身略向后倾，道理就在于此。而且地柜，餐柜的脚都采用旋入型，也同样是预留了调节的余地。

②抽屉的调试，即使是最先进的工艺或一流的技师，都会在孔位上产生或大或小的误差，经常会出现一组抽屉有撞碰或间隙不一、桶面可能不在一个水平面上的问题。这就要通过调试轨道或抽屉来修正。轨道的调试应该重新选定孔位。

③门的调试，也是最经常的操作之一。铰链的标准与不及柜身的变形与否都会影响掩门或趟门的美观性，调试的目的在于使之水平美观，调试过程中尽量避免使用电钻。

（6）记录

当拆包发现产品已有损坏或缺件时，首先应判定责任归属，明确了责任，再作相应的处理和记录，如是原包装断损或有划痕，应记录其检验号或包装工号，以便安装后及时上报业务部或货仓，安装完毕后，型号纸上应注明厂号、品名、安装工号、存在的质量问题（如二次包装后的安装还应写明包装的工号），此记录必须严格执行，否则，不予补件或提供售后服务。

（7）清洁善后

清洁工作贯穿于安装的始终，拆包应完整地取出包装盖纸，禁止随意撕损即行安装家具的包装，一套家具安装完毕，外包装应成套保留，丝绵纸，泡沫应收集在包装内，原则上不允许有多

余的配件。如确实多余，不能散落于地面，更不可放置于家具的抽屉中或其他隐蔽处。

10.2.3.3 板式家具装配加工举例

板式家具的种类较多，有衣柜、书柜、陈列柜、床头柜等，但其结构和装配方式基本相同。现以电视柜为例介绍其装配过程。

(1) 结构标准

首先熟悉电视柜的结构（如图10-11所示），电视柜可分解为：面板、箱面板、侧板、箱侧板、脚线、底板、五金支撑架、箱底板和抽屉。

(2) 常用配件及工具

包括三合连接件、定位木榫、五金件和拉手。

(3) 安装方法

先将预埋胶粒用胶锤敲入侧板的预埋孔内，胶粒要与板件的表面平整，不能凸出板件表面，如果胶粒凸出板件表面会导致板件结合时不严密，影响整个柜体的牢固。

将三合一连接杆用电钻或螺丝刀拧入侧板预埋胶粒孔孔内，连接杆要与板件表面成90°，连接杆与侧板胶粒连接要拧到位，如果连接杆和侧板连接不到位，板件与板件连接时会导致偏心件与连接杆锁不紧，产生松动，影响柜体的强度，一般情况下连接杆露出板件的长度为24~25mm。

将定位木榫插入面板，固定层架木榫孔内，定位木榫露出板件截面的尺寸8~9mm为宜。

五金件与柜体连接，螺丝必须要拧紧，高度要平整。

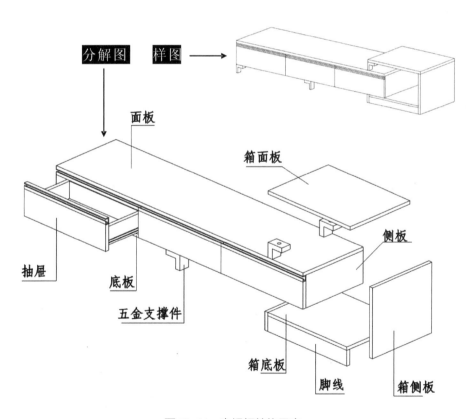

图10-11 电视柜结构示意

总结评价

按照要求完成实训考核标准总表。（参见附录）

思考与练习

一、解释下列名词

1. 手工装配
2. 半手工装配
3. 机械装配
4. 装配
5. 总装配
6. 部件装配

二、填空

1. 装配在准备过程中为了高效率、高质量的完成家具装配的任务，在进行装配前，应做好以下的准备工作：_____，_____，理解所要装配家具的结构和有关技术要求。
2. 装配其他配件、五金件时，要_____、_____，确保_____。
3. 总装配过程可以有_____和_____两种方式。
4. 目前常用铰接形式有_____、_____和_____等三种。
5. 装锁时，锁芯凸出门面_____mm，锁舌缩进门边_____mm左右，不得超过门边，以免影响开关。

三、简答题

1. 什么是板式家具装配？
2. 衣柜安装步骤是什么？

模块 3
软体家具生产技术

项目 11　沙发座框部件及其制作
项目 12　软质材料黏附与填充
项目 13　沙发外套部件及其制作

项目 11
沙发座框部件及其制作

项目导入

不同类型的沙发，有不同的框架结构，其制作材料和工艺均不相同。我国目前使用最为广泛的沙发还是以木质材料为框架结构的沙发。如果把沙发框架构造和人的解剖构造进行类比，框架结构可以称为"软体家具的骨骼"，它延伸到了沙发的每一个角落，是软体家具外在形体的内在支撑——承受沙发材料及外加载荷（人）的重量，保证形体稳固。依据人体工程学知识，合理设计沙发结构，保证结构合理、强度得力，确保沙发能够具有较长的使用寿命。

本项目围绕沙发框架部件的制作展开，将对沙发框架常用材料及其材性、结构连接、设备与加工工艺、木框架质量检验等进行学习。

学习目标

【知识目标】

1. 认识各类木方、胶合板、棉毡、簧、绷带、塑料网的作用及常用规格尺寸、密度；
2. 框架的结构连接特点；
3. 带锯机、开料锯、平刨、压刨、钻床、砂光机等主要设备安全、规范操作要点。

【技能目标】

1. 能说出主要材料的性能、规格、常见使用疏密度；
2. 能独立加工出一件框架；
3. 会依照木架模合理排料、正确开料，确保材料利用的最大化；
4. 会安全操作工具、设备制作、钉制木框架；
5. 懂安全操作知识，能合理规避风险。

任务11.1 沙发座框部件加工

任务目标

制作人员熟练掌握沙发框架部件材料、结构样式、加工工艺；懂得安全操作知识，能合理规避风险；会安全、规范操作相应家具设备、工具生产座框部件。

> **任务描述**
>
> 制造不同类型的沙发，具有不同的框架结构，其木架制作材料和工艺均不相同。我国目前使用最为广泛的沙发是以木质为框架结构的沙发。虽然形式不同，但它的基本工艺是相似的。任务仅介绍包木沙发制造框架结构的制作工艺。对于这一类的沙发框架的制作要经过选料、配料、下料、刨料加工、组框、打磨等一系列工艺加工。只有按照这些工艺规定，进行严格的技术加工，才能保证框架的质量，达到设计和使用的目的。

11.1.1 常见沙发框架部件加工设备

相对于纯实木家具，沙发木框架制作主要涉及配料（木板材的纵剖面、横截面加工等）、毛料加工（平刨、压刨、镂铣、精截等）以及少量的净料加工（开榫头、钻孔、铣型、砂光等）。相应的设备有单片纵锯机、横截锯、精密推台锯（人造板类材料加工）、细木工带锯机、平刨床、压刨床、立式铣床、镂铣床、立式单轴镂铣床等。

下面扼要介绍这些主要设备和工具。部分设备的安全操作在前面项目中做了相应介绍，这里不做详细说明。

(1) 单片纵锯机

单片纵锯机主要用于配料工段，纵向加工木板材、方材，如图11-1所示。

(2) 精密推台锯

精密推台锯主要用于配料工段，加工大幅面人造板材。可进行直角、斜角加工，如图11-2所示。

(3) 横向截料圆锯机

横向截料圆锯机包括横向截料锯、双端横向截料锯、吊截锯等，用于横向截断木材。双端锯可双端同时加工，定长；吊截锯还可开槽、加工斜角等。如图11-3、图11-4所示。

(4) 细木工带锯机

细木工带锯机用于锯制加工木板材、方材，主要进行曲线加工，如图11-5所示。

(5) 木工平刨床

木工平刨床用于刨削加工木板材、方材的两相邻侧面（基准面、基准边），如图11-6所示。

(6) 单面木工压刨床

单面木工压刨床与木工平刨床配合，依次刨削加工木板材、方材的另外两个相邻侧面，如图11-7所示。

(7) 立式单轴木工铣床

立式单轴木工铣床用于毛料加工工段，铣削加工木板材、方材的直、曲型面。弯曲面加工需

图11-1 单片纵锯机

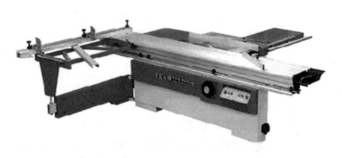

图11-2 精密推台锯

图11-3 双端横向截料锯　　图11-4 吊截锯　　图11-5 细木工带锯机

图11-6 木工平刨床　　图11-7 单面木工压平刨床　　图11-8 立式单轴木工铣床

要预先制作相应的曲面模具,型面加工则换为成型刀具,如图11-8所示。

(8) 木工镂铣床

镂铣机是上轴铣床,可安装钻头、成型端铣刀,主要用于铣削平面、曲面表面,加工各种长圆形榫槽,钻孔、扩孔等,其定位基准是由镂铣机的定位销和直线形或曲线形的模具来确定的,如图11-9所示。

(9) 立式单轴木工镂铣床

立式单轴木工镂铣床一般用于零件边部倒角加工,需要配备相应成型刀具,如图11-10所示。

(10) 卧式可调木工钻床

卧式可调木工钻床为三轴钻,可同时钻三个平行孔,如图11-11所示。

(11) 多向多轴木工钻床

多向多轴木工钻床可以同时加工弯曲零件侧面的榫孔,榫孔之间可以成一定倾斜角度,如图11-12所示。

(12) 单头直榫开榫机

单头直榫开榫机是出榫作业的加工设备,此机操作简单、灵活,是家具行业中出榫作业的首选机种,如图11-13所示。

(13) 立式单轴榫槽机

立式单轴榫槽机主要用于加工榫槽,使之与榫头相配合,该机榫槽长度及榫槽深度的调整很方便,采用杆下压进给主轴,操纵杆与水平的角度可根据操作者的需要进行调整,如图11-14所示。

(14) 气钉枪

气钉枪又称射钉枪。它是利用压缩空气的压力把钉子打进木板的,其外形和工作原理都与手枪相似。压缩空气压强为0.5 MPa左右,相当于5个大气压,因此射钉速度很快。操作时要注意不能直接对着人,同时要小心射钉打到木料上时可

图11-9　木工镂铣床

图11-10　立式轴木工镂铣床

图11-11　卧式可调木工钻床

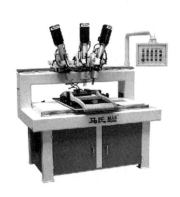
图11-12　多向多轴木工钻床

图11-13　单头直榫开榫机

图11-14　立式单轴榫槽机

能发生的反弹。作业时一般要求带平光镜，以保护眼睛，如图11-15所示。

压缩空气由空气压缩机（图11-16）提供，有的企业采用中央压缩空气系统，一个系统可为企业各个车间供应压缩空气。

（15）绷带自动张紧机

绷带自动张紧机适用于沙发、餐椅的松紧带拉紧。拉力均匀一致，效率高，配上连发钉枪效果更佳，如图11-17所示。

（16）木材配料、毛料加工的其他常见锯、刨设备

在沙发木框架的配料、毛料加工工段，还有一些加工效率相对更高的锯、刨设备，可依据企业规模、实际需要进行选择。如多片锯机用于木板分条，可同时加工几个宽的木板条，如图11-18所示；双面木工刨床（双面刨）可同时加工木方两个侧面，用于木方定厚，如图11-19所示；四面木工刨床（四面刨）可同时加工木方四个侧面，速度快，效率高，如图11-20所示。

11.1.2　沙发框架部件材料的选择

制造沙发的原辅材料主要包括支架材料、弹簧、软垫物、钉、绳、底带、底布及面料、胶黏剂、五金连接件等。现代沙发相对于传统沙发在制作材料方面的创新是由原来的全实木结构发展

图11-15 气钉枪

图11-16 空气压缩机

图11-17 绷带自动张紧机

图11-18 多片锯机

图11-19 双面木工刨床

图11-20 四面木工刨床

到以实木与人造板相结合的框架为主，减少或不使用弹簧，采用海绵等新型材料。

11.1.2.1 支架材料

木材、竹藤、金属、塑料等都可做沙发的结构材料。结构材料要求有足够的刚性和适当的韧度。鉴于中国的软体沙发制品广泛使用木材框架，本项目主要以木材框架为研究对象。

（1）木材

木材主要应用于软体家具的框架结构。同时软体家具的框架结构由原来的全实木结构发展到以实木与人造板相结合的框架为主。如沙发用各种木材作支架，可以很方便地钉固底带、弹簧、绷绳、底布及面料，使之具有足够的强度，能承受正常使用的动荷载与冲击载荷而不被破坏。

对于全包沙发的支架，所用木材的硬度应适当，而对木材花纹及材色无任何要求。因为硬度过小的木材（如杉木）握钉力小，会降低使用强度；硬度过大的木材，难以将钉子钉进去，会降低生产效率。一般采用来源较广、价格较便宜的各种松、杂木做支架即可。对于被全部包住的零部件，可用一般的松、杂木做支架材料；对于零部件外露的软体家具，如木扶手沙发、沙发椅及一般的沙发凳等，其外露的零部件，一般应选用木纹美观、材质好看、硬度较大的优质材，如水曲柳、橡木、樟木、桦木、榉木、柚木、柳桉、香椿、梨木、枣木等木材。

沙发支架用材的含水率，应低于当地木材年平衡含水率，一般应控制在15%~20%以内。木材中不得有活虫或白蚁存在，否则应进行杀虫处理，以提高支架的质量。图11-21所示为美式豪华全实木手工雕花出木布艺沙发；图11-22为简洁现代的实木框架沙发。

（2）胶合板

胶合板材料幅面一般为1220 mm×2440 mm。厚度规格为3 mm、5 mm、9 mm、12 mm、15 mm等。一般3 mm厚度的胶合板主要用于包覆木框架外侧，为后续贴覆海绵提供基准面和成型面；9 mm、12 mm等厚度的则通常用于沙发木框架的内部结构件，如图11-23所示。

胶合板的主要特点是幅面大，表面各个方向

图11-21　全实木手工雕花出木布艺沙发

图11-22　简洁现代的实木框架沙发

图11-23 胶合板

的力学性能均衡;不易变形,强度良好;加工方便,出材率高等。通常胶合板主要是辅助木材,用于构造沙发内架结构,与主材共同赋予沙发制品的形态、提高强度和稳定尺寸。

(3) 刨花板

刨花板是利用木材加工的下脚料、小径材及枝丫材所制成的刨花再与胶黏剂拌和,经热压而成。常见的刨花板厚度有16mm、19mm、25mm、30mm等。

刨花板按制造方法分为挤压法、平压法等。挤压法刨花板目前应用得较少,而平压法刨花板应用得相当普遍。平压法一般又分为单层、三层、渐变3种结构形式,它主要应用在简易沙发的框架结构中起到支撑作用,如沙发的座框、背框等部分都会用到,如图11-24所示。

(4) 纤维板

根据密度不同纤维板可分为高密度纤维板、中密度纤维板和低密度纤维板。用于家具制造的纤维板多为中密度纤维板,市场上常简称之为"中纤板"。

纤维板是利用木材或其他植物纤维制成的一种人造板。高密度纤维板结构均匀,强度较大,可以代替薄板使用;缺点是表面不美观,易吸湿变形,制造成本较高,一般不使用高密度纤维板制造家具;低密度纤维板密度较小,物理力学性质不及高密度纤维板好,但其绝缘、保温、吸音及装饰等性能优良,是室内装修的理想吊顶饰面材料;在沙发的制作过程一般会选用中密度纤维板作为沙发的用料,中密度纤维板在沙发上主要用于制造沙发扶手和靠背外侧等,这样不需要使用绷带和蛇簧,只要包上较薄软布材料,在必要部位加上软垫就可以。如图11-25所示。

11.1.2.2 支架配件

(1) 弹簧

软体家具沙发制品常用的弹簧有圆柱形螺旋弹簧、弓簧、半圆锥形螺旋弹簧等。

弓簧也称S簧或者蛇簧,常用于座框、背框,以支撑海绵和承受人体载荷。常见钢丝直径规格为Ø3.0mm、Ø3.5mm、Ø4.0mm等,弓形宽约为50mm,如图11-26所示。

图11-24 刨花板及沙发框架制品

图11-25 纤维板及其沙发制品

 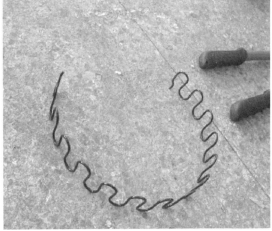

图11-26 蛇形弹簧（弓簧）

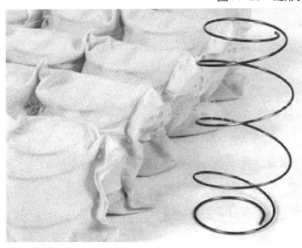 

图11-27 沙发座包的袋装螺旋弹簧

螺旋弹簧主要用于海绵座包内。钢丝直径规格为Ø1.0~2.5 mm，高为80~200 mm，如图11-27、图11-28所示。

圆锥形螺旋弹簧座框为弹簧组合体，可直接钉着于沙发木架边框上，如图11-29所示。

图11-28 座包螺旋弹簧

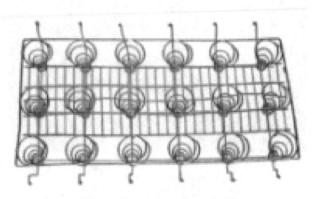

图11-29 圆锥形螺旋弹簧座框

(2) 绷带

绷带也称为橡筋，常和弓簧配合使用于沙发座框、背框，支撑海绵和承受人体载荷。绷带常用宽度规格为75mm、50mm等，75mm规格的受力大些，主要用于座框，50mm的则用于受力较小的背框；绷带的伸长率为40%~140%不等，可根据不同回弹需求加以选择。绷紧到木框架上时要适当拉长（拉长量约为连接长度的1/3）后再钉紧，如图11-30所示。

(3) 塑料网、棉毡

塑料网和棉毡都是覆盖于弓簧-橡筋弹性面上方，目的是隔离弓簧-橡筋的弹性面和海绵材料，避免使用时海绵被挤压入弓簧内造成开裂，降低使用寿命。塑料网和棉毡的作用相同，一般不同时使用，如图11-31所示。

(4) 钉、绳和胶黏剂（图11-32~图11-37）

制作沙发木架主要使用的钉有圆钉、木螺钉、骑马钉、鞋钉、气钉、泡钉等；使用的绳有蜡绷绳、细纱绳、嵌绳等。沙发制作中使用的胶黏剂主要有改性白乳胶等。

圆钉主要用于钉制支架；骑马钉主要用于钉固各种弹簧、钢丝及塑料网，也可用于固定绷绳；鞋钉主要用于钉固底带、绷绳、麻布、面料等；气钉（U形气枪钉）主要用于钉固底带、底布、面料。由于采用气钉枪钉制，故生产效率高，应用非常广泛；泡钉由于钉的帽头涂有各种颜色的

图11-30 绷带及应用

图11-31 棉毡、塑料网

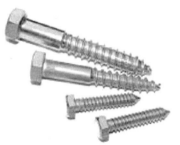

图11-32 木螺钉

图11-33 气 钉

图11-34 泡 钉

图11-35 鞋钉和骑马钉

图11-36 绳

图11-37 白乳胶

色漆，故俗称漆泡钉，主要用于钉固软体家具的面料，不过现代家具很少使用此钉，其原因是钉的帽头露在外表，易脱漆生锈影响外观美，所以应尽量少用或用在软体家具的背面、不显眼之处。

蜡绷绳由优质棉纱制成，并涂上蜡，能防潮、防腐，使用寿命长。其直径为3~4mm。主要用于绷扎圆锥形、双圆锥形、圆柱形螺旋弹簧，以使每只弹簧对底座或靠背保持垂直位置，并互相连接成为牢固的整体，以获得适合的柔软度，受力比较均匀。细纱绳俗称纱线，主要用来使弹簧与紧蒙在弹簧上的麻布缝连在一起；用于缝接夹在头层麻布与二层麻布中间的棕丝层，使三者

项目11 沙发座框部件及其制作

紧密连接，而不使棕丝产生滑移；第三个作用是用于第二层麻布四周的锁边，以使周边轮廓平直而明显。嵌绳又称嵌线，嵌绳跟绷绳的粗细基本相同，只是不需要上蜡，较为柔软，需用20~25mm的布条包住，缝制在面料与面料交接周边处，以使软体家具的棱角线平直、明显、美观。

沙发制作中使用的胶黏剂主要有两大类：一类是用在沙发框架制作上，用于三角木块的加固，如白乳胶；另一类主要是用于粘贴海绵，如喷胶。

11.1.2.3 装饰材料

外露于沙发皮、革、布面外的部分通常是扶手、脚、功能件（如小型玻璃、金属台面，便于置放茶具等），出于整体美学效果，这些部位的材料样式多。这些材料有的和沙发内架连为一体（如扶手、脚），起结构连接和装饰作用；有的独立性强，只起装饰作用或兼作功能件。

（1）木材

装饰用木材通常密度和硬度较大，纹理美观、材质好，观赏性强，如红木、水曲柳、樟木、榉木、柚木、橡木、柳桉、锥木等。图11-38为锥木。

（2）金属

金属材料在沙发上的运用也比较广泛，如图11-39所示。金属材料强度大、可塑性强，可任意弯曲成型。可用金属管材、板材、型材等塑造不同造型，运用电镀喷涂等加工工艺获得多彩的表面装饰效果。电镀材料分别有金、铬等，不锈钢、镜面不锈钢等材料可经磨砂、拉丝和激光雕刻等加工。

金属饰材多数是预制件，厂外订制，选用时应细心检查表面是否光洁、平整，是否有缺陷。

（3）塑料

塑料是高分子材料，具有可塑性强、隔热绝缘等特点。通过前卫的设计理念，结合塑料加工工艺进行浇灌、模压等加工，可制成外观与功能俱佳的沙发预制配件。

塑料件表面应光洁，无裂纹、皱褶、污渍、

(a) 横切面　　(b) 生长木

(c) 径切面　　(d) 弦切面

图11-38　硬木——锥木

图11-39 沙发的金属装饰角配件

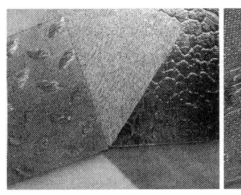

图11-40 几种装饰有机玻璃及局部放大

明显色差。例如图11-40所示为几种装饰有机玻璃（PMMA亚克力），其化学名称是聚甲基丙烯酸甲酯。经过特殊处理的亚克力耐刮、手感圆润柔滑，并且表面不易沾土、污渍、水渍或指纹印。

（4）玻璃

采用高硬度的强化玻璃与实木、五金和大理石等其他材料通过款式设计搭配，融合在一起，可给家具、居室内添加多姿多彩的视觉效果，如图11-41所示。

玻璃件外露周边应磨边处理，安装牢固；玻璃应光滑，不应有裂纹、划伤、沙粒、疙瘩、麻点等缺陷。

（5）石材

花岗岩、大理石具有自然、优美的色泽、纹理，人造石也有着优良的装饰效果。近几年，随着加工工艺水平的不断提高，可运用古典的雕刻技术和现代科学的加工相结合制造出完美的天然石材家具、家居饰面材料，如图11-42所示。

（6）水晶

水晶能与钻石相媲美，它象征着富足与尊贵，一直以色泽清澈纯美、高贵奢华而著称。通过精心设计和加工，将水晶运用在沙发上能使其显得无比奢华和尊贵。

11.1.3 沙发框架部件的制作方法与工艺

沙发框架的制作要经过选料、配料、下料、刨料加工、组框、打磨等一系列工艺加工。只有按照这些工艺规定，进行严格的技术加工，才能保证框架制作质量，达到设计和使用要求。

11.1.3.1 选料

选料是一个重要环节。根据沙发的设计标准所挑选的木质材料，其规格、质量是否合乎要求，直接关系到整个框架的优劣。选料时应防止"大材小用"，做到充分利用和节约原材料。特别是对

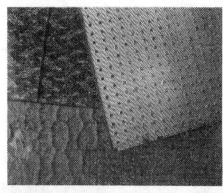 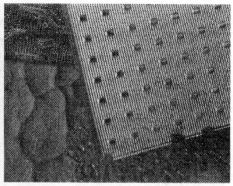

图11-41　几种装饰玻璃及局部放大

图11-42　几种装饰石材及局部放大

于直接外露部位的实木材料，应选择质地较好、木纹美观的材料，有节疤、虫眼的木料应安排在包覆的部位上；受力较大的部件，需挑选木质坚硬、弹性较好、容许应力较大的木料；弯曲的沙发腿，尽量顺其自然，采用弯曲木材、顺应弯曲锯取，既省料又确保强度。木质复合材料的选择，要保证材料具有足够的强度与握钉力。

11.1.3.2　配料

目前，我国在木家具生产中，由于受到生产规模、设备条件、技术水平、加工工艺及加工习惯等多种因素的影响，其配料方式是多种多样的。但总的看来，大致可归纳为单一配料法和综合配料法两大类。

（1）单一配料法

单一配料法是指将单一产品中的某一种规格零部件的毛料配齐后，再逐一配备其他零部件的毛料。这种配料法的优点是技术简单、生产效率较高。但最大缺点是木材利用率较低，不能量材下锯和合理使用木材，材料浪费大。另外，裁配的板边、截头等小规格料需要重复配料加工，增加往返运输，降低了生产效率。因而，适用于产品单一、原料整齐的家具生产企业的配料，如图11-43所示。

（2）综合配料法

综合配料法是指将一种或几种产品中各零部件的规格尺寸分类，按归纳分类情况统一考虑用材，一次综合配齐多种规格零部件的毛料。这种配料法的优点是能够长短搭配下锯，合理使用木材，木材利用率高，可保证配料质量。但要求操作者对产品用料知识、材料质量标准掌握准确，操作技术熟练。因而，适用于多品种家具生产企业的配料，如图11-44所示。

配料时，应根据锯材类型、树种和规格尺寸

图11-43　倍数毛料划线及单一配料法

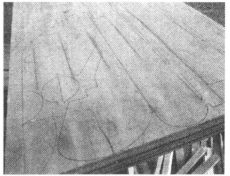

图11-44　综合配料法

以及零部件的规格尺寸。锯材配制成毛料的方式有如下情况：由锯材直接锯制符合规格要求的毛料；由锯材配制宽度符合规格要求，而厚度是倍数的毛料；由锯材配制厚度符合规格要求，而宽度是倍数的毛料；由锯材配制宽度和厚度都符合规格要求，而长度是倍数的毛料。

11.1.3.3　下料

如果部件形状是直线形的，可在圆锯机上加工制得，工艺比较简单；如果部件是弯曲件，没有合适的弯曲木材，也可采用锯制弯曲、方材弯曲或胶合弯曲的方法制作。弯曲时，工艺相对复杂，加工速度也比较慢。

锯制弯曲工艺简单，不需要专门的生产设备，用细木工带锯机加工即可。但木材利用率低，木材的纤维被切断，制成的零部件强度降低，纤维端头暴露在外面，铣削质量和装饰质量比较差。而方材弯曲和胶合弯曲可以克服以上缺点，在国内被广泛采用。

方材弯曲部件表面保持了木材原有纹理，但需预先进行软化处理，常因选材或工艺条件控制不当造成弯曲毛料的破坏，而且回弹现象比较明显。

胶合弯曲的芯层材料等级低于面层材料，可以制成形状复杂的曲线形零件，也可以进行多向弯曲，形状稳定性比较好，生产工艺相对简单，操作容易。

人造板的下料主要根据打样模板进行画线，然后利用带锯机等设备进行曲线下料，以满足沙发造型的需要。

在现代沙发生产中，人造板材料应用越来越多。主要原因是人造板的众多优点从很大程度上弥补了杂木的不足。同时，人造板更有利于沙发框架造型的实现。为了合理利用人造板，通常需要先画线，再下料开板，如图11-45所示。

图11-45　木料下料

11.1.3.4 刨料加工

框架材料大部分是长方形木料,刨削前应先查看木纹方向,顺木纹方向刨削。如果出现崩茬现象,多数由于刨刀不快、刨刀外露部分不均匀等原因,应及时加以校正。在刨削加工中的净光木料,相邻的两边应呈90°。用卡方尺(也称拐尺)卡量两端和中间三个部位,看其是否方正,刨去不方正部分,直到整个部件光洁、平整、通直为止。

框架材料刨光后,有些外框架需要加工出一些成型槽,一般在镂铣机上加工。有的还需要雕刻,可用模具在镂铣机或雕花机上加工,也可以由人工加工。需要榫结合的地方要进行榫头加工。一般榫头可用出榫机加工,榫眼可以由榫眼机加工,如图11-46刨料加工。

11.1.3.5 钉架组框

木框架装配主要指采用钉枪将各个零件钉接起来。组框工段一般是先进行座框、背框、扶手框等部件的安装(相关零件、塞角等钉接成部件),再将这些部件与胶合板及其他零件钉接、组装,直至得到完整的沙发木框架。组框时要体会胶合板的连接桥梁、塑形作用。图11-47~图11-49为组框现场,图11-50为木框架成品效果。

装配过程中要注意确保形状和角度的正确性,经常用卷尺等工具检测形状和角度。

(a) 部件刨光

(b) 部件铣槽

(c) 部件雕刻

图11-46 刨料加工

图11-47 沙发木框架组装车间

图11-48 沙发木框架组装现场(模板可见)

图11-49 沙发木框架组装现场

图11-50 沙发木框架成品

图11-51 沙发部件手工打磨

11.1.3.6 打磨

前面分别讲述了木材的配料、下料、刨料。作为沙发制品而言，这几个工段完成后，可得到表面光洁的净料，接下来基本可以进行沙发木框架的装配。

因此，此处所讲的其他加工主要指沙发外露的木制零部件在配料、下料、刨料加工基础上的后续加工。通过打磨砂光工序得到光洁的表面，便于进行后续的涂装作业，起到衬托、呼应沙发主体的艺术效果。图11-51为沙发部件手工打磨。

11.1.4 沙发框架部件加工举例

制作沙发框架是制作沙发最基础的工作。框架是沙发主体结构，要满足造型要求和强度要求。在这一环节中，选择什么样的材料来制作框架就十分重要了。以下就以山东某家具公司生产沙发的过程为例介绍一套沙发的框架制作流程。如图11-52、图11-53所示为沙发成品及其框架。

11.1.4.1 材料选择

制作该款沙发的胶合板，会根据不同的用途选择不同规格的胶合板，含水率9%~12%都可以使用。在沙发框架的主要部位会用到的长木条主要是桦木，要求板材不能有明显的结疤、裂痕和过度弯曲，这样才能使制作的沙发框架不易变形，如图11-54~图11-58所示。

11.1.4.2 所用的设备

使用设备为精密推台锯、带锯机、气钉枪、气泵等。前面在"常见的沙发座框部件加工设备"介绍过，这里不做介绍。

图11-52　成品沙发

图11-53　沙发框架

图11-54　胶合板

图11-55　桦木条

图11-56　缺陷木料

图11-57　精心选料

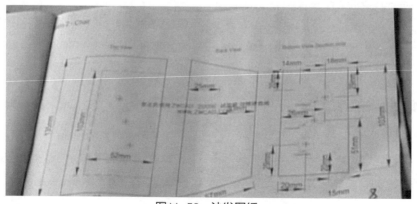

图11-58　沙发图纸

11.1.4.3 制作过程

在正式制作之前要做到"有图可依",根据沙发的图纸可以做出来沙发的模板。通常一套沙发需要4~5套模板。模板的材质有纸板、皮革等。如图11-59、图11-60所示。

模板的使用方式,比如沙发扶手的模板,最大的会在制作外饰时使用,如图11-61(a)所示;稍小些的会在内饰时使用,如图11-61(b)所示;最小会在沙发框架时使用,如图11-61(c)所示。

首先制作的是沙发框架的座架,如图11-62所示加深的部分为沙发的座架部分,图示的这个半圆弧的部件是沙发框架中座架的一个部分,位

图11-59　根据图纸制作模板

图11-60　沙发模板

  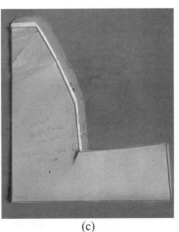

(a)　　　　　　　　　(b)　　　　　　　　　(c)

图11-61　扶手的各种模板

于整个沙发框架的中层位置。半圆形部件是沙发框架承受人体重量的重要结构，使用25cm厚度的胶合板来制作。如图11-63所示用模板在胶合板上画线，也是为裁切部件所画的参考线。

然后根据在胶合板上模板的画线，用带锯机进行裁切，如图11-64所示。裁切的圆弧框架，要求弧度过渡自然平整，如图11-65所示。裁切后的部件要与模板进行核对，误差要保持在0.2cm以内才可以使用，如图11-66所示。

用同样的方法加工其他的曲线部件，如图11-67所示。核对没有错误后，然后标记好名称整齐的码放在一起备用，如图11-68所示。

接下来还要加工一些木条，如图11-69所示，在制作沙发的靠背和扶手会用到的横档，如图11-70箭头所指的框架部件就是所要加工和安装的木条。

根据木条的尺寸制作要求，调整机器数据后进行抛光，木材表面会变光滑的同时也完成了尺寸加工，如图11-71、图11-72所示。

最后按照木材的长短要求进行裁切，如图11-73、图11-74所示。

用同样的方法完成所有的横档加工之后，在

图11-62　沙发框架及座架

图11-63　用模板在胶合板上画线

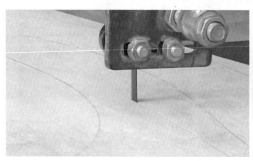

图11-64　裁　切

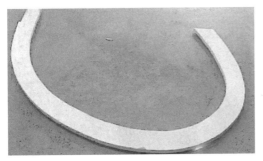

图11-65 裁切后部件效果

图11-66 核对误差

图11-67 加工的其他部件

图11-68 核对后整齐码放

图11-69 木 条

图11-70 箭头所指木架的横档

图11-71 下料尺寸表

图11-72 刨切木条

项目11 沙发座框部件及其制作

图11-73 量尺

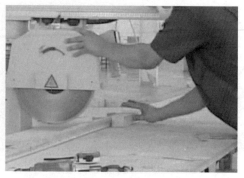
图11-74 裁切

图11-75 标记好的部件放在托板上

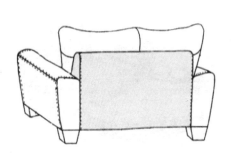

图11-76 沙发靠背部分示意图　　　　图11-77 组装靠背框架

木条上做好名称标记，分类放到托板中备用，如图11-75所示。

下一道工序是框架组装，大多数企业组装通常从沙发的靠背框架开始，如图11-76、图11-77所示。

组装框架时都会将每个即将对接的木料两侧刷上乳白胶，胶能起到稳固框架和定位的作用，如图11-78所示。

确定位置后用气钉枪打钉加固，钉与钉之间的距离基本上保持在5cm左右，如图11-79、图11-80所示。

在组装沙发框架时，会经常用到三角形木塞，他们的共同作用是：完善沙发结构、加固支撑框架，而一些大的三角塞比如安装在沙发框架底面的四个三角塞，是用来安装沙发脚时用的，如图11-81所示。

组装框架时要根据图纸仔细核实安装距离以免造成失误，用同样的方式就可以安装沙发的其

图11-78　框架及木料两侧刷胶

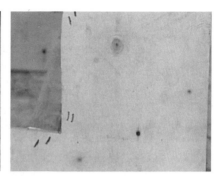

图11-79　气钉加固　　　　　　图11-80　气钉间距

图11-81　三角塞及不同部位的加固

项目11　沙发座框部件及其制作

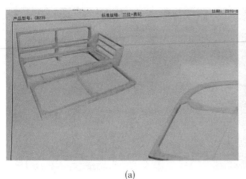
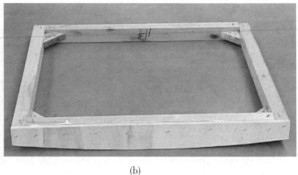

(a)　　　　　　　　　　　　　　(b)

(c)　　　　　　　　　　　　　　(d)

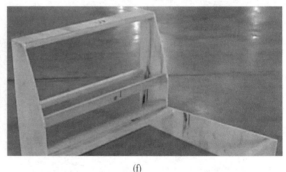

(e)　　　　　　　　　　　　　　(f)

图11-82　依照图纸安装框架的其他部分

他组成部分，如图11-82所示。

在组装沙发座架的圆弧部分时，上下支撑件的立面圆形支撑材料，是形状相同的模块，刷胶后先将模块分别立放在上下板之间，木块的数量没有具体规定。只要调整好合适的距离能够牢固均匀地支撑起圆弧的框架就可以了。确定好木块的位置还需要用气钉进行加固。如图11-83为圆弧部分的组装顺序。

整个沙发框架制作完成后，还需要6~8h的自然风干，使乳白胶凝固、干透才能进行下一道工序，如图11-84、图11-85所示。

下一步是框架打底。沙发中最柔软舒适的是沙发的座包，这座架底面安装的绷带和S型弹簧有很大的关系，以弧形座架来说，先在板材上均

图11-83 沙发框架圆弧部分组装顺序

图11-84　框架组装完成

图11-85　乳白胶凝固6~8h

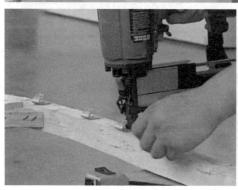

图11-86　安装S型簧扣

匀地钉上S型簧扣，S型簧扣的沟口两两相对应，如图11-86所示。

根据对应簧扣的距离，确定好S型弹簧的长度，把剪切好的S型簧两端固定，两端相对应的S型簧扣上，一根S型弹簧就安装完成。其他的S型簧也按照相同的方法进行安装。然后把安装的S型簧扣闭合，再用气钉固定闭合、固牢。如图11-87~图11-90所示。

S型簧安装完毕后要用弹性绷带进行加固，绷带要隔一根S型簧穿一下，在弹簧上呈S型穿过，绷带两端要尽量拉伸，用气钉分别固定在框架两端。绷带也会被安装到沙发的靠背框架上，沙发绷带的使用数量和沙发的款式和工艺要求有关。如图11-91~图11-93所示。

沙发背框部分，因为不需要承担过多的重量，只用绷带就可以，沙发的屏后可以选用透气

 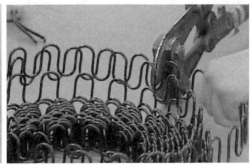

图11-87　量取S型簧并剪切

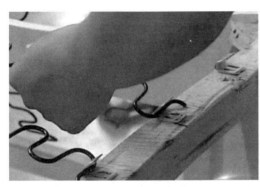 

图11-88　固定S型簧

 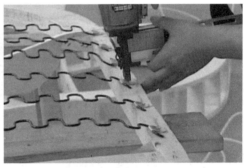

图11-89　闭合簧扣　　　　　　　　图11-90　气钉固牢簧扣

图11-91　绷　带　　　　　　　　　图11-92　绷带在S型簧上的穿插方式

图11-93　气钉两端固定

图11-94　背框绷带打底

图11-95　整体打底效果

图11-96　沙发框架屏后封闭

性较好的材料，如编织布等进行封闭。如图11-94~图11-96所示。

根据沙发档次的不同需要，处理沙发扶手框架时，可以用2~4mm厚的复合纸封闭，沙发的其他组合部分也按照这样的方法进行处理，如图11-97所示。

沙发的其他组合部分也按照上述同样的方法进行处理，这样沙发框架的打底所有工序就完成了，如图11-98所示是沙发打底的最终结果。

图11-97 扶手框架复合纸封闭

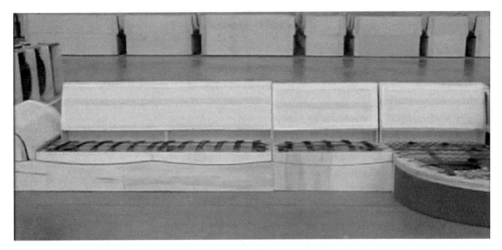

图11-98 沙发框架打底最终结果

总结评价

按照要求完成实训考核标准总表。（参见附录）

思考与练习

1. 支架材料有哪些？各有什么特点？配件和装饰材料分别是什么？
2. 说明座框部件的结构连接特点。
3. 如何进行木材选料？如何确保木材加工时的高出材率？
4. 框架材料加工的主要设备是什么？简述加工一件直线方材零件和一件曲线方材零件所用的设备、加工工艺。

拓展提高

企业案例一 沙发木架生产作业指导书

××家具公司沙发木架生产作业指导书

为了提高××家具公司沙发产品的品质，使生产各工序规范操作，减小各员工技能水平差别，特制定沙发木架生产作业指导书。

一、生产工艺流程

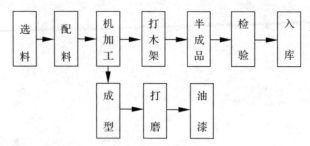

二、各工序生产作业要求

1. 选料

1.1 配料前，所选板材必须经过干燥，含水率要达到8%~12%，到达此标准后进行备料。

1.2 选取材料时，应注意所选材料外表缺陷、腐朽、虫蛀（活节、斜纹等）不能超过用料的20%。

1.3 备料时，应按照生产任务通知单，根据图纸（或样品）要求所附的原材料规格表，备足不同材料所需规格尺寸的木材。

2.配料

2.1 齐头截断，截去端头开裂无用部分，横截时靠挡要符合所需的尺寸要求，必须与锯片平行，并保证一定的加工余量。

2.2 压刨送料时要调整好机械设备，规格尺寸不能过大或过小，要求准确。

2.3 横截锯靠挡要符合所需的尺寸要求，必须与锯片平行。

2.4 要保证锯片的锋利程度，以保证加工质量。

2.5 保证规格料的长度加工余量，不超过10mm。

2.6 用材不允许出现腐朽。

2.7 截规格料长度误差在±1mm之间。

2.8 码料时，按同一规格单位分开并码放整齐，量料时以料最小头截面尺寸为准。

2.9 不允许出现平行四边形现象，不允许端头严重崩茬和大斜头出现，斜头控制在2mm。

2.10 严格检查加工后的板件，不允许有缺角、疤节、裂纹等缺陷；正确使用机器，不允许有锯弯现象存在。加工后边部缺口不能超过0.3mm。

2.11 进料时要在运输带的作用力下匀速进料，以保证板件的加工质量及保证安全生产。

3.机加工

3.1 用平刨机床刨切板条的两个基准面，用压刨机床刨切另两个相对面，确保净料尺寸，根据料的大小，分粗刨和细刨两次加工成规格料。不准带树皮，倒棱5mm。

3.2 打眼开榫，要按图纸要求，确立榫眼的部位和形状（分长、方、斜、圆）确定尺寸大小深浅；榫眼应小于榫宽0.1~0.2mm，榫宽应比实际尺寸大0.5~1mm，榫必须通满、严密、牢固。

3.3 多层板下料必须按照样板或提供的图纸尺寸先画线再锯裁；画线时，可以根据生产的不同型号沙发的样板按照样板大小、形状实行套裁法，所画板件与样板误差为±2mm，最大程度提高材料的使用率。

3.4 小带锯加工各样沙发样板时，应按照样板不同型号规格尺寸留出加工余量，经过立刨加工的样要留出线外3mm的加工余量，无立刨加工的应按实际画线来锯割。

3.5 下料规定：不能超出样板3mm，料头不允许超过10mm，为节约原材料必须采取充分套裁板方件。

3.6 外表用料不得使用有虫蛀、腐朽、节子、树脂囊等的木材，斜纹程度不得超过20%。

3.7 车木线型应一致，凹凸台阶应均匀对称，对称部位应准确，车削线条应清晰，加工表面不得有崩茬、刀痕或砂痕。

4.打木架

4.1 根据沙发型号选择相应的备料，包括木撑、多层板及其辅助材料。木撑要求不带树皮、毛刺、虫眼等缺陷。

4.2 按照图纸或提供的尺寸进行木架制作，木架每一个连接处必须先涂白乳胶然后再连接，涂胶量均匀、适当，以胶合后全有胶且不能出现流挂为主。

4.3 底座框架采用榫眼结构，其他部位采用U形钉连接。结合处不准有劈裂、短缺崩茬，主要受力部位采用硬质木材。

4.4 框架制作时必须选择在平整的台面上制作，以保证各部位横平竖直，框架底面必须在同一水平面上。

4.5 底座框架上的蛇簧长度采用600mm，蛇簧内间距保持在70~100mm之间，以防止底座塌陷。

4.6 底座框架上的绷带间距，有蛇簧的，采用50mm宽的硬绷带与蛇簧交叉绷拉，其内间距保持在60~80mm内；没有蛇簧的采用70mm宽的硬绷带交叉编制，内间距不超过50mm。

4.7 后背框架上绷带采用软绷带，竖拉内间距在150~200mm内，横拉内间距在40~60mm内。

4.8 框架上的绷带松紧度要合适，50mm宽的硬绷带1m要拉到1.4m，70mm宽的硬绷带1m要拉到1.2m，软绷带1m要拉到1.5m。

4.9 沙发长度超过1.7m的中部均加腿，因此框架中部要考虑上腿的结构。

4.10 架子外观要求对称、端正、高度、仰度一致，尺寸与样板相符，外表应倒棱，圆角应对称均匀。

4.11 拼板料必须涂胶且适量、均匀。

4.12 沙发架涉及外表面处要均匀倒棱R 5mm。

4.13 沙发架长度1m以上的对角线应≤5mm，长度1m以下应≤3mm（包括床头架）。

4.14 架子应方正，翘曲度≤2mm。

4.15 架子孔位一定要定准确，公差为±1mm。

4.16 架子经摇晃试验，不能出响声。

4.17 蛇簧的装钉及绷带的装钉应牢固，用手揿后应无摩擦声，回弹性好。

4.18 所有蛇簧和金属应做防锈处理。

4.19 组装开口榫、直角榫、榫头、榫眼必须吻合，孔眼大小一致，无高低不平现象，外表面要平整。

4.20 直角固定三角必须涂胶，枪钉垂直于边，固定大面积多层板接触面必须涂胶。塞三角组装后缝隙不大于0.1mm。

4.21 配件和蛇簧应做防锈处理，未经防锈处理和锈蚀的不允许使用。

4.22 外表应倒棱，圆角应对称均匀，对称部件的材质纹理、颜色应相似，外表应细光。

4.23 枪钉一定要打在木头里，不能打弯，若有弯的或没打进去的，必须用锤头向里打平。

4.24 检验员盖章方可流转下道工序，且在沙发架上应盖有操作者印章及日期。

4.25 床头打孔时孔位要正，误差要求±1mm。

4.26 沙发架及床头所钉蛇簧的卡子必须用皮垫垫好，以免发生响声。

4.27 制作完的木架落地平稳、外形平直、结构严实，圆弧处圆滑协调，外表清洁，不能出现毛茬，外形尺寸误差控制在±2mm范围内。

5.油漆件成型

5.1 根据沙发的款式设计协调美观的花形并选择优质木材。

5.2 根据花形画线、放样，并标明各部位的深浅。

5.3 先雕刻出花形的雏形，再精雕细凿。

5.4 线形与雕刻无毛刺，保证花形原样，立体感强，保证两边花形对称一致，保证雕刻工艺的深度适合产品的要求。

5.5 雕刻完毕后，用砂纸打磨光滑，无刀痕、崩茬、无砂痕迹、漏砂、划伤现象。

5.6 砂光后净料尺寸与图纸要求相符；保证线型光滑流畅，线型棱角分明，清晰可辨，保持圆边弧度，统一规范。用力大小要适当，避免加工件折断、变形。

6.打磨

6.1 根据加工工艺要求，选择合适粒度大小的砂纸砂光。

6.2 砂光后的板件必须平整光滑、保证板件表面无凹凸处存在；板件要轻拿轻放，杜绝碰伤、划伤现象发生。

6.3 板件倒棱标准：沙发外架均需倒棱5mm。

6.4 砂光后的板件净料尺寸与图纸要求相符，板件摆放整齐有序。

6.5 砂光到位，圆边到位，手感无粗糙、高低不平现象。细砂光不允许变形，圆边无糊面，无毛刺，组装无胶花，无卡字印。

7.着色

7.1 合理配比颜料，着色后的板件颜色必须与样板相近。

7.2 严格检查着色前板件的正面，要求无砂漏、毛刺、划痕，无明显的透胶，无钻痕、死节。

7.3 着色前必须将板面的灰尘、杂质等清除干净。

7.4 着色到位，顺木纹方向着色，保证普遍、均匀、颜色深浅一致；发现板面有胶等现象，要及时处理，用砂纸磨好。

7.5 板材要清洁、美观，分色线要分明整齐，根据图纸要求应着色的部位不允许有漏着色；不该着色不应有色，产品正面不得有花色，其他着色部位色花不得超过2处。着色后不均匀一致的要进行补色。

7.6 着色后的板件必须在温度25℃、相对湿度70%以下，放置24h使板件含水率达到8%~12%后，方可喷漆。

7.7 保证着色后的板件在明暗处应自然流畅美观、颜色均匀一致。

8.油漆

8.1 喷涂压力不应过高，应控制在0.35~0.5MPa，喷枪嘴与板面的距离应保持在200~250mm，距离过近所喷出来的涂层难以均匀，过远则涂层变得毛糙，不光亮，严重时还会出现小气泡，会导致涂膜的附着力及涂料雾化损失增加。

8.2 喷涂时要求喷嘴相对被喷涂面做等距离平行地上下或左右匀速移动，这样才能做到垂直喷涂，确保涂层的平整度要求。

8.3 喷涂方法一般是先对板件横木纹方向平行移动往返喷涂，接着再沿木纹方向平行移动往返喷涂。喷枪移动的速度要均匀，移动速度的快慢，要根据所喷涂的涂层的厚度或是否流挂为准。

8.4 搬板后仔细检查着色后的板面，要求无漏色，无明显透胶、白点、划痕、毛刺、缺边、色花等缺陷；若发现质量问题，经技术人员鉴定后立即返回着色车间；发现质量问题没有返回而继续油漆的，由责任人负责经济损失。

8.5 喷漆前应打填充剂，填充棕眼；两次油漆喷涂时间间隔不能过短：一次性喷涂不能过厚，以防止鼓泡现象发生。

8.6 喷涂后的板件无流淌、流挂、橘皮、发黏、无凹凸、无裂漆、边、角、棱应平直、饱满、圆滑、无胀边，漆面无鼓泡、针孔、尘粒、白点、白楞、划痕、无木孔沉陷等，厚度均匀，颜色一致，厚度应在0.35~0.45mm。严禁漆膜太厚而影响油漆的附着力。

8.7 检查喷底漆后所呈现出的颜色是否色泽一致，色度浅的进行补色，以符合油漆色板的颜色及效果，喷涂涂饰量要灵活掌握，空气压力不超过0.2MPa，不得修花，修流挂。

8.8 喷漆房、干燥室内灰尘对漆面质量的影响较大，工作结束后，做好喷漆设备的清洗工作。

8.9 严格控制喷涂量，底漆为120~140g/m²，面漆为100~110g/m²。严禁漆膜太厚而影响油漆的附着力。

8.10 根据所要求涂层的厚度及被喷面的形状，选择合适黏度，按黏度的大小配比加稀料，配比后搅拌均匀，等油漆的气泡消失后再使用，否则会影响喷涂质量；处理好板面，应清洁、无油水。

8.11 固化剂按规定的比例加入涂料中，对加入固化剂的涂料应尽快用完，一般不超过4h。对不饱和的涂料须边加入、边调和、边使用，否则涂料就会胶凝，不能涂饰，造成浪费。

8.12 填充剂厚度要适当，填充剂应是同一个系列、同一个性能，底漆和面漆喷涂时间相隔应不超过24h，严禁喷涂后漆膜太厚，否则都会影响漆膜的附着力和理化性能。

8.13 油漆与固化剂、稀料、填充剂等配比要精确，以保证漆膜有较好的附着力和理化性能。

8.14 确保油漆质量，必须保持一定的间隔时间方能转序，完成喷底漆——8h——修色——6h——面漆——24h——打包工序。

9.油漆砂光

9.1 砂光要求用力均匀适当，不能有漏砂、横砂痕、划伤砂漏现象。

9.2 严禁把边角砂过头；工艺缝砂光必须到位。

9.3 板件要求的正反面都必须均匀砂光平整，保证板件表面无凹凸处存在，砂光后板面油漆厚度要保持不低于0.3mm。

9.4 砂光要求用力一致、均匀，以防止出现砂光托印、砂光圈、粗砂痕迹等现象，保证邻边垂直度达到90°。

9.5 砂光后的漆面要平滑，砂路要直，不能有沟痕、白点、黑斑、划痕、鼓泡、针眼等缺陷，否则需补漆再做砂磨。

10.检验

10.1 各工序操作员必须对本工序涉及各事项进行自检，包括领取的材料、转入来的备料和上道工序、完成的本工序，自检是否符合生产要求，不符合要求的进行更换、返工或告知车间负责人进行解决。

10.2　车间主任和质检员负责对本车间员工进行生产技能培训，严格要求各道工序操作员按相应的作业指导书操作。

10.3　质检员必须对每件半成品和成品进行检验并标识是否合格，只有合格的产品才能入库。

10.4　检验时要做到看、压、摇、量等方法，保证各部位结构连接牢固，无异响，尺寸在允许的误差范围内。

企业案例二　企业沙发车间设备作业规范

1. U钉枪作业规范

作业类别	U钉枪	制订日		制订人		审核人	

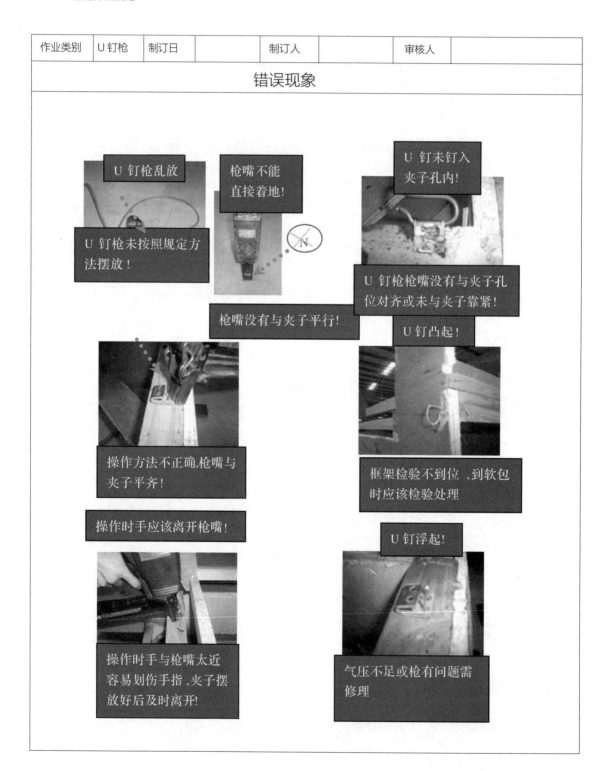

正确作业

一、U钉枪操作顺序

①佩带防护眼镜和腰带

使用完后U钉枪放在枪盒内

②安装夹子

③U钉枪枪嘴与夹子孔位对齐并与夹子靠紧

④挂上弓簧后用铁锤将夹子敲平

⑤U钉枪二次固定

⑥自检、修整工序

完成后:
1. U钉平整,固定在夹子孔内,无浮起偏斜;
2. 整体效果平整美观。

二、U钉枪保养作

①用气枪吹除U钉枪内的灰尘　　②U钉枪定期加油

每周进行两次清洁（周一、周三）　　每天进行一次加油4~5滴（下班前）

2.码钉枪作业规范

作业类别	码钉枪	制订日		制订人		审核人	
错误现象							

错误现象：

- 操作时未佩带防护眼镜 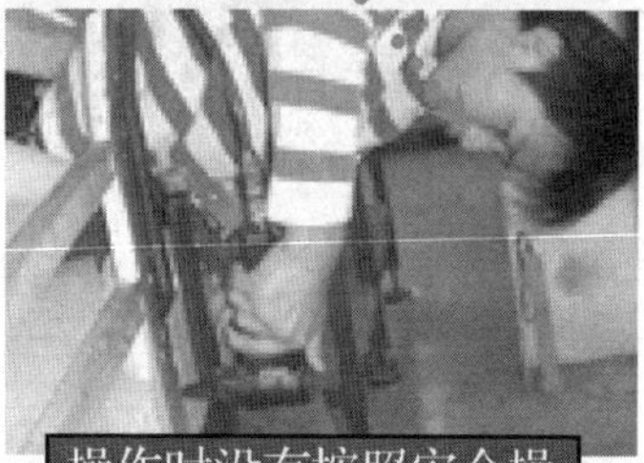
- 操作时没有按照安全操作规程佩带防护用品
- 码钉不整齐 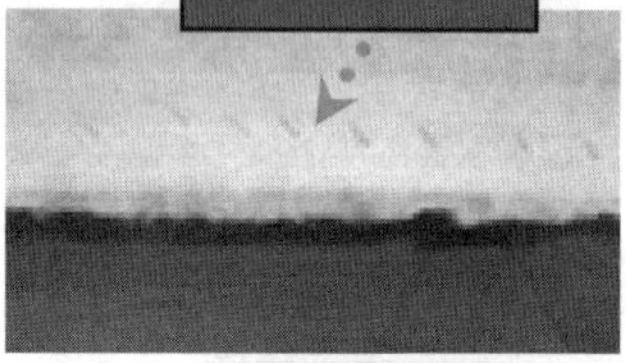
- 码钉浮起 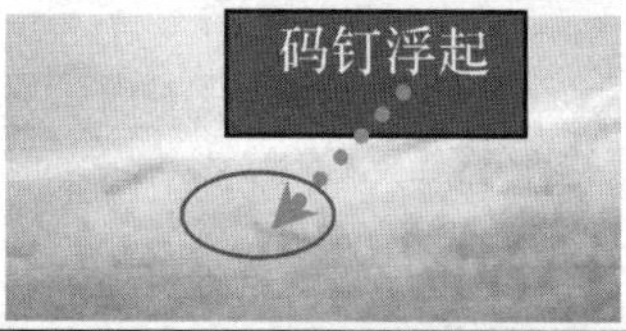
- 操作时枪嘴没有与操作面垂直或未与操作面平齐
- 拉布未反钉 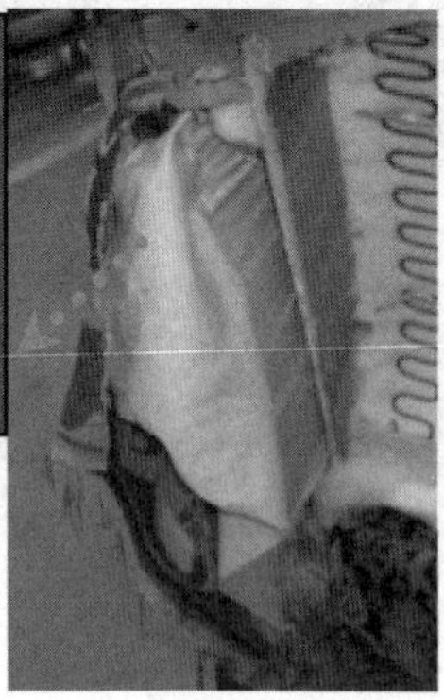
- 未严格按照操作规范操作
- 外观不平整 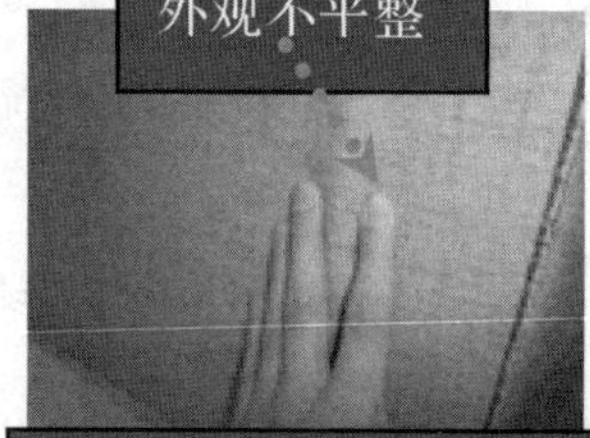
- 操作时拉布等物料没有反钉
- 露钉 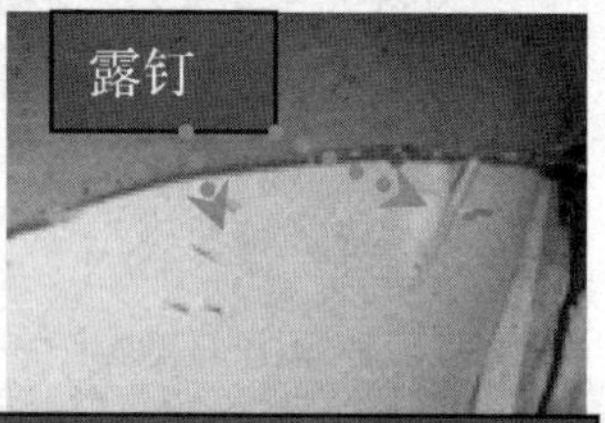
- 纸板破损，码钉应该打在实木上（不应打在纸板上）
- 码钉12mm层板表面 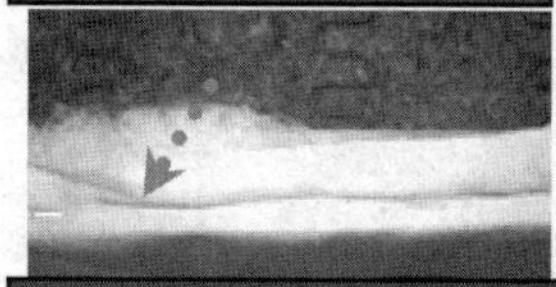
- 12mm层板操作时码钉应该钉在层板内端
- 底布起皱，码钉不齐 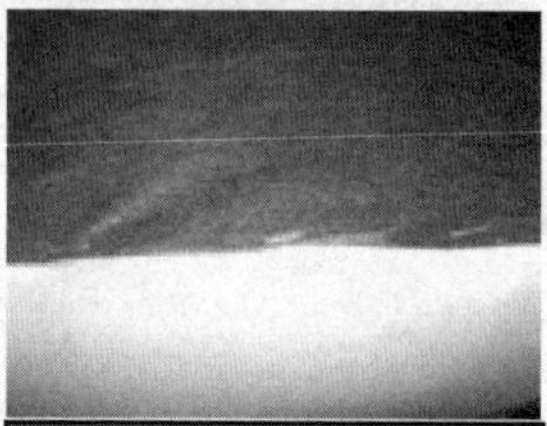
- 未按照标准方法操作

160　家具生产技术

正确作业

一、码钉枪及枪钉简介

枪:单发枪、连发枪
枪钉:02、04、06、08、C型钉

钉双牙条的码钉枪枪嘴需要磨薄

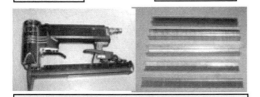

软包操作时:
1. 码钉选择主要依据层板厚度确定
2. 钉扣板(通常3mm)使用B02码钉
3. 钉扣板牙条使用B04码钉
4. 沙发椅类使用B06码钉
5. 沙发类使用B08码钉

二、打码钉操作顺序
①佩带防护眼镜和腰带

②操作时枪嘴与操作面垂直并与框架压紧、平齐

安装码钉 / 压紧并与边框平齐

③内背、内扶等工序拉布钉完后需反钉

反钉后面料、扶内纸板等物料不能高出框架

④自检、修整工序

完成后:
1. 码钉平整
2. 码钉间距一致(标准1寸)
3. 不外露线头
4. 整体效果平整美观

⑤员工培训

项目 12
软质材料黏附与填充

项目导入

沙发是坐卧类家具，它以休闲性为主。这决定了沙发的尺度相对较大、回弹空间相对宽裕以便在各种姿态下（坐、卧等）都能贴身。这种特点决定了沙发的特定结构——软质材料的使用，诸如海绵、纤维绵、公仔绵、羽绒等。软质材料可类比为人的"肌肉"，骨骼是木框架，皮肤是皮革布等面料，"肌肉"提供足够厚度、弹性，使得人体感到舒适和放松；其次，软质材料可对于木框架不便表达的细节形态进行勾勒，使得沙发饱满、显得雍容、富贵，丰富室内空间效果，使居家生活更加闲适、惬意；对于办公等商业空间，适当采用软体家具，也显得更为怡人。

学习目标

【知识目标】

1. 认识各类海绵、纤维绵等泡沫材料、羽绒、弹簧的作用及常见规格；
2. 开绵；软包构造、塑型的手法和知识；
3. 设备安全操作知识。

【技能目标】

1. 能说出主要材料的性能、规格、使用密度；
2. 能利用软质材料独立加工出一件座包；
3. 会依照海绵模合理排料、正确开绵，确保材料利用的最大化；会安全操作工具、设备制作、塑造座包；
4. 会安全、规范操作海绵裁切机、纤维绵填充机、开绵刀、剪刀、喷枪（喷海绵胶）、射钉枪等工具、设备。

任务12.1　软质材料黏附与填充加工

任务目标

制作人员熟练掌握沙发座包海绵零部件的材料、结构样式、加工工艺；能够安全、规范操作海绵加工设备、工具生产座包海绵零部件。

任务描述

本项目将介绍这些软质材料的性能及其组合知识，座包部件的设计及制作，海绵、纤维绵、羽绒等裁切、抛松、填充的设备及工艺。

12.1.1 常见软质材料黏附与填充加工设备

(1) 海绵裁切机

海绵裁切机主要用于海绵垂直切片及海绵成型的切片工作，还可加工各种纸类EVA及珍珠绵工作。如图12-1所示。

(2) 小型海绵裁切设备

如图12-2所示是小型手动海绵裁切机，加工效果比手工切割海绵精准，适合小量单件样品制作。

(3) 公仔绵开松混料填充机械

本设备组合分为将公仔绵蓬松和填充两个工序。因为公仔绵原材料都是压缩包装的，必须先蓬松。松绵及混合填充系统由松绵机跟混合搅拌机、填充机、送料风机一起组成一个完整紧凑的公仔绵开松及混合填充系统，主要适用于公仔绵以及各种短纤维的梳理蓬松及混合填充工作。只要通过一次性开松，普通纤维绵开松率达99%以上，三维螺丝绵开松率可达95%以上，并可以混合添加其他短纤维如碎海绵、羽毛等，产量大，效率高，很适合于沙发厂生产加工纤维绵并均匀地填充到布套里。可以根据不同的生产加工情况选择相应规格（生产能力）的配套设备。图12-3是公仔绵开松、混料填充机械及工序。

(4) 海绵电热丝造型锣机

海绵电热丝造型锣机适用于对各种办公椅、

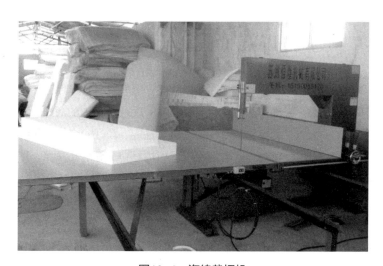

图12-1 海绵裁切机

图12-2 小型手动海绵裁切机

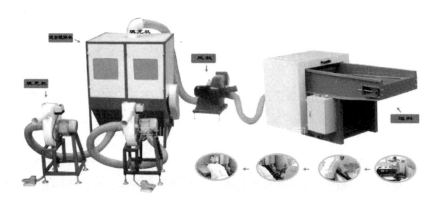

图12-3 公仔绵开松、混料填充机械及工序

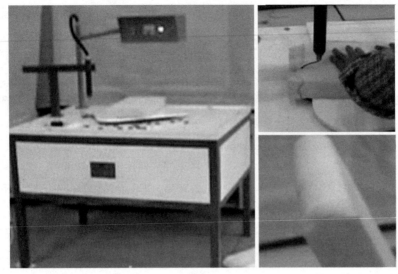

图12-4　海绵电热丝造型锣机

餐椅座垫的海绵边缘进行各种圆角、斜角的切割，如图12-4所示。

12.1.2　软质材料的选择

沙发的软质材料主要包括泡沫塑料、公仔绵、羽绒等具有一定弹性与柔软性的材料。

12.1.2.1　泡沫塑料

海绵是沙发的主要软质材料，其化学成分为聚氨酯泡沫塑料，英文为"Polyurethanefoam"或"Cellular Polyurethane"，它是聚氨酯材料中用量最大的品种之一。现使用较多的为聚氨酯泡沫塑料与聚醚泡沫塑料，做座垫用的泡沫塑料其密度不能低于25kg/m³，其他部位的也应大于22kg/m³。因泡沫塑料具有一定的弹性，使用方便，其厚度、宽度、长度可以随意裁取，完全能满足使用要求。

由于使用泡沫塑料制作软体家具工艺简单，所以泡沫塑料已成为软体家具的主要材料之一。

（1）海绵

软质聚氨酯泡沫俗称海绵。海绵规格较多具有较好的弹性，可代替弹簧的功能，近年来应用渐多，在很大程度上省去了按传统工艺那样包绑弹簧的复杂工艺。海绵通常可以分为：高回弹海绵、低回弹海绵、特殊绵、特硬绵、超软绵等；另外还可以分为防火海绵与非防火海绵。用于沙发填充的海绵主要分三大类：一是常规海绵，是由常规聚醚和TDI为主体制成的海绵，特点是具有较好的回弹性、柔软性、透气性；二是高回弹海绵，是一种活性聚磷和TDI为主体制成的海绵，其特点是具有优良的机械性能，较好的弹性，压缩负荷大，耐燃性、透气性好；三是乱孔海绵，是一种内孔径大小不一的与天然海藻相仿的海绵，其特点是弹性好，压缩回弹时具有极好的缓冲性，如图12-5所示。

海绵主要应用在沙发座垫、靠垫及扶手上。通常由几层海绵组合，以达到沙发造型及舒适性要求。最外层海绵，要求其综合性能指标最好。

（2）纤维棉

纤维棉是一种多层纤维结构的化纤材料（图12-6），它能以较轻的重量达到较好的填充效果。在沙发生产工艺中，常应用于海绵与布料之间的填充。一方面能使沙发表面具有良好的质感，使用料包扎得饱满平稳，质地柔软、滑润、耐磨，弹性也较理想；另一方面在沙发扪皮过程中，对于沙发边角等需要修补的部位能起良好的填充与造型作用。

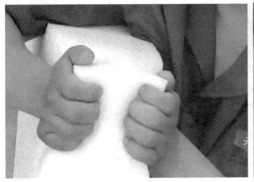

图12-5 海绵的回弹性

图12-6 纤维棉在沙发屏包中的应用

12.1.2.2 公仔绵

公仔绵是将不同规格的三维聚酯短纤维经充分梳理，使其保持足够的弹力，加上纤维本身的硅油含量比例，以适合不同产品的需求。用于填充沙发、床上用品、玩具等产品，如图12-7所示。

12.1.2.3 羽绒

羽绒长在鹅、鸭的腹部，成芦花朵状的绒毛，成片状的称为羽毛。由于羽绒是一种动物性蛋白质纤维，比棉花（植物性纤维素）保温性高，且羽绒球状纤维上密布千万个三角形的细小气孔，能随气温变化而收缩膨胀，产生调温功能，可吸

图12-7 公仔绵及填充

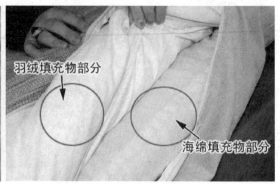

图12-8 羽绒及其制品

收人体散发流动的热气，隔绝外界冷空气的入侵。

羽绒制品在中国酒店和家庭中发展滞后，普及率明显低于国外。据了解，羽绒制品在欧美日韩等国家普及率达80%以上，世界五星级酒店85%以上都使用羽绒产品。2008北京奥委会指定奥运酒店硬性指标：非全部使用羽绒制品的酒店不予评星。未来羽绒沙发的发展空间巨大。

羽绒用在沙发上就是用羽毛片作填充物的沙发（羽绒的比例为5%）。羽绒沙发的制作流程相当复杂，光是羽绒填充物的处理就要经过原毛检验、水洗、离心机甩水、烘干消毒、冷却、除尘、分毛、拌和毛等多个步骤，每一步都有不同的技术标准。之后，把加工好的羽毛填充到羽绒袋中，然后根据羽绒睡袋的原理把沙发木框架包起来，外层再套上布外套，这样，就形成一种既能拆洗、又能坐卧的舒适产品。与棉质沙发或海绵沙发相比，羽绒沙发坐感舒适，长期使用变形小，使用寿命要比一般沙发长好几年。图12-8所示为羽绒及其制品。

12.1.3 软质材料黏附与填充的方法与工艺

软质材料如海绵、纤维绵、公仔绵、羽绒等原材料的形态不同，海绵、纤维绵呈块状，公仔绵、羽绒呈碎料状，因此使用时应有所区别。通常制作块状的海绵、纤维绵主要是进行切割、黏附工艺，通称造绵；而碎料状的公仔绵、羽绒则直接在软包内部填充就可以，统称充绵（绒）。以下介绍的是造绵的加工工艺与质量要求。

12.1.3.1 造绵材料及工具设备

图12-9所示的座包由海绵和纤维绵包覆。海绵主要包覆在木架外侧，通常在木架不重要的部位，如沙发两侧、背部，仅需要一层12mm左右厚度的海绵（图12-10）；而重要部位如座位、靠背、扶手表面等处则需要有足够厚度的软质材料来保证沙发的舒适性，这时候需要多层、多种密度的海绵叠加在一起。如图12-11、图12-12。

纤维绵黏附在最外层海绵外侧，由于纤维绵有足够的柔软度，可以保证沙发最外层的真皮、布料包扣后手感良好。纤维绵一般蓬松厚度为

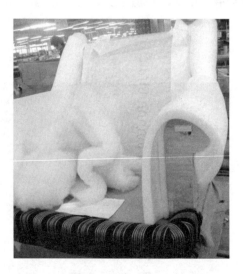

图12-9 座 包

图12-10 沙发木架贴绵

图12-11 沙发内饰剖面

20mm不等，根据使用部位、沙发档次，纤维绵的密度有$0.8kg/m^3$、$1.5kg/m^3$、$3kg/m^3$等多种规格供选择。

造绵大致流程为套画线、切绵、黏附拼接、修整等。

海绵切割除了采用海绵裁切机、手动切割机外，根据情况也使用手工切割。裁切时握刀的姿势要正确，刀和海绵表面一定要垂直。如果不垂直，裁出后海绵的底部就会有偏差；如果是几层海绵叠在一起裁切，偏差就会更大。

12.1.3.2 造绵加工质量要求

①造绵割削顺畅，手触摸无粗糙感；木架上和海绵上都喷上胶水，喷胶要均匀。稍干后将海绵贴到木架上，表面无胶水、无硬结。

②粘绵要牢固，要绷紧，无脱胶、裂口现象，接位处拼接牢固、平顺。

③贴绵到位（架侧、座后、座底等部位要包边20~30mm），无少贴绵、贴错绵；座底加固绵要粘牢、贴正中。

④座垫、单人位由座前贴进50~60mm，二位、三位应分中线贴匀，有特殊要求的以工艺说明为准。

⑤直线部位（如拼顶、座前线、座后线、下拼线等）要求成直线，误差允许±2.5mm。

⑥拼接饱满、弯位顺畅，不能有塌陷和凹凸

图12-12 沙发框架贴面

不平，坐感一致。各部位对角线长度偏差≤10mm。

⑦同一件产品相同部位高度一致，相对偏差≤8mm。

12.1.3.3 充绵（绒）加工质量要求

①内袋干净，无线头、多余杂物。

②内袋车缝无松线，无浮线。

③填充用料无杂质、无异物、无异常气味。

④填充用料分量符合开发要求，重量偏差只允许±10g。

⑤填充均匀，角位饱满。

12.1.4 软质材料黏附与填充加工举例

12.1.4.1 软质材料黏附

本小节以山东某家具公司的沙发为例展开说明。本案例采用的是最常用的内饰材料——海绵。海绵具有非常好的回弹性和透气性，使用时间也比较持久，主要是起到支撑和填充的效果，同时也可以减少框架和皮革的摩擦（图12-13）。大致流程为套画线、切绵、黏附拼接、修整等。

用在不部位的海绵厚度依据不同款式的沙发和企业也有不同的规格，根据沙发承重的大小，本款沙发设计与身体承重较多的部位比如座包部分使用的海绵就比较厚，可以达到15~25cm，如图12-14所示，而沙发屏后用到的海绵，就只有1~2cm，如图12-15所示。

图12-13 不同规格的海绵

图12-14 沙发座包及所用海绵

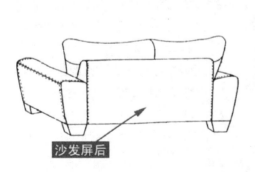 

图12-15 沙发屏后及所用海绵

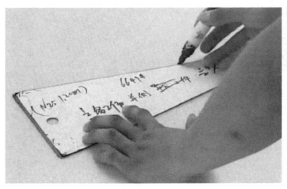

图12-16 海绵模板上画线

图12-17 曲线及直线切割海绵

图12-18 海绵部件整理归类码放

(1) 画线、切绵

对于形状复杂的曲线海绵，按照图纸和工艺设计的要求，根据内饰模板的形状在海绵画好形状后，用圆弧锯进行切割，如图12-16所示。曲线或直线海绵可以直接切割成块，如图12-17所示。相同的制作方法可以完成所有的海绵的切割工作，做完后所有的部件码放在一起编号归类，如图12-18所示。

(2) 黏附拼接

裁好所需的海绵之后，需要把海绵粘到木框架上，粘贴之前要先在框架喷胶，然后沿着框架外轮廓的边缘轻轻按压海绵，把这两部分粘接在一起，如图12-19、图12-20所示。沙发的其他内饰部分和框架部分的黏合方法相同，如图12-

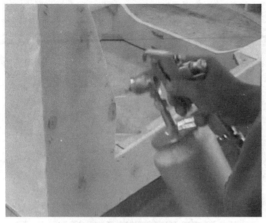
图12-19 喷 胶

图12-20 粘贴海绵

图12-21 其他部分的黏合

图12-22 接口处喷胶

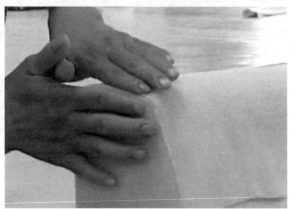
图12-23 用手按压接口进行黏合

21所示。

遇到两个海绵相接的位置，先在两块海绵的接口处喷胶，然后用双手按压两个接口，不要用力太大，如图12-22、图12-23所示。

(3) 修整

处理座包的海绵时，最上面一层海绵的外边

图12-24　上下海绵对齐

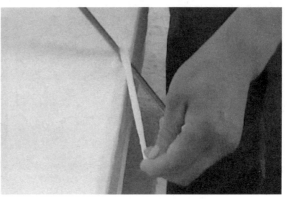

图12-25　修　剪

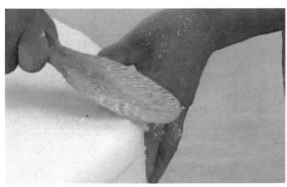

图12-26　错平棱角

缘要对齐，进行修剪处理，如图12-24、图12-25所示；然后挫平棱角，如图12-26所示，使沙发座包的边缘看上去更圆润。

沙发框架与海绵的黏合看似简单，贴的准不准对沙发的最终效果影响很大，我们就拿这款表面设计了凹陷效果的休闲沙发为例。为了保证黏合部位的准确，要在海绵的表面标注凹陷点的位置和部位名称，以方便下一步的操作。根据这款沙发制作工艺的要求还需要准备一种硬质绵材料，主要是为了减少沙发内外饰之间的摩擦同时增加触摸沙发时的舒适感。硬质绵不需要在沙发每个部位使用，一般只会在沙发的屏包顶和座包表面这样的部位用到，只要根据模板大小画好形状，再裁剪下来备用即可。

12.1.4.2　填充工艺

本小节以宜家的沙发座垫和靠垫制作工艺为例展开说明。座垫和靠垫在不同的生产线上，填充靠垫主要靠开松混料填充机，主要的原料为棉花，首先把准备好的棉花原料经过填充机进行开松，然后用填充机进行填充，如图12-27、图12-28所示。

(1) 靠垫

靠垫所用填充机的操作步骤：首先用一只手扶着填充机的出料口，一只手拿着要填充的靠垫套，一只脚踩着填充机下的一个踏板，把靠垫套对准填充机的出料口，然后踩下踏板。填充完毕之后要称重，这款靠垫的质量是1.7kg，放在电子称称重，不足的要加棉，多余的要取出，如图12-29、图12-30所示。称重完毕后，要进行下一道工序——平缝机封口。

(2) 座垫

座垫芯由两层构成，一层是蓬松的鸭绒，另一层是致密的海绵。鸭绒层是由无纺布套填充了

图12-27 送 料　　　　　　　　　　　　　图12-28 原料开松

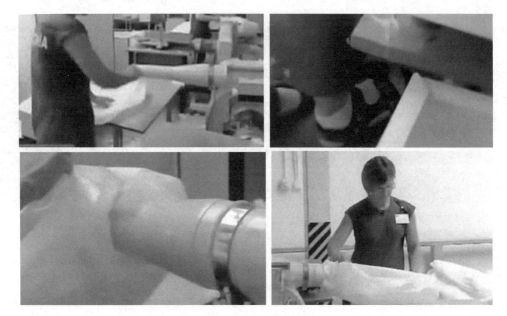

图12-29 操作过程

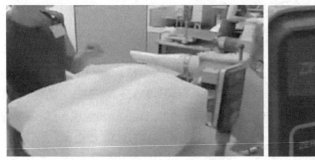
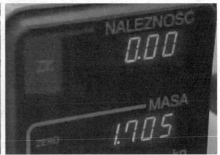

图12-30 称 重

鸭绒，工艺和靠垫相同。海绵层稍复杂，先是鸭绒层装进座垫层，然后才是海绵装进座垫套内。直接装难度虽然不是很大，但是操作起来效率非常不高。这样的情况下，首先在海绵下面放一块塑料布，用塑料布包住海绵一端，然后用手把住海绵的前方塑料布包住的部分，用巧劲塞进座包套内，然后抽出塑料布，拉好拉链即可。如图12-31~图12-36所示为加工过程。

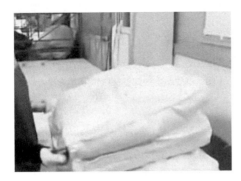
图12-31 装入鸭绒的座套图

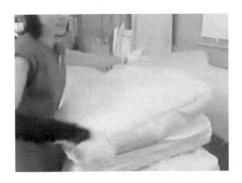
图12-32 海绵下方放塑料布

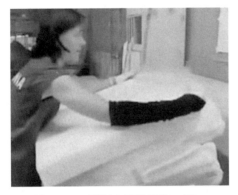
图12-33 塑料布裹住海绵一端

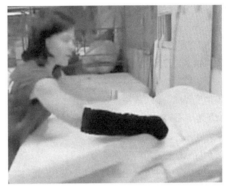
图12-34 塞进座包套

图12-35 抽出塑料布

图12-36 最后效果

总结评价

按照要求完成实训考核标准总表。（参见附录）

思考与练习

1. 海绵、软包在沙发中的作用是什么？
2. 软质家具常用的聚氨酯泡沫塑料分哪几种？各有什么理化性能？
3. 试述聚氨酯泡沫塑料的材料和使用场合。
4. 泡沫塑料的主要加工设备、工具有哪些？
5. 软质材料零部件的加工工艺是什么？

拓展提高

海绵材料的质检

海绵作为沙发、床垫制作的主要原材料,其质量至关重要。下面就其质量鉴别知识加以介绍。

1. 海绵质量及其鉴别

(1) 劣质海绵的特点

劣质海绵生产时,将廉价的石粉掺杂在海绵里,大大降低了海绵的成本,使得在价格上较之"纯海绵"有明显优势。有的海绵厂为了争取客户,不断在海绵内添加石粉等无机填料,使海绵质量大打折扣。

海绵的生产工艺决定了海绵的密度,有的海绵厂由于技术上的限制,生产的海绵密度达不到35kg/m³,为了达到海绵密度高的假象,便在海绵内添加石粉。

海绵的硬度也是检验海绵承托性的标准之一。有的商家由于硬度不能达标,在海绵中掺杂石粉或使用粘贴碎海绵,造成海绵硬度高的假象。

(2) 掺假海绵的危害性

①掺假海绵破坏产品特性,降低产品使用寿命。在海绵中添加无机填料,成本虽下降了,但海绵的回弹性、柔韧性、拉伸强度、撕裂强度、压缩性能变差,影响使用海绵产品的质量,降低了产品的寿命。

②引发消费恐慌,最终使品牌毁于一旦。在海绵内添加石粉等无机填料,不仅让海绵缺乏必要的弹性和柔韧性,而且没用多久就塌陷弹不起来,不但不能带来享受,带给消费者更多是痛苦,引起内心恐慌,最终使应用海绵产品的品牌毁于一旦。

(3) 如何区别掺假海绵与纯海绵

①看。海绵的工艺主要分为两大类:发泡和PU。掺杂使假的海绵发泡不均匀,孔眼大。而纯海绵孔眼小且均匀。

②摸。在挑选海绵时,主要以它的触感和弹性为判定的首要因素。纯海绵手感细腻顺滑,富有延展性;假海绵手感粗糙,弹性极差。

③挤压、揉搓。看似同等厚度和硬度的海绵,掺杂使假的海绵一经挤压就容易出现凹陷,坐下去久久弹不起来;纯海绵支撑力度强,长久挤压亦很难变形。将海绵对折,互相搓一搓。如果没搓几下就掉海绵屑,可判定为劣质海绵。

④价格。掺杂海绵由于添加了石粉,大大降低了成本,价格低廉;纯海绵应用的聚氨酯材料较之掺假海绵,价格偏贵。

⑤寿命。掺假海绵因为添加石粉,用手抠,容易出现滑落情况;纯海绵则经久耐用。

⑥掺假海绵和纯海绵拉伸强度对比。外观同样的海绵,拉得越长说明拉伸强度越好。加粉海绵拉到25 mm就会被拉断,而纯海绵可被拉伸至58mm,差距明显。

⑦掺假海绵和纯海绵断裂强度对比。外观同样的海绵,纯海绵可负荷力度强。掺假海绵负荷4.9N即断裂,负荷力度弱;而纯海绵可负荷7.9N,长时间才断裂。

(4) 海绵纯度检测

①电炉燃烧法。纯海绵主要是由碳、氢、氧、氮等元素构成,高分子有机化合物在高温下燃烧变成水气、二氧化碳等气体挥发,只剩下微量杂质。拿两块相似的海绵,放入高温炉,温度加热到800℃。一段时间后,拿出燃烧后的海绵,如果只剩下微量杂质,说明是纯海绵;而另一块却剩有很多固体残渣,滴入盐酸,有大量气体冒出,这就是日常所见的石粉中的主要成分——碳酸钙。

②醇解海绵法。纯海绵经醇解后几乎全部被溶解,没有沉淀。而加了石粉的海绵醇解后,只有部分被分解为液体,石粉则变成固体沉淀下来,滴入钙指示剂后,溶液呈酒红色,再滴入EDTA标准溶液时,呈蓝色。

(5) 海绵保存

由于海绵怕光,包括商店里的灯光都有可能损坏它的质量,所以在储存时尽量避光。

个别选购时,如果是挂成一排的陈列方式,不要拿第一个,而应拿后面的,因为后面的海绵不会享受到很多的"日光浴"。

2. GB 10802—1989《软质聚氨酯泡沫塑料》摘要

下面介绍国家标准对海绵材料的有关质量要求,以便读者参考。

(1) 主题内容与适用范围

本标准规定了软质聚氨酯泡沫塑料的分类、技术要求、试验方法、检验规则和标志、包装、运输、贮存。本标准适用于聚醚多元醇或聚酯多元醇与甲苯二异氰酸酯反应发泡制得的开孔聚醚（JM）型或聚酯（JZH）型软质聚氨酯泡沫塑料。

(2) 产品分类

产品分类、型号及主要用途见表12-1。

表 12-1　软质聚氨酯泡沫塑料的分类

类别	型号	表现密度（g/m³）	主要用途
聚醚类	JM-15	15.0	包装
	JM-20	20.0	靠垫、床垫、服装、鞋帽衬里、包装
	JM-25	25.0	座垫、靠垫、床垫、服装、鞋帽衬里、包装
	JM-30	30.0	座垫、靠垫、床垫、地毯衬里、服装、鞋帽衬里、包装
聚酯类	JZh-35	35.0	服装、鞋帽衬里、垫肩、包装

(3) 技术要求

①长度、宽度的偏差应符合表12-2的要求。

表 12-2　长度、宽度偏差　　　　　　　　　　mm

长度、宽度基本尺寸	尺寸偏差	
	优等品和一等品	合格品
≤1000	+20	+30
1001～2000	+30	+40
2001～3000	+30	+40
3001～4000	+40	+50
>4000	+50	+70

②厚度偏差应符合表12-3的要求。

表 12-3　厚度偏差　　　　　　　　　　mm

厚度基本尺寸	尺寸偏差	
	优质品和一等品	合格品
4～6	±1.0	±1.5
7～19	±1.0	±2.0
20～29	±2.0	±3.0
30～49	±2.0	±4.0
50～79	±4.0	±6.0
80～149	±5.0	±8.0
150～249	±7.0	±10
≥250	±10.0	±15

③外观应符合表12-4的要求。

④物理力学性能应符合表12-5的要求。

表 12-4 软质聚氨酯泡沫塑料的外观

项目	要求	
	优等品和一等品	合格品
色泽	基本均匀,允许有轻度黄芯	允许有杂色、黄芯
气孔	不允许有尺寸大于 3mm 对穿孔和大于 6mm 的气孔	不允许有尺寸大于 6mm 的对穿孔和大于 10mm 的气孔
裂缝	不允许有裂缝	每平方米内弥合裂缝总长小于 200mm
两侧表皮	不允许两侧有表皮	片材两侧斜表皮宽度不超过厚度的 1 倍,并且最大不得超过 40mm
污染	允许轻微存在	不允许严重污染

表 12-5 软质聚氨酯泡沫塑料的物理、力学性质

项目		性能指标													
		优等品				一等品					合格品				
		JM-15	JM-20	JM-25	JM-30	JM-15	JM-20	JM-25	JM-30	JM-35	JM-15	JM-20	JM-25	JM-30	JM-35
表现密度(kg/m³),≥		15.0	20.0	25.0	30.0	15.0	20.0	25.0	30.0	35.0	15.0	20.0	25.0	30.0	35.0
拉伸强度(kPa),≥		90	100	100	100	85	90	90	90	200	85	85	85	85	160
伸长率(%),≥		220	200	180	180	200	180	160	150	350	180	160	140	130	300
75%压缩永久变形(%),≤		5.5	5.0	4.5	4.0	7.0	7.0	6.0	6.0	10.0	10.0	10.0	10.0	10.0	10.0
回弹率(%),≥		40	45	45	45	35	40	40	40	40	30	35	35	35	20
撕裂强度(N/cm),≥		5.50	3.50	2.50	2.50	3.00	3.00	2.20	2.20	6.00	2.50	2.50	1.70	1.70	5.00
压陷性能	压陷 25%时的硬度(N),≥	70	85	85	95	60	80	80	90	—	50	75	80	80	—
	压陷 65%时的硬度(N),≥	120	130	140	180	90	120	130	160	—	90	120	130	140	—
	65%/25% 压陷比,≥	1.5	1.5	1.5	1.8	1.5	1.5	1.5	1.7	—	1.4	1.4	1.5	1.5	—

项目 13
沙发外套部件及其制作

项目导入

沙发表面的皮、革或布等面料是沙发结构的最外层,它们可以称为是"软体家具的装束"——首先赋予沙发整体的观感效果,通过色彩、材质(皮、革、布等)、肌理给人以先声夺人的效果;其次,仔细观察,可以看到这种面料整体的分割特点、块面连接线的不同效果组合以及装饰件、细节标识等局部效果。正如俗话所说"佛靠金装,人靠衣裳",沙发面料及其构成是沙发气质的重要体现,或粗犷厚实、或婉约细腻。要达到特有的艺术效果,离不开对面料材料品种、厚度、部位(真皮)、纹理等的合理选择;离不开块面组合、线型、针样等的科学表达。

学习目标

【知识目标】

1. 学习皮、革、布、针线的种类、肌理特点及其识别特征;
2. 裁皮、缝皮;
3. 单线、双线等效果,缝制拉链;
4. 车缝外套;
5. 设备安全操作知识。

【技能目标】

1. 会依照外套模合理排版、准确套裁,确保材料利用的最大化;
2. 会安全、规范操作缝纫机;
3. 并缝制出单线、双线等效果;
4. 能够罩装、修整出饱满、对称的效果。

 任务13.1　沙发外套部件的方法和工艺过程

任务目标

熟练掌握沙发外套部件材料、结构样式、加工工艺;能够通过安全、规范操作沙发外套部件加工设备、工具生产座包外套。

任务描述

本任务将重点介绍沙发的外套材料、缝纫材料、缝纫设备及其安全操作,介绍外套缝纫工艺知识,介绍皮革鉴别、理化性能要求等商检知识。学生可以创造条件设计制作一款座包,在实践中提高职业技能及综合素养。能够和项目11框架、项目12海绵软包配套,加工出一件完整的沙发外套。

13.1.1　常见沙发外套部件加工设备

沙发外套是由不同的缝型连接在一起的，是依靠机器设备来完成的。由于外套款式适用范围的不同，因此在缝制时，各种缝型的连接方法和缝纫的宽度也就不同。在沙发座包制作的过程中用的最多就是缝纫机中的平缝机了，以单针平缝机和双针平缝机最为常见，在实际的工作中又有细分，一般的单针和双针是用在普通的缝线上，属于常用的基本合缝，而粗单针和粗双针则用在外露部分的粗明线上，一般用于真皮沙发的特定样式中。

13.1.1.1　单针平缝机

单针平缝机采用单直机针、摆梭勾张、上下复合送料，构成双线锁式线迹，并设有回缝装置，操作简便。由于采用了特殊的上下送料机构和压脚交叉提升机构，在缝制膨体类缝料和潜移性较大的中厚料时，能保证上层和下层送料量达到一致；在高低重叠缝纫和爬坡缝纫时，送料顺、针距稳定、线迹平整而美观。该机可以按缝纫工艺的特殊要求进行调节，以便上层缝料的送料量和下层缝料的送料量之差达到预期要求，明显提高缝纫质量和缝纫效果，如图13-1所示。

单针平缝机适用于制鞋、沙发、集装袋、安全带、帐篷、皮革、棉被等极厚料物品缝制。

13.1.1.2　双针平缝机

双针平缝机是有两支针的缝纫机，除具有单针平缝机具有的特点之外还有其自身的特点，其表现为效果是双线并列，互为平行。沙发外包中用到双针的地方较平车少，在一些真皮沙发外包特定的设计样式中会用到，故在沙发车间中，又是必不可少的。虽然平车有时可以代替双针，但没有人会在批量生产时用平车做双针的工作，除非是少量生产。双针效率高，而且双线平行规整漂亮，如图13-2所示。

例如一款真皮沙发的外套的工艺就用到了双线的工艺要求，如图13-3所示，是把两块皮料平车缝合后，平面正面向上以刚刚的缝纫线为中点，车缝出双线，左右两道线距中点各0.5cm，然后在两块布料的反面结合处缝合一个2cm宽的无纺布带进行固定。

(a) 单针平缝机

(b) 平缝机机头局部

图13-1　单针平缝机

（a）双针平缝机　　　　　　（b）平缝机机头局部及制作式样

图13-2　双针平缝机

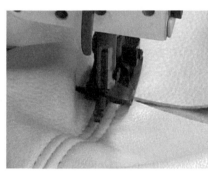

图13-3　双针平缝机制作及制品局部

13.1.2　沙发外套部件材料的选择

现在市场上的沙发，表面材料按照主要包覆面进行分类大致分为：全皮沙发、皮沙发、布艺沙发和皮布沙发四类。全牛皮沙发即表面全部使用天然动物皮革包覆的沙发（除沙发座面底部外），如图13-4所示。皮沙发，正常使用状态下，与人体接触表面使用天然动物皮革包覆，除包线、纽扣（沙发座面底部外），如图13-5所示。布艺沙发即表面为各类纺织面料包覆的沙发，如图13-6所示。皮布沙发即沙发表面为纺织面料与皮革搭配包覆的沙发（除沙发座面底部外），如图13-7所示。

13.1.2.1　真皮

沙发的表面材料在实现家具产品功能和室内环境协调搭配方面发挥着重要的作用。沙发的表面材料包括皮革、织物、木材、金属、亚克力、水晶、塑料、玻璃等。随着材料科学的发展，已经有越来越多的新型材料运用到沙发生产中。图13-8所示为真皮材料。

在我国用于制作真皮沙发的皮革的牛有黄牛、水牛、牦牛、犏牛及野牛等。其中黄牛皮分布在全国各地，占牛皮总数的75%~80%。黄牛的品种及其分布地方品种有：秦川牛、南阳牛、鲁西牛、晋南牛、延边牛、复州牛、蒙古牛、哈萨克牛、盘江牛、西藏牛等。

世界水牛有河流型、沼泽型之分，我国水牛皮基本上是沼泽型，相对来讲比较适宜于制作轻

图13-4　真皮沙发　　　　　　　　　　　图13-5　皮沙发

图13-6　布艺沙发

图13-7　皮布沙发

图13-8　真皮及局部放大

革产品。我国水牛皮主要分布在南方水稻产区的17个省（区）。

我国牦牛占世界牦牛的90%以上，牦牛皮占我国牛皮总数的7%左右。主要分布在青海、西藏、四川、甘肃、新疆和云南。

（1）真皮构造

真皮属于天然材料，有良好的透气性和舒适性，具有超强的吸热和散热功能，适用于各种环境温度，具有冬暖夏凉的特性。真皮制成的沙发表面光滑、鲜亮、柔软、丰满且有弹性和质感，而且具有较强的耐磨性。

皮革按层次分，有头层皮和二层皮。用片皮机将厚的真皮剖层，头层用来做全粒面皮或修面皮为头层皮，二层经过涂饰或贴膜等系列工序制成二层皮。除二层皮外还有三层皮，三层皮是最差的真皮皮革。

①头层皮：头层皮是由各种动物的原皮直接加工而成的，或对较厚皮层的牛、猪、马等动物皮脱毛后横切成上、下两层，纤维组织严密的上层部分则加工成各种头层皮。头层皮有粒面皮、修面皮、压花皮、特殊效应皮等，如图13-9、图13-10所示。

头层皮是带有粒面的牛、羊、猪皮等。头层皮皮面有自然的疤痕和血筋痕等，偶尔还有加工过程中的刀伤以及利用率极低的肚腩部位，进口头层皮还有牛只的编号烙印。全粒面皮可以从毛

图13-9　头层皮及切面放大

图13-10 头层皮双人位沙发

孔粗细和疏密度来区分属于何种动物的皮革。牛皮种类较多，如奶牛皮、肉牛皮、放牧的牛皮、母牛皮、公牛皮、未阉割的公牛皮及阉割过的公牛皮等。在我国还有黄牛皮、水牛皮、牦牛皮和犏牛皮等。

水牛皮的毛孔较粗且疏些，黄牛皮则较水牛皮的毛孔细且浓密；羊皮的毛孔则更细更密且有点斜度，主要有绵羊皮和山羊皮两大类；猪皮因长毛的规则是3~5根一小撮的分布，故极易区分，一般多用人工饲养的猪皮，还有野猪皮，有名的是南美野猪，这种野猪皮具有较明显的猪皮毛孔及粒面特征，由于其特殊的胶原纤维组织结构，可加工成非常柔软的服装革或手套革，价值很高。另外，鸵鸟皮、鳄鱼皮、短鼻鳄鱼皮、蜥蜴皮、蛇皮、牛蛙皮、海水鱼皮（有鲨鱼皮、鳕鱼皮、鳘鱼皮、鳗鱼皮、珍珠鱼皮等）、淡水鱼皮（有草鱼、鲤鱼皮等有鳞鱼皮）、带毛的狐狸皮（银狐皮、蓝狐皮等）、狼皮、狗皮、兔皮等则容易辨认，且无法制成二层皮。

头层皮可分为全青、半青。全青皮精选皮坯，幅面韧性、弹性、质感相对较好，伤痕也比较少。半青皮的皮坯档次略低于全青皮，允许存在部分伤痕等。

②二层皮：二层皮是真皮纤维组织较疏松的下层部分，经喷涂面饰材料或覆上PVC、PU薄膜加工而成。它的牢度、耐磨性较差，一般只能使用在沙发不太受力的部位，是同类皮革中比较廉价的一种。

区分头层皮和二层皮的有效方法是观察皮的纵切面纤维密度。头层皮由又密又薄的纤维层及与其紧密连在一起的稍疏松的过渡层共同组成，具有良好的强度、弹性和工艺可塑性等特点。二层皮则只有疏松的纤维组织层，只有在喷涂化工原料或抛光后才能用来制作皮具制品，它保持着一定的自然弹性和工艺可塑性的特点，但强度较差，其厚度要求同头层皮一样，如图13-11、图13-12所示。

(2) 牛皮结构

牛皮主要分为黄牛皮、水牛皮、牦牛皮三种，如图13-13所示为黄牛。

各种牛的真皮都可分为表皮层、真皮层和皮下组织层三层。

①黄牛皮结构特征：黄牛皮的表皮层较薄，约占皮板厚度的0.5%~1.0%。表皮层又可分为两层，上层为角质层，下层为生发层。表皮层在浸灰、脱毛过程中是要被除去的，如除不净会妨碍化学药品的渗透而影响产品质量。真皮层是制革的主要部分。这一层主要由胶原纤维组成。此外，还有弹性纤维和非纤维组织，这些非纤维组织包括毛根、毛囊、肌肉、脂腺、汗腺、血管等。黄牛皮的真皮层又可分为两层，上层为乳头层粒面层，下层为网状层。两层以针毛毛囊底部的水平面为分界线。非纤维成分大多分布在乳头层中，网状层则基本上由胶原纤维组成，真皮层厚度占

图13-11 二层皮及切面放大　　　　　图13-12 二层皮沙发

图13-13 黄 牛　　　　　　　　　　图13-14 水 牛

全皮厚的90%左右。

②水牛皮组织构造特征：表皮较厚，毛孔大，乳突特别明显，并有深皱沟纹，所以粒面粗糙，但是具有特殊粒纹，深受消费者喜爱。水牛如图13-14所示。水牛皮张幅可达3~5m²，皮干重可达7.5~18kg。

水牛皮的真皮层仍可分为乳头层和网状层。两层以细针毛和绒毛毛囊底部为分界线。乳头层较薄，占真皮层厚度的5%~25%，此层中毛囊、汗腺少，胶原纤维束细小，编织非常紧密，网状层较厚，胶原纤维束粗大，但是编织疏松，并且主要走向是"头尾走向"。如果制革生产中机械作用过强，容易产生纵向皱纹和皮形拉长。在乳头层和网状层交界处由于毛囊、汗腺少，胶原纤维束编织较紧密，所以水牛皮在制革正常加工中不易产生松面。水牛皮张幅很大，特别厚，但厚薄不均匀，在背脊处有一条脊沟，其厚度与腹部大致相同，其位置从尾根开始延伸到背脊线的一半处，宽约24cm。背沟从肉面把皮分为左、右两片

鞍形皮，影响利用。水牛皮脂腺不发达，无游离脂肪细胞分布，肌肉组织也不发达。

③牦牛皮组织构造特征：牛皮表皮较薄，毛孔小而密，乳突稍高于黄牛皮，粒面较细。图13-15为牦牛。牦牛皮真皮层的乳头层和网状层以绒毛毛球所在的水平面为分界线。乳头层较薄，占真皮层厚度的15%~35%，这层的上层胶原纤维束细小，编织紧密，但是其下层由于毛囊、汗腺数量多，汗腺的分泌部却又很发达，还有一些毛囊下部呈平卧状，以至于使乳头层下层胶原纤维分布密度降低，并且网状层较厚，胶原纤维束粗壮，但编织疏松，如果在制革生产中处理不当，容易造成松面。牦牛皮上的有些毛根的毛球呈钩形，给脱毛带来困难。牦牛皮真皮层内的游离脂肪细胞极少，但针毛和绒毛的脂腺较发达而且数量相当多，因此在制革生产中应考虑脱脂。牦牛皮张幅略小于黄牛皮，其部位差主要是颈部与腹胁部的差别，颈部厚而紧密，腹胁部薄而疏松，厚度部位比为（2.0~2.8）：1，应加强对颈部处

理。如图13-15为牦牛。

图13-15 牦牛

(3) 进口牛皮品质特征

①欧盟牛皮的一般品质特征：欧盟牛的平均屠宰率约达40%（意大利、荷兰在50%以上，德国、西班牙在40%以上），居世界领先地位，比美国、澳大利亚、新西兰等牛皮出口大国都高。这使欧盟牛皮的平均品质水平优于其他国家，特别是在纤维组织结构的紧密和生长期缺陷等方面都优于其他国家。COTANCE统计数字表明，欧盟的牛皮可供做高品质皮革的百分率可达50%以上，这是其他地区所望尘莫及的。

欧盟牛皮的伤残类型主要有划刺伤、卧栏伤、寄生虫伤、癣癞伤、动物运输伤和剥皮伤等。

②拉丁美洲牛皮概要：拉丁美洲是向欧洲出口原皮的主要地区之一，许多牛种都集中在这个洲。这些牛种的皮质量都很好，但由于该地区多采取自由放牧，因而其原皮易产生各种各样的缺陷。最常见的缺陷是烙印、刺伤、牛皮内的寄生虫等。通常冬季原料皮与夏季原料皮有明显的等级差别。因而夏季原料皮价格较低，加工利润率较高，但有风险，因为皮层下大量的油脂熔化很容易引起皮纤维凝结。相比而言，冬季皮价格虽高，但加工风险小，成革质量好，最终产品的价格也高。

拉丁美洲牛皮主要分布在南美洲，其中最有代表性的是巴西、阿根廷和乌拉圭。就品质而论，以乌拉圭的为最好，极少蚝伤和虱叮；重磅和中磅居多，出革率较高，大量出口到欧美。阿根廷皮品质稍次，巴西皮品质较差。在分类编级方面，各国也不一致，例如巴西的一、二级皮，只能相当于乌拉圭的三、四级皮，而乌拉圭、欧美和我国的等级比较一致。各国都有盐湿皮和干皮的保藏方法，而且都以盐湿皮、干皮、蓝湿革等不同形式出口。

③美国牛皮概要：美国是世界上第一大牛皮生产出口国。该国的出口主要被IBP、NBP、EXCEL、SOUTHWEST等几个大型公司所垄断。由于美国牛大多为集中式圈养，商业化养殖，环境适宜，屠宰方法先进（大多为机器剥皮），所以美国生牛皮供应稳定，价高质优，是世界各地有实力的制革厂青睐的原料。此外，美国生牛皮还拥有较为完善的分级标准和贸易规范。

美国主要养牛区在堪萨斯州、得克萨斯州、内布拉斯加州及科罗拉多州，这也是屠宰场集中的地区，其屠宰量占全美的60%。不同气候环境对皮面品质造成相当大的差异，其中以得克萨斯州出产的牛皮质量最佳。集约化养殖牛，专业化收集和保存原皮，机械化专业化生产牛皮，因此美国皮品质高，且以肉牛皮为主，皮量大且张幅大，适用于大多数产品。

④澳大利亚牛皮概要：这一地区为南半球重要的牛皮生产国。澳大利亚的牛皮出口量较大，在世界牛皮贸易市场占有重要份额。澳大利亚地广人稀，自然环境各不相同，各地价格差异较大。如昆士兰州的生牛皮与维多利亚省的生牛皮价格就相差0.50~0.70USD/kg。

澳大利亚对所有产地的牛皮进行修边加工，将小腿、颈部、耳朵、下唇、尾巴及所有多余部位去掉。部分产地可能包含一定比例的马蹄形或尾根部修整，不过从臀部开始不会超出13cm。

尽管不同来源牛皮的脱皮标准可能有轻微差异，大多数澳大利亚牛皮还是来自在政府许可的屠宰厂内屠宰的牛。大多数厂家都使用机械加工。在屠宰场和主要屠宰中心附近具有战略性的地点建造了各种短期保存设施。这些防护设施使牛皮运到各个加工工厂后，不会造成加工前出现的粒面变质，因此确保了牛皮质量。

13.1.2.2 其他软体家具的外套材料

（1）人造革

人造革也叫仿皮，是聚氯乙烯人造革（PVC）、聚氨酯人造革（PU）等人造材料，它是一类外观、手感似皮革并可代替其使用的塑料制品。通常以纺织布坯和无纺布坯为底基，在其上涂布或贴覆一层树脂混合物，然后加热使之塑化，并经滚压压平或压花即得产品，如图13-16所示。

人造革花样种类较多，近似于天然皮革，具有柔软、耐磨、一定的防水性等特点，几乎可以在任何使用皮革的场合取代皮革，用于制作日用品及工业用品。

人造革主要用于沙发表面配料。人造革的生产工序包括基布处理、胶料制备、涂覆、贴合、凝胶化、表面处理、压花、冷却、卷取等。

（2）超纤皮

超纤皮，全称是"超细纤维PU合成皮革"，是合成革的一种。超纤皮已经有几十年的历史，但是在我国还是在21世纪初才火热起来。超纤皮属于合成革中的一种新的高档皮革。名称的由来是因其组织结构的纤维丝非常细，只有1/1 000旦尼尔，是纤维的纤度单位，1 g重9000 m长的丝为1旦尼尔），如图13-17所示。

这种材料原是仿真皮效果的，但物性比真皮要好得多。它具有优异的耐磨性能和耐寒、透气、耐老化性能。

（3）织物

近年来，布艺沙发越来越受到消费者的青睐。它以柔软的触感、多姿多彩的款式、丰富的图案、圆润的线条受到设计者们的广泛运用。在家具中适当应用布艺材料，可以弱化金属、玻璃等材料的冰冷感觉，同时也为家具增加了别样的表情。布艺家具常常给人或高贵、典雅或清新、靓丽的视觉感受，深受年轻人的喜爱。简约时尚的设计理念使得布艺在家具中的应用越来越广泛。

①天然织物：天然织物是指以天然材料，如动植物纤维为主要原料的纺织品，原料有棉花、麻、果实纤维、羊毛、兔毛、蚕丝等，布艺沙发常用的天然纺织品有棉布、麻布、绒布等。

棉布是一种中等质量的平纹织物，特点是透气、吸湿、耐虫蛀，触感平滑。织棉具有浮雕效果，通常凸起的图案一般为彩色或具有与基底不同的纹理，如图13-18所示。

麻布是以大麻、亚麻、苎麻、黄麻、剑麻、蕉麻等各种麻类织物纤维制成的粗纤维、高强度的织物，手感厚实有揉搓感。根据单位长度的重量来分，从140~400 g/m，常用的为230~400 g/m。

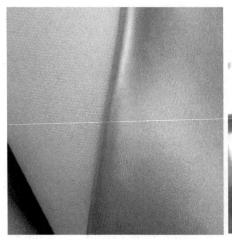 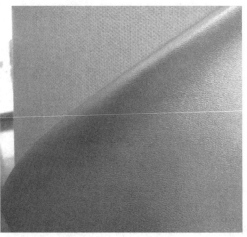

图13-16 人造革正反面

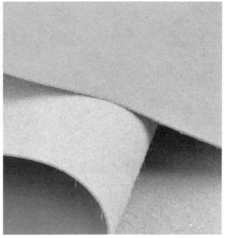

图13-17　超纤皮（正反面）

此材料的优点为吸湿、导热、透气，适用于时尚的欧式现代沙发，如图13-19为麻布沙发。

绒布是各类棉、毛、绒织成的织物的泛称，其特点是防皱耐磨，触感柔软，富有弹性，有一定的保暖性。布艺沙发常用的有平绒、丝绒、天鹅绒、长毛绒和复合绒。天鹅绒是一种短、厚、卷的珠花绒织物，用棉花、人造丝、亚麻或蚕丝制造。长毛绒是用安哥拉山羊毛或蚕丝制成的珠花绒织物，其绒毛比丝绒毛长。复合绒采用粘贴方式复合不同的材料，以解决经纬方向的密度差异。图13-20为绒布沙发。

②人造织物：人造织物是利用高分子化合物及原料制作而成的纺织品。通常分为人工纤维与合成纤维两大类。它们共同的优点是色彩鲜艳，质地柔软，爽滑舒适，但耐磨性、耐热性、吸湿性较差，易产生静电。

植绒布是常用的人造织物。植绒是利用电荷同性相斥、异性相吸的物理特性，使绒毛带上负电荷，把需要植绒的物体放在零电位或接地条件下，绒毛受到异电位被植物体吸引，呈垂直状加速飞升到需要植绒的物体表面上，由于被植物体涂有胶黏剂，绒毛就被垂直黏在被植物体上，因此静电植绒是利用电荷的自然特性产生的一种生产新工艺，如图13-21~图13-23所示。

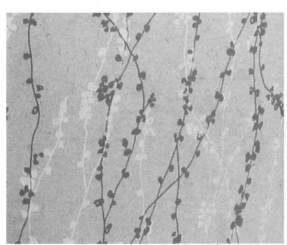

图13-18　高档全棉印花面料及沙发制品

图13-19　麻布沙发

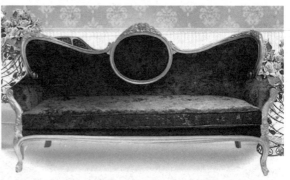
图13-20　绒布沙发

图13-21　植绒布艺沙发

图13-22　植绒布料（冰花绒）

图13-23　植绒布料（烫金）

图13-24 混合面料

图13-25 混合面料沙发

植绒布的特点是立体感强、颜色鲜艳、手感柔和、豪华高贵、华丽温馨、形象逼真、无毒无味、保温防潮、不脱绒、耐摩擦、平整无隙。

植绒布的应用领域包括家具（植绒沙布艺沙发、静电植绒布做成的窗帘等）以及工艺品行业、包装行业、箱包行业等。

植绒布清洗时需注意，切忌将其泡在水中揉洗或刷洗，只需用棉纱布蘸上酒精或汽油轻轻地揩擦即可。如果绒布过湿，切忌用力拧绞，以免颈毛脱掉，影响美观。正确的清洗方法应该是用双手压去水分或让其自然晾干，这样可以保持植绒的原来面貌。

③混合织物：混合织物是化学纤维与其他棉、麻、丝、毛等天然纤维混合织成的产品。以涤棉为例，它吸收了棉、麻、丝、毛和化纤各自的优点，如图13-24、图13-25所示。

13.1.3 沙发外套部件的制作方法与工艺

沙发外套是沙发框架、海绵部件的外包面，外套通常是真皮、人造革、布料等单一面料，也可以是相互之间组合而成。组合面料，如果座位面是真皮，座包侧面是人造革，可有效降低成本，又不影响产品视觉效果和坐感、触感，这种组合通常市场上称为"半皮沙发"；相应的全部表面是真皮面料的称为"全皮沙发"。沙发外套的制作大致可以分为选料、裁剪和缝纫这三大部分。

13.1.3.1 选料

以真皮沙发为例，制作沙发用到的主要有牛皮和猪皮，选择的面料要看色牢度和耐磨度，以及克重是否符合要求。制作前要对天然皮张逐张检查、避开伤痕、疵点。领到皮料时首先检查牛皮的型号、色号是否相符，然后进行搭色，尽量做到整套沙发色泽一致、无明显色差。

（1）真皮排版、拼色

将真皮平铺在裁板上，用力平拉，通过灯光和自然光的照射，仔细寻找、发现真皮上的伤残、疤痕、削筋等硬伤和缺陷，然后用水银笔打好标记。对该套产品将要使用的皮料，使用两张以上进行拼色比对，消除套内色差隐患，如图13-26所示。

（2）按样板排版

错开水银笔标记的皮面硬伤和缺陷；剔除肚囊皮、四肢皮、头颈皮；将牛皮最好的部位即背皮有效地排放在沙发座位等主要受力部位；画出真皮样板，如图13-27所示。

13.1.3.2 裁剪

根据配料单要求,将放养好的真皮样板放置于牛皮的正面上绘制,使用的画笔笔痕要容易擦洗,如图11-28所示。注意避开不合格皮。画好后按样板进行裁剪,也可用其他电动工具裁剪。裁剪过程中要注意以下几点:扶手、座垫上皮、靠背等重要部位皮样板应放在牛皮好的部位;避开大的刀疤、皮疤、伤痕等严重瑕疵;样板尽量摆放紧密,提高牛皮利用率;每张牛皮不能有大块剩皮,确保边皮利用,如图11-29所示。

用手动或其他剪裁剪,标注合缝剪口,裁剪好后,要把裁剪下来的沙发皮分类打包,贴上写好型号、皮号、数量等信息的标签,如图11-30所示,以便于下一个"缝纫"能顺利、高效率地生产。

图13-26 真皮排版、拼色

图13-27 样板排版

图13-28 画　线

图13-29 剪　样

图13-30　分类打包

13.1.3.3　缝纫

对于布料或者厚的真皮在制作之前一般会进行锁边和铲皮的处理。布料由于是由线纵、横编织而成，用久了边部会脱线、散口，因此，通常先要用锁边机把每块布料锁边，然后才把布料相互之间缝纫起来。而真皮、人造革面料则不用锁边。对于一些厚皮，由于缝纫时要缝边，边部厚皮重合到一起将会影响视觉效果，因此有时要把缝边处的真皮背部用铲皮机铲薄（或用粗糙的砂轮砂掉内侧的部分真皮纤维）。

缝纫这道工序是非常重要的，关系到一套沙发外套部件的外观工艺品质。如图11-31所示用平缝机进行缝合。裁剪好的外套，根据不同的工艺要求在不同的缝制设备上缝制成外套、靠垫套等。缝纫时大多采用平车，将剪裁好的皮，一块一块接合，缝边时要留下10mm的外边距。针距2.54cm（1in）6针，根据不同要求采用不同嵌线，嵌线的连接必须做到线路平直、粗细均匀，无明显凹凸现象。完成后检查所缝皮套的皮数量是否正确、各部位的连接初剪口是否对正。

另外还有一种依沙发设计的样式而定的，属装饰的明线，利用单针车进行压线，单线压线至边距5mm。双线是中心距每条压线至边距5mm，左右线路对称，反面压20mm宽无纺布固定带。所有压线必须做到线路平直、凹凸分明、弧直明朗、走向规则、匀称、目感协调、和顺。利用双针车缝制出来的另一种装饰线，也是因为平车相接后，皮面摊开正面时，平车相接处会叠两层皮，利用双针车将相叠处缝牢，不仅相接处不易断开，套装在沙发骨架上也会比较平整，如图13-32所示。有时还用拉链来代替缝合，将面料后面锁紧。最后将沙发皮套整理好并按标准堆放，再进入下道工序——扪工。

13.1.3.4　检验入库

检查工艺皱褶是否均匀对称，检查皮、布件是否跳线和明显浮线，走线是否平直、顺畅、无线头，暗线缝口在12~15mm之间，双面压线相距10mm，接缝居中，单边线距接缝5mm，针距4.6mm，返工的皮（布）件无针孔。注意皮布颜

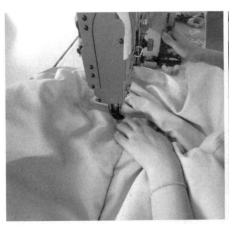

图13-31　平缝机合缝

图13-32 单针、双针压线

色是否一致，真皮、仿皮对色无明显色差，布料图案、花型是否对称。

检验环节还包括检查沙发的内部填充物是否匀称丰满，外部皮革是否抻平，底角是否平衡。通过一系列的检验后，可以说真皮沙发就已经制作完成了，真皮应具有细腻舒适的手感，悦人的丝光度，柔和自然的色彩和良好的透气、透水气等卫生性能。合格的沙发可以套好包装袋放入仓库。如图13-33所示某企业的检验流程。

13.1.4 沙发外套部件加工及总装举例

13.1.4.1 沙发外套部件加工

以下案例是以山东某家具公司的外套制作为例展开讲解，按照选料、排料、裁剪、缝纫这四个步骤进行沙发外套的加工。

图13-33 检验流程

(1) 选料

本款真皮沙发用到的主要是牛皮,目前可供选择的牛皮种类和样式非常多,高档一些的真皮沙发原料是采用头层皮,而这些处理过的牛皮有的平整细腻色彩柔和,有的还保持着天然的皮毛色泽,在选择皮料时主要是检查色牢度和耐磨度以及克重是否符合要求,如图13-34所示。

(2) 排料

一件沙发,往往由许多块不同形状规格的面料组成。先按所需面料块列出明细表,将皮料模板放在皮料的正面,使用容易擦洗的画笔绘制轮廓。有的模板上会有剪口标记,这是为了缝纫时找准位置而设定的,切割皮料前要计算好皮料的使用数量,进行排料。以免造成皮料的总数不够

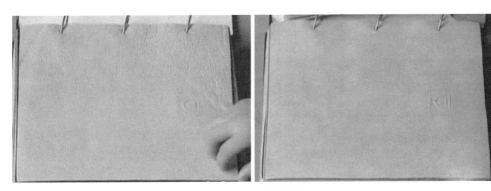

图13-34　真皮样板

图13-35　排　料

图13-36　画轮廓线

图13-37　模板剪口

图13-38 裁剪剪口

图13-39 检查

图13-40 分类打包

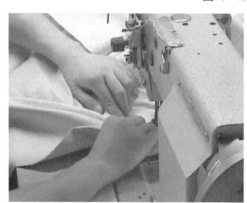
图13-41 缝纫机

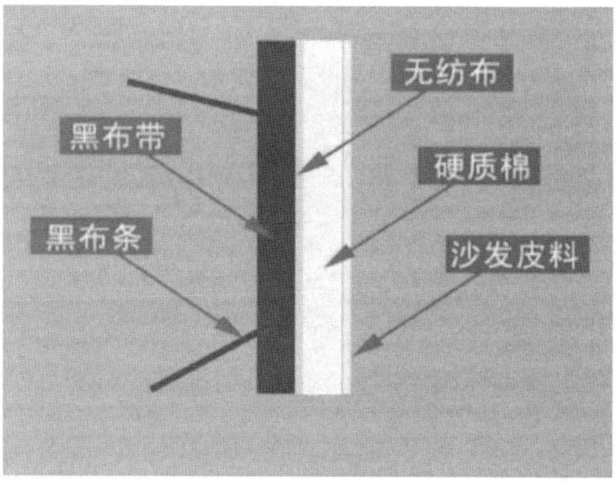

图13-42 缝纫次序

或重复生产，如图13-35~图13-37所示。

（3）裁剪

根据配料单要求，按皮料模板进行裁剪。对天然皮张要逐张检查，避开伤痕、疵点，合理地利用好珍贵的天然皮张，量材择用，杜绝大材小用。外套裁剪是一个生产成本的控制点。裁剪好的外套，根据不同的工艺要求在不同的缝制设备上缝制成外套、靠垫套等。有剪口标记的，要在切割皮料时剪出来，所有皮料剪完后，要进行仔细检查，如图13-38、图13-39所示。把沙发座包、扶手、屏包等皮料分类打包，以便于下一个缝纫工序能顺利、高效地生产，如图13-40所示。

（4）缝纫

进行外套的缝纫时，先缝纫的是沙发的屏包部分，要根据材料由外向内的顺序依次缝合沙发皮料、硬质棉、无纺布、黑布带、黑布条。如图13-41、图13-42所示。

效果图中可以看到这款沙发的屏包是由三个

图13-43 沙发效果图（屏包）

图13-44 皮料和硬质绵

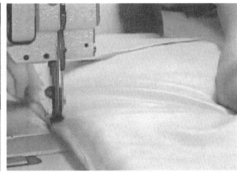

图13-45 皮料和硬质绵缝合

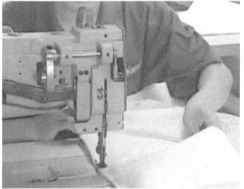

图13-46 与无纺布缝合

长方形的皮料拼接而成的，见图13-43所示。先缝合好单个长方形皮料，首先把皮料和硬质棉缝合，见图13-44、图13-45所示。然后再与无纺布缝合在一起，如图13-46所示。缝边时要留下10mm的外边距，见图13-47所示。缝合好三个长方形再进行一次拼接，缝纫时基本都采用平车法，见图13-48所示。

另外还有一种依沙发设计样式而定的双线缝纫线，属于明线，见图13-49所示。把两块皮料平车缝合后，平面正面向上，然后在两块布料的反面结合处压一个2厘米宽的无纺布带进行固定，见图13-50所示，以缝纫线为中点，车缝出双线见图13-51所示。左右两道线距中点各0.5厘米，见图13-52所示。所有压线必须做到线路平直、

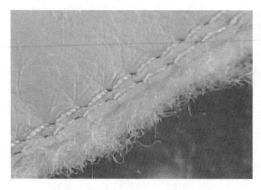
图13-47 缝边时10mm的边距

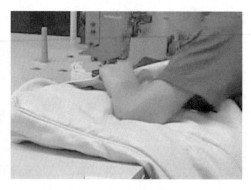
图13-48 拼　接

图13-49 双线样式

图13-50 背面20mm宽无纺布固定

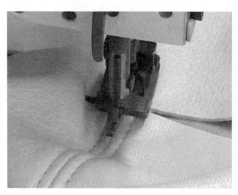
图13-51 车缝双线

图13-52 双线间距

凹凸分明、弧直明朗，走向规则、匀称，目感协调、和顺。在缝纫这道工序中，对预留出裁剪扣口位置的在缝合前要仔细对齐再进行缝纫。见图13-53、图13-54所示。

同样的方法，缝合好的沙发的座包和屏包后，还要在皮套反面也就是沙发海面上标注凹陷点的位置（见图13-55屏包部分的凹陷，图13-56海面上凹陷点的标注），加缝黑色的布条，以便与在沙发总装时通过拉紧布条使其正面出现设计时的凹陷样式。见图13-57、图13-58所示。

根据模板准备一些大小不同的黑色棉布带或是棉布条，具体方法同皮料制作，见图13-59所示。用在座包和屏包皮套的反面上边缘四周加缝一圈黑布带，用于沙发最后的总装工序里。见图

图13-53 预留剪口

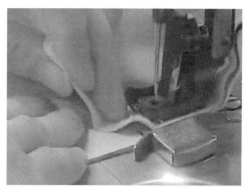

图13-54 对齐剪口缝纫

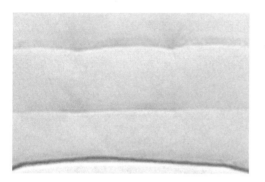

图13-55 屏包部分凹陷点

图13-56 海绵上的凹陷标注

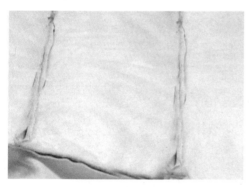

图13-57 缝合外套反面

图13-58 缝合好的外套反面布条

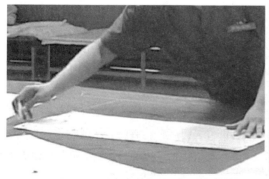

图13-59 无纺布模板画线及布条、布带裁剪

项目13 沙发外套部件及其制作 ■ 195

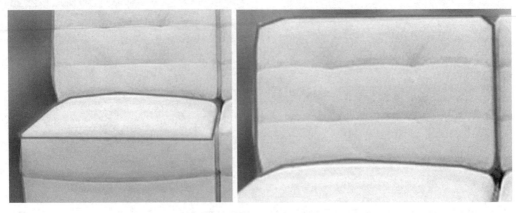

图13-60 座包和屏包缝布带位置示意图（加深部分）

图13-61 车缝布带

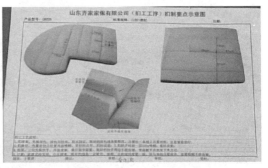

图13-62 沙发外套效果图　　　　图13-63 总装工序工艺文件

13-60、图13-61所示。

13.1.4.2 总装工序

总装工序，是将粘贴好的框架，加工好的内、外套，各种饰件，配上辅料，如拉链、地脚、五金配件等组装成沙发。一般流程是在粘有海绵的框架上钉内套，然后套上外套并固定，再装上装饰件，钉底布、装脚。将配制好的板材、弯曲件、方材组合成框，并且封上底板。注意套时需平整，到位，如图13-62、图13-63所示。

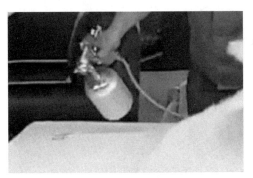
图13-64 硬质绵表面喷胶

图13-65 海绵正面朝下放在硬质绵上

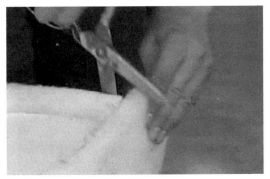
图13-66 剪去多余的部分

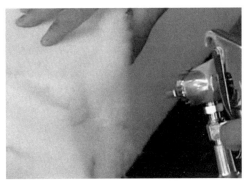
图13-67 剪切后喷胶

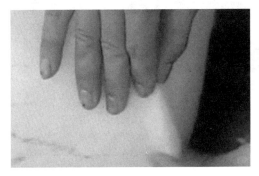
图13-68 粘接拐角处

图13-69 修整多余的部分

（1）蒙皮

组装人员可以自行选定先安装哪一侧的沙发，但是不管先安装哪个，一般都是从沙发的屏包开始组装。在硬质绵表面喷胶，把相对于的海绵正面朝下的放到硬质绵上，使硬质绵和屏包海绵完全贴合，如图13-64、图13-65所示。拐角位置多出来的部分要去剪掉，然后把拐角结合位置重新粘牢，贴好后要修整一下其他多余的硬质绵，保证屏包内的海绵线条平顺、绵体贴合，如图13-66~图13-69所示。

最后把海绵翻转正面朝上，以内饰海绵上留下的凹陷标注点为中心，用螺丝刀穿透整个海绵，确认没有问题后，再次把屏包内的海绵反面朝上，按住海绵四边，向沙发皮饰内慢慢挤压，挤压海面时要保证力量均匀，塞进去海绵上的边线和外饰的边线要重合，如果遇到贴合部位比较紧的情况，要轻轻拍打皮面，慢慢调整，如图13-70所示流程。

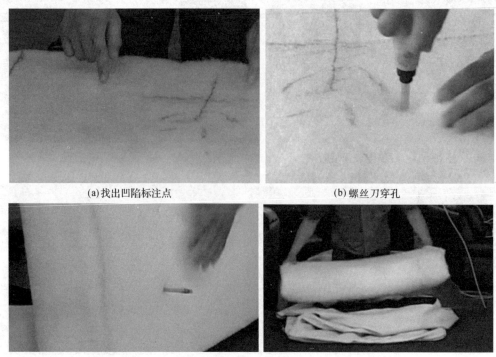

(a) 找出凹陷标注点　　(b) 螺丝刀穿孔

(c) 确认无误后反面朝上

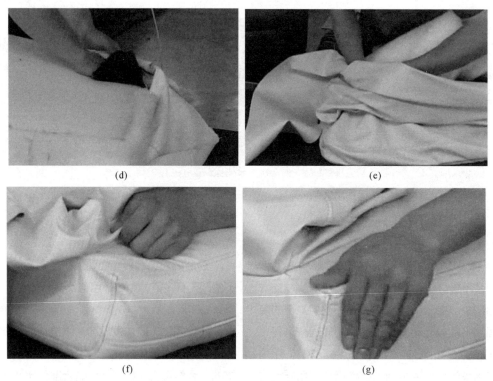

(d)　　(e)

(f)　　(g)

图13-70　操作流程

图13-71 粘贴布条和布袋

图13-72 布条拉点效果

图13-73 喷　胶　　　　　　　　　图13-74 粘贴硬质绵

　　这时要把海绵内的黑布带拽到海绵上来，而那几个窄布条则穿过海绵的孔眼，完成后要把沙发屏包、顶部和两侧的黑色宽布带，粘在海绵上，而那些黑色的布条则是用来制作沙发屏上凹陷效果的拉点布条，如图13-71、图13-72所示。

　　接下来就是屏包固定，先在屏包顶部固定的海绵上喷胶，然后粘好相应的硬质绵，把屏包套在沙发框架上，套的过程中要用中等力量向下拍打、慢慢找齐，套的时候不能着急，如图13-73~图13-75所示。

　　拉凹陷点的布条要穿到木框架的里面，屏包底部的宽布带则要固定到沙发框架上，这样一来沙发皮饰就牢靠的固定在沙发框架上，如图13-76所示。

　　然后把座架部分的皮饰边缘先固定在木架上，确定尺寸无误后逐步把皮饰钉牢，钉的要密一些防止以后裂开，如图13-77所示。下面就可以把做好的座包，放在沙发的相应位置上了。组装时要轻轻的拍打，使二者严丝合缝，如图13-78所示。

图13-75　屏包安装

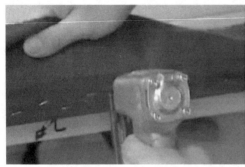 

图13-76　固定布条和布带

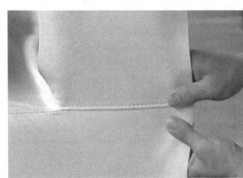 

图13-77　气钉枪固定皮饰

图13-78　座包安装

图13-79 封底布

 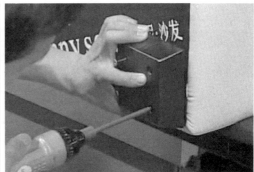

图13-80 装沙发脚

(2) 封底布

蒙皮工序结束之后，接下来还要在沙发的底面用起钉枪钉好沙发专用的底衬布，起到美观和防尘的作用。底布用80g/m²黑色无纺布。底布钉法要求与钉木架封布相同。底布钉距20~25mm。底封布须沿木架口回进10mm，枪钉须钉在封布边口，以防翘边，如图13-79所示。

(3) 装沙发脚

封底布完成后要固定好四个沙发脚，装沙发脚时要根据工艺图确定沙发脚型号、安装位置、数量。沙发脚要求无裂缝，油漆面光滑、平整、无划痕、无严重色差（对木头脚而言）。每只沙发脚需钉不同型号的小塑脚，小塑脚须钉在木脚中心部位，如需钉两只小塑脚的，则按照工艺要求指明的位置钉上，具体根据耗料清单及制作工艺（对木头脚而言）。钉小塑脚不允许有偏边、不牢固、不平整及歪钉等现象。规定安装中脚的，具体安装位置、型号、数量参照工艺要求。沙发脚必须安装平整、牢固。安装完沙发脚后再把沙发表面稍作整理，单个的沙发就组装完成了，用相同的方法就能把沙发的其他部分安装好，用相同的工艺一套整齐漂亮的沙发就做好了，如图13-80~图13-82所示。

13.1.4.3 检验

检验不仅是给工作师傅们工作的肯定，也是为了对消费者负责，检验时要检查沙发内部的填充物是否匀称丰满，外部皮料是否抻平，沙发脚是否平稳，坐高等是否符合标准，通过这一系列检验后，真皮沙发才制作完成。

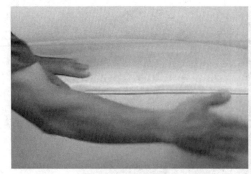 

图13-81 沙发表面最后的整理

图13-82 沙发最终效果

总结评价

按照要求完成实训考核标准总表。（参见附录）

思考与练习

1. 真皮分哪些种类？黄牛皮的组织构造特点是什么？
2. 国产、进口牛皮的信息点有哪些？
3. 人造革、超纤皮有哪些特点？布料在家具中的应用有哪些？
4. 缝纫线、机针有哪些特点？
5. 缝线知识有哪些？外套综合缝制工艺要考虑哪些因素？
6. 真皮品质的鉴定指哪些方面？谈谈你对真皮的分级、鉴别知识的认识。
7. 国家标准有关真皮的理化性能知识涉及哪些内容？

拓展提高

企业案例一　某家具公司质量要求与检验指导书

××××	×××家具有限公司	文件编号	XXXX－QM－W－002
		生效日期	
文件名称	质量要求与检验指导书	版本号	A/0
		页码	第 246 页共 1 页

扪皮（布）质量要求与检验指导书

1. 主题内容

本标准规定了本公司套床、沙发扪皮、布技术质量要求与检验指导书。

2. 适用范围

本标准适用于本公司套床、沙发扪皮、布检验/标识、运输、贮存。

3. 质量要求

3.1 外观要求

3.1.1 要求套床沙发各部位过渡自然平滑，棱角分明，整体对称，自然美观。床架移动时内部金属件应不会发出异声，脚位安装要符合规定标准。活动件应灵活符合功能要求。

3.1.2 线路平直，线条自然平正，边角合理，背、屏包、座、扶手内填充棉要求饱满，圆滑，舒适柔软富有弹性，四角内填充棉要到位，不凸起，不能漏打钉，过渡平滑，褶皱均匀，不毛边，扪边条、转角要平直、顺、流畅，松紧适中，芯要隐蔽。

3.1.3 扪皮组件不能有色差，不能有开裂、褶皱、折痕、刮痕、底拉布要拉紧，底布扪紧，方正，不能歪斜，外露，要清理干净。床边扪布平，挺直，枪钉平、整、直不能有外露、套床沙发的组件（五金件）质量是否异常，组装完成后，四角着地平稳，抽屉开拉要顺畅，合拢时要吻合，升降移动要达到技术要求。

3.1.4 床头、沙发皮应无色差、龟裂、皮疤、破损、针孔等现象，床体、沙发要左右对称、中线准确摆中，外露金属配件无刃口毛刺。布应无烂洞、色差、污渍。

3.1.5 实木结构牢固无松动、外件牢固、油漆光滑、无掉漆色差，无刮花等现象。

3.1.6 完工后在自检时发现严重问题要及时上报否则其将承担一切后果责任。

3.2 尺寸

是否与图纸或合同、计划指令单的要求相符。个别特殊的根据客户要求安装。

4. 检验方法

4.1 外观质量

可用目测、尺测和手检方法进行检验，应符合3.1.1至3.1.6各项要求。

5. 验收规则

5.1 检验项目

5.1.1 外观质量

5.1.2 扪皮、布的工艺要求必须达到设计工艺要求标准。

5.2 抽样方案

按一般检查水平Ⅱ抽样。AQL=1.0。

5.3 判定及处理方法

经过检验合格的产品，可以转序或包装入库，不合格的允许返工经过再次检验合格后才入库。

6. 包装、标识、运输、贮存

6.1 包装前要检查产品的规格、型号、颜色、功能、配件、安装说明书是否齐全。

6.2 包装时要小心包护垫物，完成后要求作好标识，轻抬摆放。

6.3 套床组装完工后经过检验合格按程序办理入库手续，并合理排放，不能撞击，挤压，防止变形损坏。

企业案例二 某家具公司沙发车间设备作业指导书

1. 单针缝纫机作业指导书

单针缝纫机作业指导书

设备名称：缝纫机	设备类别：单针平缝	编辑人：
设备型号：PFAFF1525	工具名称：一字启子、内六方、卷尺	审核人：
		审批人：
		二审人：

单针平缝机功能件简介

序号	功能件名称	图片
1	显示屏	
2	压力控制	
3	倒线器	
4	夹线器	
5	绕线簧	
6	底线监测器	
7	定规	
8	手动键盘	
9	手工倒针	
10	针距调节器	
11	电源开关	
12	气压表	
13	脚踏板	
14	机架升降手柄	
15	电机	

重点提示

1. 更换机针、梭芯或压脚时必须关闭电源或脚离踏板也可启动手动键盘中的红色按钮。2. 操作过程中应注意手与压脚、机针间的距离。3. 注意台面清洁离机时将所缝物料压在压脚下，以免油渍污染压伤面料，并做到离机断电。

调机顺序及简图

步骤	调试动作名称	用具	基准	图片
1	将所需型号机针安装在针杆上	一字启子	凹槽向外，螺丝拧紧	
2	将压脚安装端正	内六方	针至压脚孔中心	
3	将线绕线架夹线器至机针	手	穿线到位	
4	将绕满线的梭芯放入梭槽	手	按下梭扣	
5	定规调至所需宽度，一般为半寸	手卷尺	工艺设定	
6	压力调节	手	因需而定	
7	针距调节，左旋为小，右旋为大	手	调节器	
8	打开电源			

作业顺序及简图

步骤	操作	图片
1	检查机器	
2	打开电源	
3	正常操作	

备注

2. 双针缝纫机作业指导书

设备作业指导书

设备名称：缝纫机	设备类别：双针机平缝	编辑人：
设备型号：PFAFF1525	工具名称：一字启子、内六方、卷尺	审核人：
		审批人：
		二审人：

平缝双针机功能件简介

序号	功能件名称	图片
1	线架	
2	显示器	
3	压力盘	
4	底线监测器	
5	夹线器	
6	绕线簧	
7	压脚	
8	中分器	
9	手动键盘	
10	倒线器	
11	手动倒针	
12	针距盘	
13	油槽	
14	气压表	
15	电源开关	
16	电机	
17	机架升降手柄	
18	踏板	

重点提示

1. 更换机针与锁芯时，必须关掉电源，脚离开踏板或按下红色键，以免踩到踏板机器运动伤手。2. 操作者离开机台时压脚下不要留有物料以免压脚压坏物料。

调机顺序及简图

步骤	调试动作名称	用具	基准	图片
1	安装加固带	手	平整	
2	上梭芯	手	按下梭扣	
3	调中分器到1/2处	一字启子	左右对称	
4	调节压力	手	1.5~4之间	
5	调节针距	手	1~8mm	
6	开电源	手	红灯亮	

作业顺序及简图

步骤	操作	图片
1	劈缝	
2	抬压脚	
3	送料	

项目13 沙发外套部件及其制作

3.泡钉枪作业指导书

作业类别	泡钉枪	制订日		制订人		审核人	

错误现象

泡钉枪、泡钉乱丢

泡钉未按照规定位置摆放,会扎脚

没有使用模具

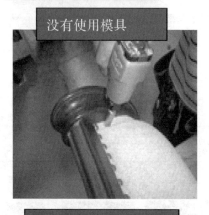

不使用模具会使泡钉间距不一致

泡钉不整齐

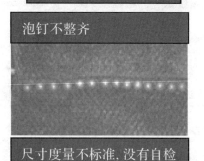

尺寸度量不标准,没有自检

泡钉浮起,间距不一

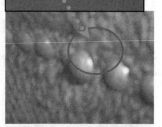

泡钉使用不当,没有钉紧

内部搭配布外露

操作时未将面料与实木边拉齐

正确作业

一、泡钉枪简介：

①泡钉修复工具套装

模具嘴

修复锤

②连发泡钉枪

泡钉匣

③13mm泡钉枪口

缠胶带:在操作3mm间距泡钉时需要缠裹胶带,完成后枪头直径为3mm

④22mm泡钉枪口

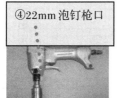

二、泡钉枪操作顺序：

①佩带防护眼镜和腰带

②使用泡钉操作夹具手工摆放泡钉

③用泡钉枪取钉

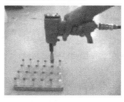

员工培训

④操作时枪嘴与操作面垂直并与框架压紧、平齐(如有模具需要按照模具加工)

⑤自检、修整工序

完成后:
1. 泡钉平整
2. 间距一致（通常3mm）
3. 泡钉表面不能有碰

项目13 沙发外套部件及其制作 ■ 207

附 录

总结评价

实训考核应重点考核学生的实际操作技能,一般采用单独考核形式。考核内容按照实训考核标准总表所列,分成四个等级。技能考核成绩是根据具体的实训项目来决定,最后取实际进行的各个实训项目成绩的加权平均分来计算,得出加权成绩后填入表中。按照此表,总成绩共分成四个等级,达标分即及格分为 60 分,未达标者为不过关。

实训考核标准总表

姓名:　　　学号:　　　班级:　　　组别:　　　实训场所:　　　实训时间:

考核项目	项目权重	考核标准	成绩分档与权重				得分	考核方式
			A	B	C	D		
			1	0.8	0.6	0.4		
实训态度	30	1. 服从指挥,听从安排; 2. 有沟通能力和团队协作精神; 3. 实训认真,勤奋好学; 4. 遵守纪律,执行有关规定; 5. 有敬业精神,按时完成实训任务。 以上各项均达到要求的为 A;违犯一项则为 B;违犯两项为 C;违犯三项以上为 D。						平时检查
技能掌握	30	此成绩为本任务的各项实训技能得分的加权平均分,达 27 分即为 A,达 24 分即为 B,达 18 分即为 C,不足 18 分者为 D。						现场操作与现场口试相结合
实训报告	40	实训报告字迹端正,图表整洁,表述的内容准确;实训报告内容完整;实训的体会表述有自己的客观反映。 以上项目都达到要求的为 A;字迹不够端正,图表不够整洁;其他各项达到要求的为 B;实训报告内容不完整,其他各项符合要求的为 C;如还有项目不符合要求的则评 D。						书面资料检查
得 分						等级:		优:90～100 分 良:80～89 分 及格:60～79 分 不及格:不足 60 分
指导教师意见						指导教师签字:		

参考文献

[1] 吴智慧. 木质家具制造工艺学 [M]. 北京：中国林业出版社, 2006.
[2] 彭亮. 家具设计与工艺 [M]. 北京：高等教育出版社, 2009.
[3] 王逢瑚. 现代家具设计与制造 [M]. 哈尔滨：黑龙江科学技术出版社, 1999.
[4] 张清波. 板式家具生产工艺经济化、合理化的研究 [D]. 西安：西北农林科技大学, 2004.
[5] 刘艳红. 批量与设备影响板式家具成本分析 [D]. 南京：南京林业大学, 2006.
[6] 高笑梅. 板式家具生产中的合理排料 [J]. 林产工业, 2008.
[7] 刘忠传. 木制品生产工艺学 [M]. 北京：中国林业出版社, 1993.
[8] 王恺. 木材工业实用大全（家具卷）[M]. 北京：中国林业出版社, 1998.
[9] 吴智慧. 软体家具制造工艺 [M]. 北京：中国林业出版社, 2010.
[10] 王永广. 软体家具制造技术及应用 [M]. 北京：高等教育出版社, 2010.
[11] 刘晓红. 板式家具制造技术及应用 [M]. 北京：高等教育出版社, 2010.
[12] 王明刚. 实木家具制造技术及应用 [M]. 北京：高等教育出版社, 2009.
[13] 刘培义. 家具制造工艺 [M]. 北京：化学工业出版社, 2013.
[14] 曾东东. 家具设计与制造 [M]. 北京：高等教育出版社, 2002.
[15] 江功南. 家具生产制造工艺 [M]. 北京：中国轻工业出版社, 2009.
[16] 郝金城. 集成材制造技术 [M]. 哈尔滨：东北林业大学出版社, 2001.
[17] 马掌法. 家具设计与生产工艺 [M]. 北京：中国水利水电出版社, 2008.
[18] 陶涛. 家具制造工艺 [M]. 北京：化学工业出版社, 2011.
[19] 宋魁彦. 现代家具生产工艺与设备 [M]. 哈尔滨：黑龙江科学技术出版社, 2001.
[20] 曾东东. 木制品生产技术 [M]. 北京：中国林业出版社, 2008.
[21] 中国家具协会. 家具标准汇编 [M]. 北京：中国质检出版社, 2013.
[22] 央视农广天地 [OR]. http://sannong.cntv.cn/program/nongguangtd/20110310/104750.shtml.
[23] 新马木工机械网站 [OR]. http://www.mas.com.cn.
[24] 顾家沙发材料和生产知识 [OR]. http://www.Baidu.Com.